LOCUS

LOCUS

LOCUS

LOCUS

mark

這個系列標記的是一些人、一些事件與活動。

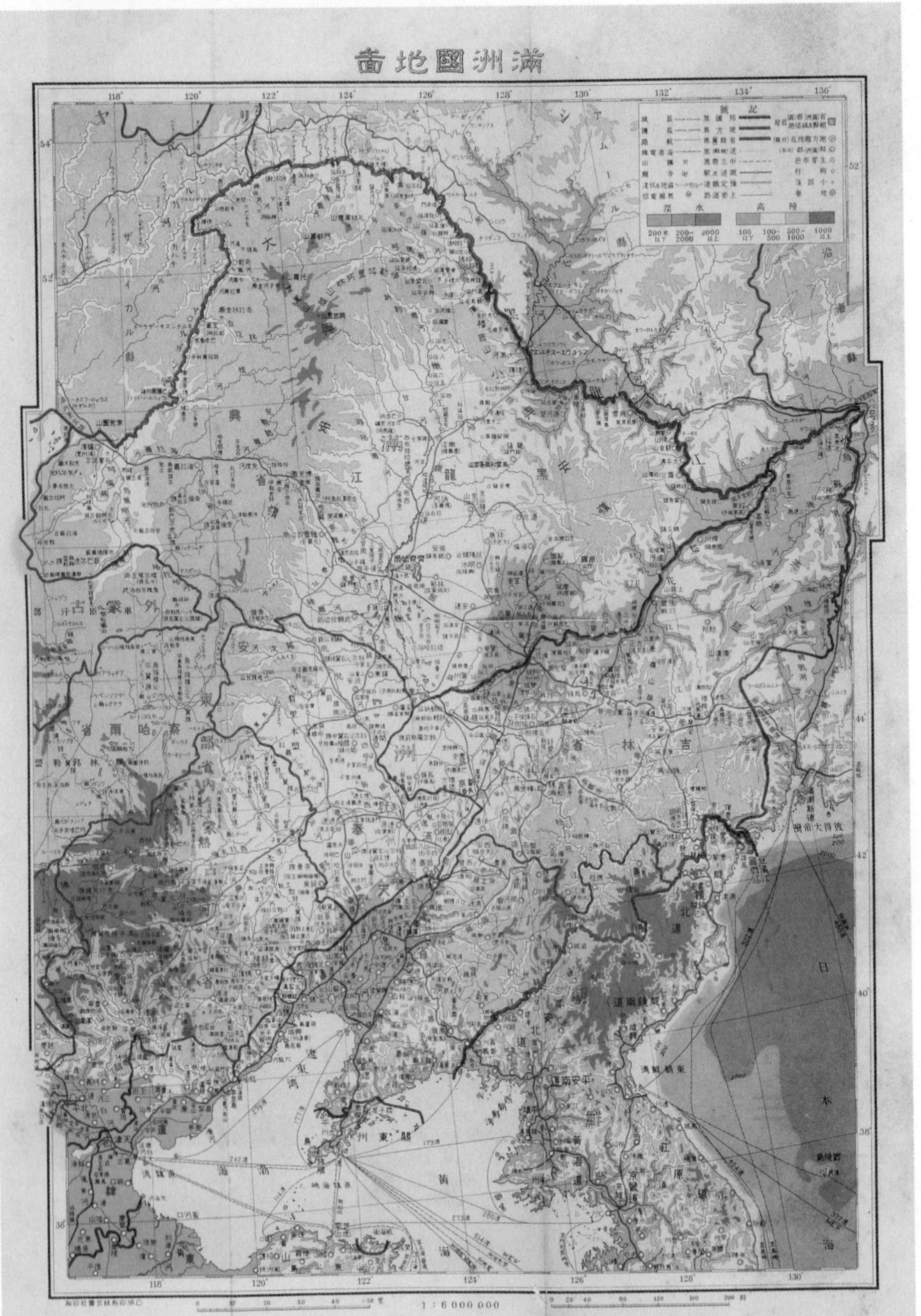

日本所製作高精度的滿洲國地圖，引自《滿蒙事情總覽》。

蒙古騎兵在西藏揮舞日本刀

蒙藏民族的時代悲劇

チベットに舞う日本刀　モンゴル騎兵の現代史

楊海英——著　吉普呼蘭——譯　唯色——序

目次

中文版序

楊海英

南蒙古，即內蒙古自治區，與台灣的命運極其相似。在歷史上都不是中國「自古以來的固有領土」，近代以來也不曾與「中華民族（即漢人）同甘苦、共患難」；兩者都曾經成為大日本帝國的殖民地，但是同殖民者又有著複雜的關係。日本的近代化機制有其合理的一面，而且完全適合於二十世紀的人類；但是中國沒有走入近代化，加上其傳統的對外擴張侵略的本性一直沒變，因此二十世紀的蒙古和台灣理所當然地要走向民族自決的道路。

蒙古人從一開始就是要利用日本的力量達到從中國獨立的目的，而台灣人也在靜靜地等待著機會。然而，女神並沒有向我們微笑，大國之間簽訂的《雅爾達協定》，使背著飯鍋的國民黨軍和穿著不合身的「二尺八」的共產黨兵，分別占領了已經近代化的福爾摩沙和草原。洗練的蒙古人和台灣人不得不迎接毫無教養的「戰勝者」，戰勝者們卻絲毫沒有往日日本殖民者的軍紀。不久，台灣發生了「二二八事件」，南蒙古則自戰後二十一年之際的一九六六年起，遭受中共發動的大屠殺。兩者都是以被殖民者曾經「與日本合作」為罪名而遭到屠殺，從這一點，台灣讀者可以把事件理解成「草原上的二二八」。關於中共大屠殺蒙古人，請讀者參閱拙著《沒有墓碑的草原》（八旗出版社）。

不光如此，蒙古人還在一九六六年以前充當了中共的傭軍，去屠殺同樣是為了抵制中國人的侵略而揭竿起義的藏人。如今，藏區和南蒙古一樣淪落為中共統治下的殖民地；中共則在最美麗的口號之下強制推行著最殘酷的殖民統治。南蒙古和藏區的命運絕不是隔岸之火，台灣在思索自己的將來的同時，離不開蒙古人和藏人的民族自決運動。全世界的殖民地也許在上個世紀的六〇年代得以解放，但是蒙古和藏區，以及台灣的民族自決運動還在進行中。

推薦序

唯色

是悼亡之書，是悲懺之書——

日本洋刀下，藏人的鮮血「將白雪染成了黑色……」

一

二〇一四年夏天，我們驅車南蒙古全境萬餘公里，幾十個旗與盟都有停駐。對於我來說，蒙古這個集合了非同一般的名詞與形容詞的偉大存在，更加具象。之前去過幾個地方，如額濟納旗、阿拉善旗、鄂爾多斯，都是匆匆而過。王力雄早在二十多年前去過南蒙古不少地方，就生態惡化狀況寫過[1]：「那些地方當年也都是大草原，是牧區，都是那種一個腳印裡就有上百種生物的生態。然而現在，放眼望去，只有光禿禿的山坡，露著大大小小的石頭，到處是沙丘，幾腳踩下去不一定踩得著一根草。再往內地走，到了人類活動比較頻繁的地區，原來也一樣是遊牧蒙古人的地盤，現在全被農耕者占據，牧人早就擠得一個不剩，都遷移到邊境地區去了。」

我們動身前，收到日本靜岡大學教授、蒙古人學者楊海英先生的著作《沒有墓碑的草原：蒙古人與文革大屠殺》中譯電子版[2]，旅途中用朗讀軟體在車上播放。經過今被命名為「興安盟」一帶，目睹車窗外被移民開墾多年的大片玉米地，那是已然被改變的蒙古草原，聽著電子男聲機械地朗讀著蒙古民族幾十年的悲慘史，尤以文革時代遭致慘絕人寰的民族清洗，可以真切地了解到中共聲稱的以「主張民族平等，反對民族壓迫」為主的「民族政策」在南蒙古取得的經驗，一是移民；二是鎮壓原住民，與所有殖民者幹的沒有兩樣。

我還帶了一本紙質書，是德國歷史學家約西莫．布克漢森（Joachim Barkhausen）的《蒼狼帝國：成吉思汗與現代世界格局的形成》。有關成吉思汗的一段描述如同對某個緣起的揭示：「截至波斯戰爭結束之日，成吉思汗的人生在我們眼中都是極其清晰的。即使亞細亞人常喜歡故意將神話與象徵性的故事加諸於那些英雄人物的身上，但成吉思汗偉大而質樸的本來面目都絲毫不會被更動。然而，他人生的最後一段卻蓋上了一層模糊不清的暗幕。奇怪的是，當他的生活越迫近亞細亞的核心，即神祕的青藏高原，這個黑幕也越形厚重了。佛教與喇嘛教[3]以其傳說的暈影，掩蓋了他最後幾年的生活。西藏的宗教還終將有一天成了他的帝國——最實質的和最具體的帝國——的真正戰勝者。」[4]

記得在呼和浩特的蒙古餐館，喝著添加了奶皮、奶油、炒米和幾塊乾肉的奶茶，很合我這個藏人的胃口。望著高掛牆上的成吉思汗畫像，我說起數百年來圖伯特各教派喇嘛及諸部族領袖攀附外族、借力壯勢卻又遺下後患的漫長歷史，如薩迦派五祖之一八思巴壓寶蒙古皇帝忽必烈；噶舉派二世噶瑪巴壓寶蒙古可汗蒙哥；噶舉派五世噶瑪巴壓寶中國明永樂皇帝；格魯派四世達賴喇嘛則是成吉思汗的後人轉世。以及五世達賴喇嘛去北京見滿清順治皇帝，六世班禪喇嘛去北京見滿清乾隆皇帝等等。

二

拉薩的大昭寺這個夾雜了漢語與蒙語的稱呼，也是得名於呼和浩特的大召寺。當然有藏語稱呼，即覺康或祖拉康，意為釋迦牟尼佛殿。藏語的默朗欽莫，即藏曆新年的祈願大法會，又稱「傳昭法會」，而「昭」或「召」，據呼和浩特大召寺門口的碑文介紹，是大廟的意思。大召寺內的中國遊客比磕頭的信眾多，女導遊身穿類似舞台表演裝束的那種蒙古服裝，用普通話介紹說有四百多年歷史的寺院在文革中成了倉庫和軍營，所以就保護住了。其實留下的應該只是空空蕩蕩的外殼，彼時連蒙古人視為神聖至尊的成吉思汗廟都被夷為平地。我與一位五十多歲的僧人交談，他說全寺今有僧侶七十多人，五十多人會說蒙語，近二十人已不會蒙語。而在滿都拉這個人煙稀少的邊境小鎮，一座寺院的遺址上有新的白塔和經幡，問當地蒙古人，說當年寺院大得多，僧人七八十，文革時被砸，現在開始重建，去年請了拉薩的喇嘛來賜福。

旅行中經過阿拉善左旗，我特意去朝拜了城外山谷裡富麗堂皇的廣宗寺，又稱南寺，藏語名為「噶旦丹吉林」，與兩百多年前流亡至此的六世達賴喇嘛倉央嘉措有殊勝因緣，不但依循他的願望而建，並築塔供奉他的法體。六世祕傳中也有同樣敘述，我相信是真的。

在空寂的寺院見到兩位高齡僧人，告知六世尊者靈塔於文革初期，被以漢人為主的紅衛兵、積極分子所砸。尊者法體自塔中扔出，戴上高帽批鬥，強迫僧侶焚燒，但骨灰被一位僧人偷偷藏入裝麵粉的櫃子，直到八〇年代重建寺院時才敢拿出，供奉於新修的塔中。老僧還說文革前有四、五百位僧人，文革時都被驅趕，返回草原當牧民，成家、生兒女。現在只有二十多個僧人，也都成家，平時忙碌世俗營生，有佛事時集聚寺院。但寺院已成旅遊景點，門票八十元，寺院分得一點五元，其餘都歸公司和政府，「我們沒辦法。」老僧歎道。

得知我是藏人，老僧立刻說你們藏族不喜歡我們蒙族；我否認，說我們兩個民族因緣深厚，信仰相同，生活方式相似，老僧打斷我的話說我們蒙古騎兵去你們藏地「平叛」，殺了很多藏人，你不知道嗎？還說去年同寺僧人去拉薩朝佛，一聽是蒙古族，藏族的態度就不好了。蒙古騎兵進藏「平叛」的往事我大概有聽說，但不清楚細節，也就未上心。老僧的話讓我驚訝。之後留意到楊海英先生在《沒有墓碑的草原：蒙古人與文革大屠殺》中，提到文革時遭大肅清的內蒙古騎兵師，在上個世紀五〇年代末、六〇年代初曾「入藏參與鎮壓」。

楊海英先生介紹內蒙古騎兵師是由「日治時代接受現代教育，被稱為『挎日本洋刀』的蒙古人將校為中心組建的蒙古人自己的軍隊」，五個師，驍勇善戰，文武雙全，上個世紀四〇年代中期被收編為中共軍隊。參加過東北內戰、朝鮮戰爭等，尤其在遼瀋戰役中，「內蒙古鐵騎發揮了很大的威力」。一九五八年，內蒙古騎兵第五師第十三、十四團共三千二百名騎兵，接到中共下達的參加青藏「剿匪平叛」的任務。儘管蒙古人任職中共最高官員的烏蘭夫在中共內部討論時表示「對少數民族打仗是下策」，不同意對少數民族用兵，「但終究未能拂逆一言九鼎的毛澤東……身不由己地陷入中國歷史上對少數民族統治策略的『以夷制夷』之陷阱」。「聽從蘭州軍區的指揮」的兩個騎兵團於一九六二年從藏區撤回，中共官方稱[5]：「兩個團分別被授予『戰功偉績』錦旗，受到朱德委員長的接見。」文革爆發後，騎五師被解除武裝，取消番制，二百八十六人被打成「內人黨」，慘遭迫害，內蒙古騎兵師團的歷史就此謝幕，「蒙古人永遠失去了自己的民族軍隊」。

那麼，蒙古騎兵是如何「入藏參與鎮壓」藏人起義的？在《沒有墓碑的草原：蒙古人與文革大屠殺》中未有更多著墨的楊海英先生，就此另外寫了一部日文專著——《蒙古騎兵在西藏揮舞日本刀》（チベットに舞う日本刀　モンゴル騎兵の現代史）。他在給我的郵件中說：「一段重重的歷史，總得有個記錄。」而這部專著是他特別看重並下了很大工夫的。他說：「我作為蒙古人，基於必須對藏人道歉的心理，背著沉重的民族的懺悔而寫。我只不過替一代老兵而寫。他們本來要民族自決，卻成了傭兵。」

三

最早由蒙古人闢為帝國之都的北京，如今另有一別稱，叫霾都。即霧霾之帝都。我正是在毒氣般的昏暗日子裡，讀完了楊海英先生發來的《蒙古騎兵在西藏揮舞日本刀》中譯電子版。期間有幾次因事出門，我將書稿存入手機，一路上透過耳機傾聽朗讀軟體毫無感情地讀著藏人在自己的土地上被屠戮，又因霧霾遮蔽了周遭世界，反而彷彿再現幾十年前家園被毀的悲慘景象，我只覺心痛難忍。

而且，男女老少，老弱婦孺，與一座座寺院和帳篷，與一群群牛羊等家畜，被聲稱要將西藏人民從帝國主義的壓迫中救出來的「解放者」駕機轟炸、開槍射擊、揮刀砍殺，正如書中所寫：「當時中國以『解放』為名，擺出一副寬容的占領軍的姿態，但從一九五六年開始，當西藏人為了反擊中國的侵略而開始在各地進行武裝起義時，中國卻毫不留情地對西藏人民進行了大虐殺和鎮壓。」而其中，「將西藏人民的抵抗逼至絕境的人民解放軍部隊中，有一支蒙古騎兵部隊。」

書中有多處這樣的記錄：

戰鬥的方法很簡單。中國空軍首先實施空襲。投下大量的炸彈，造成藏人的混亂，步兵趁此時機用機關槍向混亂的人群掃射。九死一生果斷突破步兵包圍圈的人們，迎接他們的則是握著日本洋刀的蒙古騎兵。

蒙古人騎兵猶如狼一般，揮舞著日本洋刀衝進了陷入混亂四散而逃的牧民中。

「解放西藏同胞！」

他們吶喊著。日落時，「叛匪集團」的一半以上被殺害。

他們在名叫達木沁灘的地方，發現了藏人「叛匪」大集團。對西藏牧民來說，最為不幸的是帶著家畜群一起行動和追捕者是蒙古人。這是雙重的不幸。蒙古人在看到家畜群的足跡的瞬間就能判斷其規模，因為對方是和自己過著同樣生活的人。清晨，他們看準西藏牧民還未從沉睡中醒來的時間進行襲擊。一旦進入敵營，日本洋刀會使對方立刻鮮血流淌，唐古拉草原瞬間被牧民的屍體淹沒。

尼瑪仁欽證言道：「我們俘虜了二百人左右的女人和孩子，交給了後來的支那人步兵部隊。但是，幾天後聽說他們把那二百多人全部屠殺了。支那兵雖然非常不擅長戰鬥，卻極其喜好毫無必要的殺戮」。

我在給楊海英先生的郵件中寫道：「讀你的這本書，讀得我很難過……我想說的是，讀到藏人被像殺老鼠一樣殺死的時候，太難過了。就像今天的IS斬人首級那樣可怕……」楊海英先生回覆：「悲慘，但這是事實。把發生的一切告訴世人。世人會說『我們不知道』。其實，你們知道。」

四

但藏人自己知道嗎？或者說，有多少藏人知道呢？我接著重又閱讀了兩本書，是兩位藏人關於同一時期求生與反抗的記錄。由藏文譯為中文的《那年，世時翻轉：一個西藏人的童年回憶》[6]，作者是如今居住西寧的納倉·怒羅先生，回憶了在一九五八毀滅之年，目睹父親及無數族人喪生於「毛主席的軍隊」手中，寺院盡遭破壞，村落盡遭塗炭，十歲的他也被關進地牢，險些餓死。而他的敘述中，帶來「世時翻轉」的，如書中所寫：「舉凡漢軍所到之處，所有村落寺院被毀的情形是一樣的……不管是因為反抗漢軍還是漢軍進攻滅殺，這種馬死人亡的災難降臨在他們的身上，如今是橫屍荒野無人收，任烏鴉鳥雀啄食」，提到騎兵，也是以「漢軍」、「漢兵」代之，大概並不知道他們很有可能是被派來「剿匪平叛」的蒙古騎兵。

另一本以中文寫作的《血祭雪域》[7]是集諸多倖存者的口述與史料的鴻篇巨著。作者跋熱·達瓦才仁生長在已經插滿紅旗的藏地，青年時翻越雪山投奔尊者達賴喇嘛，成為新一代流亡者，現在台灣為流亡西藏工作。此書是他在一九九〇年代，深入流亡西藏各難民定居點所做的翔實記錄。他的家鄉結古多（今青海省玉樹藏族自治州玉樹市）正是當年蒙古騎兵「剿匪平叛」戰功赫赫之地。但在五百多頁書中，我只找到這樣一段相關記述：

> 有一支蘭州軍區的軍隊，即所謂的西寧騎兵，約六百餘人，佩著長馬刀——就像電影中的日本軍官指揮刀，皮馬鞍上的皮袋子裡裝著子彈，還配備有轉盤機槍和槍枝卡殼時替換的槍管等，都馱在馬上。總之，裝備精良。這些騎兵從囊謙二十五族一路燒殺搶掠，無惡不作，一般情況下中軍都是這些騎兵打前鋒，三千餘步兵和馱著大炮的騾子等在後面跟進，並兵分成幾路尾追藏軍。

所謂「中軍」，即中國軍隊。但是作者並沒有清楚地指明，那些打前鋒的應該就是蒙古騎兵，雖然他們也屬於中國人民解放軍。

有一位倖存者談到過蒙古騎兵，是在前不久於台灣出版的《翻身亂世：流亡藏人口述錄》[8]中。此書由旅居以色列的漢人作家唐丹鴻與流亡藏人作家桑杰嘉合作，在流亡西藏的難民定居點訪談十一位流亡老人而輯成。原籍為安多果洛的老婦人卓洛回憶一九五八年跟隨部落逃亡，遭遇中共軍隊追殺：「有一次……我們被十多個解放軍發現了。這些解放軍是蒙古人，蒙古軍人穿的是蒙古服。蒙古解放軍比漢人解放軍兇猛很多，他們追了上來。我丈夫和另外兩個人一塊兒前去阻擋，一直打到下午。那兩個同伴，有一個的大拇指被打掉了，另一個被打死了。」但老人的記憶可能有誤，蒙古騎兵應該不會穿蒙古服「剿匪平叛」，如楊海英先生在書中寫道：「蒙古人是與生俱來的優秀戰士，又經歷了日本軍式一流近代化的訓練。在這樣的騎兵面前，沒有任何軍事經驗的藏人猶如待宰的羔羊一般。」這是對其中一次戰鬥的描述：

遭到機關槍的掃射，藏人馬隊停止前進，陣形被打亂了。此時，紋絲不亂的騎兵分隊組成方陣衝入敵陣。拔刀出鞘的尖聲和馬鐙踢踏馬腹的鈍聲交織在一起，白刃在陽光下閃爍。

五

當今中國的一位蒙古族作家——鮑爾吉．原野是遼寧省作協副主席，他的父親曾是蒙古騎兵一員，上個世紀五〇年代末「被清洗出軍界」。不過這位作家倒是帶著褒獎的口吻在文章中寫道[9]：「內蒙古騎兵在結束四〇年代末的戰事後，六〇年代初期去另一個少數民族區域青海，成功地剿滅了那裡的戰亂。」請注意，他說的是「成功地剿滅了那裡的戰亂」，沒有半點反思和曾經為虎作倀的罪疚感。

楊海英先生的父親也曾是騎兵第五師的士兵，「因『出身剝削階級』，在一九五七年末遭到『掃除』，回到了家鄉，因此，並沒有參加一九五八年的西藏遠征」。楊海英先生與父親有這樣的交心：

「沒能夠去西藏打仗您覺得怎麼樣？」我曾多次這樣問過父親。父親是「剝削階級出身」，在「整理部隊的精神狀態的運動」中，被除隊回到了家鄉。

「我無法忍受殺害同為少數民族的西藏人。然而，服從命令是軍人的天職。如果沒有被除隊，我應該也會去完成任務吧」。父親每次都是同樣的答案。大多數騎兵或許也是這樣的心情吧。

「我們追剿俘虜了藏人後，才發現藏人和蒙古人一樣過著遊牧生活，無論身上的氣息還是裝扮幾乎完全一樣。說實在的，我感到了困惑，我們到底在和誰作戰。後來，我的親戚在一九九〇年代到青海省參拜寺廟時，受到了指責：『你們蒙古人做了罪孽深重的事情』。確實，我們犯下了罪行。」朋斯克懺悔地回憶道。

當戰死兩百人的蒙古騎兵班師回朝，迎接他們的雖然先有鮮花、錦旗和軍功章，但不久就被全體解除武裝，卸甲歸田，至文革爆發則遭大肅清，與成千上萬的族人經受滅頂之災。以至於「許多蒙古人將中國政府和中國人對其實施的大屠殺理解為『因果報應的天罰』。蒙古人反省，『蒙古人和西藏人本是如一家人般的關係，但蒙古騎兵卻在一九五九年為了中國共產黨而屠殺了藏人。所以遭受了天罰』」。也就是說，本是蒙古民族精英人物、天之驕子的蒙古騎兵，最終的角色卻是充當害他亦自害的悲劇傭兵。

楊海英先生以真正的勇氣和良知，「基於必須對藏人道歉的心理，背著沉重的民族的懺悔而寫」的是一部悲懺之書——悲懺三千多蒙古騎兵被當成傭兵來殺戮「和蒙古草原的遊牧民過著同樣的生活，同樣信奉藏傳佛教的人們」。二〇一〇年十二月的某天，他在西寧探訪了一戶玉樹藏人家庭，希望「聽一聽被鎮壓的一方藏人的說法」，這段描述讓我動容：

欽彥回憶道：「老人們說，最初只有中國人步兵打進來占領村子，但無法完全制服藏人，所以叫來了蒙古人。蒙古騎兵到達後，首先殲滅了以曲瑪萊縣的巴干寺為據點的藏人起義軍。那座寺院也在戰火中被破壞了」。

在此次巴干寺的戰鬥中，後來成為他妻子的央瑪珍措一家只剩下兄妹倆，其餘家人全部遭到殺害。作為蒙古人的我，與蒙古騎兵的受害者這樣面對面的接觸還是第一次。央瑪珍措用西藏風味的奶茶招待了我。她的哥哥達瓦策仁也靜靜地坐著。我做筆記的手發抖著，沒有勇氣直視兄妹倆的眼睛。在他們面前，毫無疑問，我屬於加害者。

同時，我也開始反思。反思為何我對這段歷史知道得這麼少？如果不是讀到這本書，如果不是聽到有良心的蒙古人說起，身為藏人的我們，對自己民族的悲慘史又知道多少？

六

是的，蒙古騎兵被派遣「入藏參與鎮壓」的歷史，似乎被刻意掩蓋，因此難以被人所知。其原因，楊海英先生的分析是：「第一，將生活在『世界屋脊』的藏人從『比中世紀的歐洲更為黑暗的封建農奴制』中『解放』出來，使他們成為『幸福的社會主義大家庭』的一員，是中國的『正義』之舉。他們不願將『正義的軍功』讓給與西藏同樣的『野蠻人北狄』蒙古人。加之虛榮心也在作祟。中國人步兵在面對藏人遊牧民時，陷入了相當艱難的戰爭中，出於無奈出動了蒙古人騎兵……第二，是善意的解釋。中國人害怕，如果暴露了『使少數民族互相殘殺』的陰謀，會使持續至今的民族問題變得更加激烈。當局者也很清楚，中國共產黨員利用了支那歷代王朝使用的『以夷制夷』的手段，絕不是一件光彩的事。」

要從網上搜到有關蒙古騎兵進藏「剿匪平叛」的資訊，少之又少，基本都是一句帶過。有篇博客短文〈騎兵第五師參加青藏平叛戰鬥記實〉，相比算是比較詳細：「一九五八年初夏，我軍總參謀部命令騎兵第五師派出兩個騎兵團赴青海參加平息叛亂。內蒙古軍區於六月初向騎兵第十三、第十四兩個團下達了臨戰準備的命令……基於民族地區和騎兵特點因此決定騎五師參戰」，「主要是在青海南端與西藏銜接的很大一塊地區……藏民都是佛教徒，戶長都是活佛，統治力、號召力很強，群眾覺悟很低。該地區是狩獵遊牧業區，和蒙古族一樣善於騎馬打獵」，「決定八一（即一九五八年八月一日）戰鬥打響。兩個騎兵團第一仗打卡那灘，騎兵第十三團改叫三十一部隊，騎兵第十四團改叫四十一部隊」，「經過歷時近三年的剿匪戰鬥，騎兵第五師參戰的騎兵第十三團、騎兵第十四團克服重重困難，英勇善戰，圓滿完成青藏剿匪任務。於一九六一年勝利回師，歸建內蒙古軍區。」[10]

事實上，當時除了動用蒙古騎兵「以夷制夷」，偉大、光榮、正確的「解放者」還成立了藏民團、彝民團、新疆民族團來對付各自所屬民族。網上找到的一篇官媒文章：〈揭祕我軍第一支藏族部隊：平叛勁旅「藏民團」〉[11]，開頭即寫道：「一九五〇年九月，中共中央西南局給西康區黨委的覆示：『在軍事上如果條件具備，創造一個由我黨幹部及先進分子掌握的藏族武裝是必要的，這個武裝屬於人民解放軍的一部分，待遇與解放軍相同。它既是軍隊，又是生產隊，培養幹部的學校』。」其中還寫道：「藏民團在平叛戰爭中始終是勁旅、骨幹部隊之一……一九五七年為適應平叛需要新建的騎兵營……藏民團的同志生長在那裡，自小會騎馬，語言通，習性同，氣候適，生活慣，有得天獨厚的優勢。」而記錄的輝煌戰役中，如發生在一九五九年四月六日至七月二十一日的「石渠色達戰役」，「我方投入兵力」包括的就有藏民團、西藏騎兵團、蘭州軍區騎一師等，而「叛八千餘（人），相鄰縣叛二千餘（人）」，戰役結束後，「殲敵」都是總人數的一半以上。

看今天的中共官媒，滿目皆是幸福藏人，看不出倖存者的苟活卑屈。恰如曾經生活在共產極權下的羅馬尼亞作家諾曼．馬內阿（Norman Manea）所著的《論小丑》中所說：「……前前後後發生的一切都一再提醒我，我生活在一個畸形變態的社會裡，一個方方面面都被不同程度污染的世界。」而「我們必須知道，在公開場合表達普通正常的思想是多麼困難，我們還應該知道，真正能夠這樣做的時間少之又少。雖然已經不再像史達林時期那樣危險，人們還是不能簡單直接地說出一個不言而喻的真理，而與之相對的是，官方的謊言無恥地占盡了人們的視線。」[12]

七

藏學家、美國印地安那大學教授艾略特．史柏嶺（Elliot Sperling）先生的一篇文章〈死亡統計〉（The Body Count）[13]發表於二〇一二年九月，指出：「在大約一九五〇年到一九七五年期間，圖伯特是否存在群體死亡事件是一個無需爭論的問題……由於無法自由獲得中國方面的記錄，精確的死亡數字也因此不得而知。但是發生大屠殺的事實應該是毋庸置疑的。」

文章所附的三張照片是大屠殺的證據，記錄了在康囊謙（今青海省玉樹藏族自治州囊謙縣）發現的亂葬坑：白骨成堆，怵目驚心；由當地藏人拍攝於二〇一二年五月，並被當地藏人揭露是一九五八年遭屠殺的藏人僧俗遺骸。而這樣的亂葬坑不止一處：「在玉樹州的另一個地方，巴塘附近的草原上，更多同樣的情形出現在一個房屋建設項目的開工現場：三處滿是人類遺骸的亂葬坑。據講，在這些亂葬坑裡有些遺物還沒有完全腐爛。坑中還有一些遇害者被扔進坑時所穿的衣服的殘片：有俗人的衣服也有僧人的袈裟。有些死者的長髮還歷歷在目。一些老者說，這些亂葬坑也是一九五八年留下的……」

另有一九八二年中國在人口普查後繪製的「性別比例圖」，結果呈現的是，如文章所寫：「在整個圖伯特高原普遍的存在男女比例失衡，而事實上，唯一能解釋這種不平衡的原因只能是暴力鬥爭。在整個中華人民共和國，圖伯特高原是範圍最大的一片突出地呈現為紅色的區域，在這個地區女性人口數量一直高於男性。」但是，「發生在圖伯特的集體死亡事件在中華人民共和國境內極少被提及，至少在官方層面一直如此，而且即使提到，也只是為了否認曾經發生過這樣的事件。」

跋熱·達瓦才仁在《血祭雪域》一書的前言中也寫道：「即使是我的家鄉，根據《中國人口 青海分冊》記載，在戰爭結束後的一九六四年，六縣總人口比戰前的一九五六年減少百分之二十三，相當於損失所有的成年男性。」

我有一個深刻的印象是，在與康和安多地區的族人談及過往現今時，年長者總會提及「阿居阿皆」（藏語意為一九五八年）或「阿皆」（藏語五八年的簡稱）。一九五八年前後，中國軍隊在整個圖伯特尤其是康與安多製造的災難，深深刻在他們的記憶裡，連始於一九六六年的文化大革命也被說成「阿皆」。「阿皆」是所謂的「解放」之後一切災難的集合，堆砌在亂葬坑的白骨中或許也有這個名為嘉央益西索南確珠的遺骸——如《死亡統計》的最後一段：「他是拉布寺的第三世阿丁祖古……據我們所知，他生前在安多地區致力於弘揚佛法；和他的前世一樣，他在拉布寺的一個屬寺駐錫傳法，信徒眾多。後來，在一九五八年，在他二十四歲的年紀上，一切戛然而止。他死了。」

八

這位年輕的轉世喇嘛是怎麼死的？是死於解放軍空軍的駕機轟炸，還是死於解放軍步兵的機槍掃射，還是，死於解放軍騎兵亦即蒙古騎兵的揮刀砍殺？

數月前，北京酷暑炎夏的一天，我收到居住大阪的燕子發來的一封郵件。燕子即劉燕子女士，作家，中、日雙語譯者，是楊海英先生《沒有墓碑的草原：蒙古人與文革大屠殺》的中譯本譯者，並將我和王力雄的書譯成日文。郵件裡附有多張照片，是一位日本學者二〇一五年初在圖伯特康區即今四川省甘孜藏族自治州北部旅行時，在一座位於偏僻村莊的薩迦派寺院，見牆壁上懸掛著各種刀具和獵槍——此乃千百年來圖伯特各地民眾將刀槍交給寺院表示不再殺生的傳統——其中有一把形狀優美的日本軍刀，已顯髒污的絲帶纏繞的刀柄透出十顆五角星，真皮包裹的刀鞘露出一截刀刃似還殘留血跡，而問詢僧人，皆不明來歷。難道這是一九五八—六二年蒙古騎兵殺戮反抗藏人的武器嗎？

關於俗稱洋刀的日本軍刀，楊海英先生在書中有這樣的描述：

> 日本刀在製作上有甲乙兩類。甲種是騎兵使用的，長九十釐米；乙種適用於騎兵以外的兵種，長七十五釐米。在一九三〇（昭和五）年，做了進一步改良，將刀身縮短、刀柄變長，調整了重心的位置，並增加了刀身的寬度和彎度，提高了砍切的性能。外觀上也取消了以前歐洲式的裝飾，全部改成了傳統的日本刀樣式。
>
> 日本刀很完美。特別是一號刀的刀刃很鋒利，無論用過多少次都不會捲刃。手如果不小心碰

到，會在不知不覺中被刮破流血。在戰場上只要能巧妙地配合使用自己的力量、戰馬的勢頭以及日本刀的利刃，就能輕取敵人首級。不能胡亂舞刀，要用巧勁。這需要與生俱來的才能。

日本刀不是任憑蠻力砍殺的武器，要巧妙地配合使用力氣，在刺中對方後輕輕劃過」。這是蒙古騎兵從日本士兵學到的知識。日後，他們挎著日本刀挺進青藏高原，在馬上比日本武士更運用自如地揮動日本刀。

實際上，楊海英先生的這部書——《蒙古騎兵在西藏揮舞日本刀》不只是一部悲懺之書，它更是一部悼亡之書——悼亡為追求民族自決而玉石俱焚的蒙古騎兵。並且不止於此，更深入地，「以『日本刀』和『騎兵』為歷史線索，圍繞蒙古和西藏的悲劇，進行多層面的敘述」，因此，「本書不僅是蒙古人和西藏人的歷史，也是日本人的歷史」，「是蒙古人和日本人在二十世紀所經歷的近代化歷史」。

只是與世無爭地生存於高海拔的藏人很無辜，如同無依無靠的犛牛一般被強大的國家機器宰殺或凌遲。日本刀固然製作精良，又具備某種美學價值，然而再好、再美也是殺人奪命的武器，甚至一把流落在圖伯特民間的日本刀，幾十年的歲月流逝都抹不掉令人心寒的血跡。我不禁想起書中的一段描述，多麼殘酷又悲傷：

蒙古騎兵疾馳雪地，包圍了昂索寺。從四川來的中國人步兵部隊也抵達了。中國人步兵團一手握著手榴彈，一手握著手槍衝進了寺裡，卻被僧侶所擊退。深夜，寺廟因炮擊遭到破壞。騎兵鞭策戰馬衝向從寺院跑出來的僧侶。日本刀在星夜中閃著光芒，藏人僧侶們的鮮血將白雪染成了黑色……

二〇一六年一月一日，於北京

註解：

1 文章〈野獸為何往外蒙跑〉，選入王力雄文集《自由人心路》，中國電影出版社，一九九九年。
2 《沒有墓碑的草原：蒙古人與文革大屠殺》，楊海英著，劉英伯、劉燕子譯，八旗文化，二〇一四年。
3 「喇嘛教」之說不妥，或譯者所為。應為「藏傳佛教」。
4 《蒼狼帝國：成吉思汗與現代世界格局的形成》，（德）約西莫．布克漢森著，陳松林譯，新世界出版社，二〇一二年。
5 中華網：http://military.china.com/history2/03/11027561/20120428/17173510_1.html。
6 《那年，世時翻轉：一個西藏人的童年回憶》，納倉．怒羅著，雪域出版社，二〇一一年。
7 《血祭雪域》，跋熱．達瓦才仁著，雪域出版社，二〇一二年。
8 《翻身亂世：流亡藏人口述錄》，唐丹鴻、桑杰嘉著，雪域出版社，二〇一五年。
9 摘自鮑爾吉．原野散文〈掌心化雪．騎兵流韻〉：http://www.xdbzjw.com/ReadNews.asp?NewsID=1702。
10 見：http://blog.sina.com.cn/s/blog_4bb474e501000bca.html。
11 中華網：http://military.china.com/zh_cn/history4/62/20080426/14808354.html。
12 《論小丑：獨裁者和藝術家》，諾曼．馬內阿著，章艷譯，吉林出版集團有限責任公司，二〇〇八年。
13 中文譯文見唯色博客：http://woeser.middle-way.net/2012/09/blog-post_28.html。

前言：日本人，勿忘蒙古！

當今，沒有什麼比媒體更能豐富迅速地傳遞情報了。在媒體報導中，日本大相撲比賽以三位蒙古人橫綱力士白鵬、日馬富士、鶴龍為首，出現了數位蒙古人的身影。

出生成長在南蒙古，於北京求學，後赴日留學，如今則擁有日本國籍。作為這樣一個南蒙古人，我首先要向各位日本讀者提出下面的問題。

「為什麼日本的相撲界有這麼多的蒙古人？」

類似的情況還有，在法國這個白人國家，包括足球在內的體育界隊伍裡有眾多非洲裔黑人選手，道理是一樣的。這些運動員都是殖民地出身（比如活躍在法國的主要有來自阿爾及利亞、剛果等的隊員），並在宗主國發展。在日韓國人和在日朝鮮人在棒球和足球等領域的發展亦如此。

當然，嚴格地講，現在三位橫綱的祖國蒙古國並不曾像朝鮮半島或台灣那樣淪為日本的「殖民地」。曾為殖民地的是我的故鄉南蒙古，與蒙古國擁有同一個祖先，擁有完全相同的文化和語言。所謂的「內外蒙古」是清朝為了對蒙古人實行分而治之的政策、帶有歧視性的名稱：近已者為「內」，遠則「外」。蒙古人自己則一直用「南北蒙古」。本書除了行政區劃外，一概用「南北蒙古」。滿洲事變（一九三一年）以後，南蒙古的大半被編入滿洲國境內，成為了日本的殖民地。

同為蒙古人，現在卻屬於南北不同「國家」的國民，作為其背景，不可忽略的是日本的存在。雖然現已少有日本人知道這一歷史，但作者希望讀者首先能夠了解這段艱難曲折的近現代蒙古史。下面，對相關事實進行簡單的論述。

蒙古人的敵人非西洋列強而是支那

本書以滿洲國內的蒙古人所經歷的人生軌跡為中心進行敘述。十九世紀末，亞洲各個民族都開始覺醒。當時，亞洲各國遭到歐洲帝國主義列強的競爭和侵略，仍處於殖民統治之下。因此，亞洲各民族的覺醒以暴力革命的形式席捲全世界。一位人類學家曾這樣描述二十世紀的開端[1]：

以一八八一年的激進派「人民的意志」之名投擲炸彈暗殺亞歷山大二世為開端，以後的二十五年裡被暗殺的，有一位法國總統、一位義大利君主、奧地利皇后和她的法定繼承人、葡萄牙國王和他的繼承人、一名西班牙首相、兩名美國總統、一位希臘國王、一位塞爾維亞國王，以及俄羅斯、愛爾蘭、日本等國家的保守派政治家……暗殺者，以及包括早期的自殺式爆炸恐怖主義者，宣稱自己是通訊社、報紙、宗教進步主義者、勞動者與農民組織等全世界聽眾的代表。

這一事實顯示了第一次全球化時代的反殖民運動的特徵。在第一次全球化進程中，隨著科學技術的進步，炸藥的發明及製造，大眾媒體報紙的大量印刷，通信設備的擴大導致情報在世界範圍內得以迅速傳播。作為歐亞遊牧民族的蒙古，也被徹底地捲入了這股時代潮流中。

然而，與印度尼西亞、菲律賓的無政府主義者，如荷西・黎剎（José Rizal）等反殖民鬥士將西歐列強作為敵人的情況不同。蒙古的民族自決的最終目標是從亞洲古老帝國，也就是支那，即中國解放出來[2]。在這一點上，蒙古和印度等亞洲的其他民族有著根本的區別。

因此，對蒙古民族來說，為了獨立而必須打敗的敵人是支那，那麼自然地要與除支那以外的其他一切勢力聯手。無論是與俄羅斯，還是和日本，只要是能從支那的統治得以解放，時而不得不與西歐列強締結友好的關係。「敵人的敵人（有時候）是朋友，但朋友（總是有可能）會成為敵人」是蒙古在二十世紀所經歷的複雜歷史的寫照。

日本雖然在「大東亞戰爭」中戰敗了，但印度、印度尼西亞、越南等亞洲各國在經歷了激烈的反殖民鬥爭後，其大多數在一九四五年以後終於實現了解放或獨立。在這一點上，蒙古的一部分最早脫離殖民地宗主國支那的統治而獲得了獨立。早在一九一一年，博克多汗就在蒙古高原的北部建立了蒙古政權，而這一政權在一九二四年轉變為蘇聯式的社會主義國家「蒙古人民共和國」。經歷了近七十年的蘇聯「衛星國」的歷史後，「蒙古人民共和國」於一九九〇年自主放棄全體集權主義體制，作為「蒙古國」加入了自由主義的陣營。

但是，蒙古的南半部分依然處於中國的殖民統治之下。蒙古的知識分子和政治家，將自己的過去看作是「日本和中國的雙重殖民地」，承認日本人和中國人是「兩個奴隸主」，並將日本和中國區別開來，認為「與支那相比，大和是相對好一些的宗主國，武士則是比支那人強得多的奴隸主」[3]。時至今日，蒙古民族的一半，依然在他人（即在中國人）的統治之下。必須承認，自十九世紀末以來蒙古人的民族自決運動，直到二十一世紀仍未能實現。

《雅爾達協定》埋葬了弱小民族的希望

為了這本書的讀者，在這裡有必要簡潔地敘述一下從近代到現代的全體蒙古與日本的關係。

蒙古人從十三世紀開始信仰藏傳佛教。在蒙古高原，長期以來採用哲布尊丹巴胡圖克圖活佛的轉世制度，即前代活佛圓寂後，尋找並認定下一代轉世化身，實行政教合一的體制。哲布尊丹巴胡圖克圖一世和二世是成吉思汗的直系子孫的轉世，因此，蒙古人承認並皈依於其獨特的神聖性。在此省略其後的蒙古帝國、元朝的興衰史和忽必烈大汗的蒙古軍，即日本人所稱之為「元寇」等內容。而自十九世紀後半葉的近代以後，清朝因甲午戰爭的戰敗而徹底瓦解，新生的日本在日俄戰爭中戰勝了俄羅斯。在這樣的時代背景下，從一九一二年至一九一四年期間，蒙古國大汗哲布尊丹巴博克多汗（一八六九—一九二四）曾再三向日本尋求援助[4]。

當時的日本為了阻止共產主義思想的滲透，出兵西伯利亞，但因其軍事上已無餘力，故並未積極地與位於西伯利亞南部的博克多汗政權進行接觸。之後，日本全身心投入到經營滿洲國和德王（德穆楚克棟魯普，一九〇二—六六）領導的南蒙古中部地區的蒙古聯盟自治政權，而北蒙古則確立了蘇聯式的社會主義體制。直至一九四五年夏的戰敗，日本主要與南蒙古的蒙古人一起，專心實踐其帝國統治地區殖民地式的近代化工作。

日本敗退後，蒙古部隊的八萬騎兵為解放同胞，與蘇聯的機械化部隊一起進軍南蒙古，即日本所說的「蘇蒙聯軍的參戰」。所有蒙古人都堅信從此一定會實現民族的統一，擺脫日漢殖民地統治而得到解放，獲得真正意義上的民族獨立。但為處理日本戰敗問題所簽訂的《雅爾達協定》卻埋葬了弱小民族的這一希望，南蒙古也因此最終被置於中國漢人的支配之下。從此，蒙古民族的一半直到今天，仍然淪為中國人的奴隸；北蒙古的同胞也只能在極其有限的國土內生活。

正在消失的滿蒙遺產

日本人在其建立的台灣、朝鮮半島和滿蒙等殖民地之中，無論是在統治時期還是在戰後，相對而言都與蒙古人保持著比較溫和的關係。在蒙古和日本之間並不存在歷史認識、道歉或賠償等殖民地統治的後遺症。或許正因如此，日本一直對蒙古有著良好的印象和同情。然而，這種良好印象和同情自一九九〇年代以後卻迅速地向北蒙古（即蒙古國）集中，在我們南蒙古人看來，這很無奈。

日本本來一直與南蒙古積極地建立聯繫，投入了愛和同情，但是現在這些全部轉向了北蒙古。由於南蒙古已經完全變成了中國的領土，中國人占居民的絕大多數。多數日本人逐漸失去了對南蒙古的關注。

日本人在與中國接觸時，兩者之間橫亙著「歷史認識」的問題。所以，大多數日本人無論對南蒙古問題還是對西藏問題，抑或是對新疆問題，為避免「干涉內政」之嫌不得已敬而遠之。不僅如此，在南蒙古已經看不到散落在廣闊無垠的天空下的天幕和成群的牛羊，也已望不到無邊無際的大草原。北蒙古則還保留著這些風景。在南蒙古，剩下的只有被中國人破壞而沙漠化的荒野，以及寒酸的支那風格的土坯農舍。日本統治時期的痕跡亦消失無蹤。

自一九三二年滿洲國建立以後（參照頁二地圖），即使在蘇聯影響下的蒙古人民共和國內，也不乏對日本統治下的蒙古人生活的好評。為了尋求宗教信仰的自由而逃亡到南蒙古的平民也不在少數。蒙古對日本的好感和憧憬不曾間斷，自一九九〇年代脫離蘇聯的支配後更是如此。現已引退的旭鷲山以及後來的朝青龍在相撲界大展身手，還有現在的三位橫綱也均出身蒙古國。這一現象，正如本書開頭所指出的，其根源在於近代史上日本和蒙古特殊而友好的關係。

與之相比，南蒙古則很蒼白。不，南蒙古人並沒有完全放棄。在相撲界，雖然只有一位，但也還是有南蒙古出身的幕內力士（前頭）蒼國來，這也勉強可以理解為「滿蒙的遺產」吧。雖然他的國籍被標註為「中國」。

日本人，不論是北還是南，希望你們不要忘記蒙古！因為忘記「蒙古」就等於捨棄了日本自身在近代史中的正面因素。在亞洲各國，因為無政府主義者和反殖民鬥士的努力，很多民族都摘得了民族獨立的果實。

南北朝鮮雖然還沒有成為「統一國家」，與蒙古一樣一直處於分裂狀態，但他們各自擁有由自己民族組成的國家。而且，總有一天，他們也會像東、西德國一樣實現統一。雖然我們無法忽視北朝鮮作為金氏王朝的「獨裁國家」的悲劇，但比起處於中國人統治下的南蒙古，北朝鮮則更加幸福。對於這一點，日本應該認識到，情況最為嚴峻、糟糕的是蒙古民族。日本也不應忘記，還有一半的蒙古人仍然處於中國人的桎梏中這一事實，因為日本無法否認他們對此應負有一半的責任。

西藏高原血腥現代史背後的日本身影

日本和蒙古之間的這一不幸的命運，與遠隔數千里的圖伯特（即西藏）的現代史也有著深刻的聯繫。對此，多數日本人亦所知甚少。

一九五〇年六月，當全世界的目光集中在因北朝鮮的南侵而引發的朝鮮戰爭時，同年十月，中國人民解放軍「進駐」了西藏。當時中國以「解放」為名，擺出一副寬容的占領軍的姿態，但從一九五六年開始，當西藏人為了反擊中國的侵略而開始在各地進行武裝起義時，中國卻毫不留情地對西藏人民進行了大虐殺和鎮壓。三年後的一九五九年三月，達賴喇嘛帶領眾多同胞逃往印度。從那時以來，達賴喇嘛法王的流浪之旅已經持續了半個多世紀，成為現代史上不應被忘記的一大悲劇。

將西藏人民的抵抗逼至絕境的人民解放軍部隊中，有一支蒙古騎兵部隊。這支騎兵部隊的將領，在二戰結束前曾留學日本，掌握了日本的近代軍事戰略和戰術，他們是手握日本刀的兇猛戰士，是大和式武士。也就是說，在戰後的這段充滿血腥的戰爭背後，在西藏高原的現代史背後，我們可以而且必須看到日本的身影。

因日本阻礙了蒙古人擺脫中國實現獨立的願望，一九四五年八月十一日以後，蒙古軍人處死了部隊內的日本人將領。

從一九五八年開始，因西藏人抵抗中國的侵略，蒙古騎兵又殺害了眾多西藏人。

這段充滿矛盾的歷史究竟意味著什麼？作者想再次強調，本書不僅是蒙古人和西藏人的歷史，也是日本人的歷史。可悲的是，本書並不是蒙古人的軍功史，而是蒙古人和日本人在二十世紀所經歷的近代化歷史。通往近代化的形式有各種各樣，對日本人和蒙古人而言，這個形式是「日本刀」和「騎兵」。本書以「日本刀」和「騎兵」為歷史線索，圍繞蒙古和西藏的悲劇，進行多層面的敘述。

提起騎兵，本源自蒙古，多數日本人也會聯想到成吉思汗。曾遭到蒙古侵略的歐洲，改良了成吉思汗的騎兵戰術。後來，曾遭遇「元寇」襲擊的日本，在明治維新時期從歐洲學習及引進了改良後的騎兵戰術，並因此在甲午戰爭和日俄戰爭中獲得了勝利。這次卻輪到蒙古青年反過來向日本學習改良後的近代騎兵術和軍事戰略了，歷史實在不可思議。

由「日本刀」和「騎兵」所編織的西藏和蒙古錯綜交織的悲慘歷史，尚屬不能觸及的「禁區」和現代史的空白。本書若能對此現狀做些許改變，將是作者的莫大欣慰。

註解：

1 班納迪克・安德森（Benedict Anderson, 1936-2015）《在三面旗幟之下——無政府主義與反殖民主義的想像力》（*Under Three Flags: Anarchism and the Anti-Colonial Imagination*）（山本信人譯，頁四－五，二〇一二年，NTT出版）。

2 李・娜仁高娃《蒙古人所描繪的東亞共同體》（二〇一三年）。此外，此處的支那的含義採用了歷史學者岡田英弘所著《何為支那》（二〇一四）的見解。

3 楊海英《在中國與蒙古的夾縫間——烏蘭夫民族自決未竟之夢》，二〇一三年，岩波書店。

4 巴圖巴義爾《蒙古現代史》，頁一一七－一一八，二〇〇二年，明石書店。

本書重要人物生平簡介

阿思根

一九〇八年出生於南蒙古哲里木盟科爾沁左翼中旗。一九三八年畢業於日本陸軍大學後，就職於滿洲國軍事部等部門。內蒙古人民革命黨幹部，於一九四六年一月就任東蒙古人民自治政府內防部長，後擔任內蒙古人民自衛軍副司令。一九四八年一月突然死亡。有中國共產黨毒殺之說。

烏蘭

一九二二年出生於南蒙古卓索圖盟。在北京參加抗日活動並加入中國共產黨，後奔赴根據地延安。從一九四七年開始，在舊滿洲國境內大力推動激進的土地改革。殺害了大量的「對日合作者」。文化大革命時期被認定為「民族分裂分子」，遭受迫害導致身體殘疾，長期飽受病痛折磨，一九八七年去世。

烏蘭夫

一九〇六－八八。南蒙古土默特人。十九歲加入內蒙古人民革命黨，留學蘇聯。曾幻想在「中華民主聯邦」內實現蘇聯式的民族自決，並與中共合作但遭到背叛。中華人民共和國成立後，擔任內蒙古自治區黨委書記兼政府主席，內蒙古軍區司令兼政委。曾反對向西藏派遣蒙古騎兵。早在文化大革命開始之前，即被認定為「民族分裂分子的首領」而遭到肅清。

烏力吉敖喜爾

一九〇二－八九。南蒙古喀喇沁旗人。一九二五年加入內蒙古人民革命黨，後留學蘇聯。應共產國際的指示，擔任德王政府蒙古軍第九師師長。曾反對中國共產黨統治南蒙古。歷任騎兵第十一師師長、自治區交通廳長等職。

額爾敦倉

東蒙古人民自治政府騎兵第一師第三團長，曾任烏蘭察布盟軍分區副司令，率騎兵第十三團遠征青海，並任「玉樹平叛指揮部副司令」。

王海山

達斡爾蒙古人，出生於齊齊哈爾市。一九四三年畢業於日本陸軍士官學校。曾擔任興安軍官學校第十二期生連長，一九四五年八月十一日率領學生發起「對日武裝起義」。歷任內蒙古騎兵第一師師長，呼倫貝爾軍分區司令。

郝永芳（拉克新畢力格）

郭爾羅斯中旗人。興安軍官學校第五期生，曾赴日本陸軍士官學校留學。領導了一九四五年八月十一日的「抗日武裝起義」。反對中國對南蒙古的侵略而流亡蒙古人民共和國。但因蘇聯施壓而被強制遣返中國，在中國被槍殺。

鄂秀峰

一九三五年七月進入興安軍官學校學習。該校二期生。一九三八年八月畢業，擔任母校中尉區隊長。一九四四年晉升為上尉，翌年八月參加「葛根廟武裝起義」。

噶丹

一九三〇年出生。青海省宗和碩（北右翼）旗蒙古人。醫生。曾在蘭州迎接蒙古騎兵。

金川耕作

關東軍駐王爺廟（現在烏蘭浩特市）特務機關長。蒙古通，是建立成吉思汗廟的主要人物。

甘珠爾扎布

曾任日俄戰爭日本軍馬隊首領的巴布扎布的次子，從早稻田大學中途退學，畢業於日本陸軍士官學校。在南蒙古創立了蒙古獨立軍，滿洲國時期任興安軍官學校校長，後就任駐紮在通遼的興安軍第九軍管區司令。陸軍中將。與清朝肅親王之女顯玗（即川島芳子）有過短暫的婚姻。

高海崑

南蒙古卓索圖盟土默特中旗蒙古人。興安軍官學校第一期生。日本陸軍士官學校第五十二期生。興安軍官學校教官，後任興安警備軍第九軍管區少尉參謀。日本撤退後，被中共殺害。

高海清

一九二六年出生。高海崑之弟。興安軍官學校第十一期生。曾在西藏軍區工作。

高海川

一九二一年出生。高海崑之弟。興安軍官學校第八期生。後畢業於哈爾濱軍醫學校。中華人民共和國時期任包頭醫學院（現包頭醫科大學）校長。

吉爾嘎朗

一九二七年出生。南蒙古喀喇沁旗人。興安軍官學校第十二期生。曾任騎兵第十三團長遠征西藏。從西藏返回內蒙古後，被任命為騎兵第五師副師長。在文化大革命中被肅清。

沙拉布

一九四五年出生。青海省黃南藏族自治州蒙古人。原青海省民政廳幹部。

正珠爾扎布

巴布扎布將軍的三子。日本名為川島成信。畢業於日本陸軍士官學校。與其兄甘珠爾扎布一起組建蒙古獨立軍，並擔任滿洲國第十軍管區參謀長。陸軍少將。被蘇聯扣押，後移交中國，於一九六七年十一月文化大革命初期自殺。

斯熱歌（靈玉）

達斡爾蒙古人，一九三一年出生於南蒙古哲里木盟科爾沁左翼中旗。畢業於興安女子高等學校（興安女高）。內蒙古人民革命青年同盟成員。《內蒙古日報》記者。

孫光

中國人。青海省軍區司令兼「玉樹平叛指揮部司令」。毫無教養的粗魯之輩。

郃喜德

一九二八年出生於黑龍江泰萊縣。興安軍官學校第十四期生。「中華全國戰鬥英雄」。曾在中華人民共和國時期擔任騎兵第五師第十四團副團長。被認為有反中國言論而在一九五八年遭肅清。被監禁長達二十二年，於二〇〇〇年去世。

張尼瑪

南蒙古哲里木盟科爾沁左翼中旗人。曾就職於興安軍官學校和奉天陸軍中央訓練所，擔任東蒙古人民自治政府內防總局長。一九四七年流亡蒙古人民共和國。一九五四年被強制遣送回內蒙古自治區，一九七〇年代死於獄中。

欽彥

一九四〇年出生於青海省玉樹，西藏人。蒙古騎兵嚮導。

圖們昌

一九二八年出生。興安軍官學校第十二期生。曾任騎兵第十三團政治委員遠征西藏。

德王（德穆楚克棟魯普）

南蒙古蘇尼特部王子，一九〇二年出生。成吉思汗直系子孫。借助日軍之力致力於實現民族獨立。創立了蒙古軍政府，蒙古聯盟自治政府等。日本戰敗時嚴令部下「不可為難日本人」。流亡蒙古人民共和國，在蘇聯的壓力下被遣返中國。一九六六年因病辭世。

杜古爾扎

一九五〇年出生於青海省，蒙古人。原人民解放軍測量大隊將領。調查西藏人被大量虐殺的舊址。

尼瑪

一九三六年出生。青海省烏蘭縣蒙古人。曾率領青海蒙古部隊鎮壓西藏人。

都固爾扎布

一九一四年出生於南蒙古哲里木盟三義縣。曾加入蒙古獨立軍少年隊，後成為興安軍官學校第一期生。日本陸軍士官學校第五十二期生。與三笠宮交往密切。日本敗退後，擔任東蒙古人民自治政府騎兵第一師師長。中華人民共和國時期，歷任錫林郭勒盟盟長和自治區畜牧廳廳長。一九八九年逝世。

那穆斯賚扎布

一九二五年出生於興安西省省都王爺廟近郊。在日本統治時期畢業於育成學院。後進入中國共產黨東北軍政大學學習，畢業後在內蒙古軍區政治部工作。任西藏遠征軍第十四團政治委員。騎兵第五師政治委員。

尼瑪仁欽

一九四〇年出生於鄂爾多斯烏審旗。作為騎兵第十四團機關槍手遠征西藏。

諾爾布

一九二七年出生。青海省蒙古人，蒙古騎兵嚮導。

巴音圖

一九一七年出生於熱河省喀喇沁旗。以第二名的優秀成績畢業於興安軍官學校，第五期生。後赴日本陸軍士官學校留學。騎兵第五師副參謀長。

哈豐阿

一九〇八－一九七〇年。出生於南蒙古哲里木盟科爾沁左翼中旗。內蒙古人民革命黨中堅領袖。曾任奉天蒙旗師範學校教師，蒙古獨立軍將領，後赴東京擔任滿洲國駐日本外交官。東蒙古人民自治政府祕書長。一九四六年內蒙古人民革命黨被解散後失去實權，度過悲慘的餘生。文化大革命中，一九七〇年十一月被中國人殺害。

白音布魯格（王海峰）

一九一三年出生於哲里木盟科爾沁左翼中旗。在奉天蒙旗師範學校學習期間，追隨內蒙古人民革命黨領袖哈豐阿參加了甘珠爾扎布，和正珠兒扎布兄弟領導的蒙古獨立軍。興安軍官學校教官，後就任滿洲國軍興安南警備署參謀處上校副處長。一九四五年八月十二日，率領五十三部隊發動起義，結成騎兵第二師。一九五〇年十月，出席天安門閱兵式後出征朝鮮戰爭。騎兵第五師師長。一九九六年去世。

巴達榮貴

曾任騎兵第十四團副團長，遠征西藏。後任哲里木盟軍分區參謀長。文化大革命開始後的一九六九年春，中國人將鐵釘多處嵌入其頭部，將其殺害。

巴布扎布

出生於南蒙古卓索圖盟土默特左翼旗（現遼寧省阜新市）的蒙古人。在日俄戰爭中擔任日本軍的先導，馬隊首領。為解放處於中國統治下的蒙古人，實現與蒙古高原的博克多汗政權的統一事業而奮鬥終身，於一九一六年戰死。擁有鎮國公爵位。其子農乃扎布、甘珠爾扎布和正珠兒扎布均留學日本陸軍士官學校。

日高清

一九一五年出生於福岡縣糸島。福岡步兵第二十四聯隊戰士，進入興安軍官學校學習。後成為該校少校教官。戰後被蘇聯扣押，後回國。二〇一四年七月去世。

虎日樂巴根

一九二八年出生於卓索圖盟喀喇沁旗。興安軍官學校第十三期生。曾任騎兵第十三團副團長，遠征西藏。

包壯卿

一九一八年出生於南蒙古哲里木盟。興安軍官學校第九期生，學生隊長。參加對日起義。

本巴

一九三二年出生於遼寧省彰武縣。騎兵第十四團機槍排排長，鎮壓西藏起義。

朋斯克

一九四〇年出生於鄂爾多斯烏審旗。騎兵第十四團士兵，遠征西藏。

房揚達

中國人。人民解放軍五十四集團軍第一三四師副師長，「玉樹平叛指揮部第一副司令兼參謀長」，直接指揮屠殺西藏人。

彭治耀

中國人。從朝鮮半島進入青海省的第四〇一團工兵部隊首長。大肆破壞寺廟，虐殺西藏人。

莫德勒圖

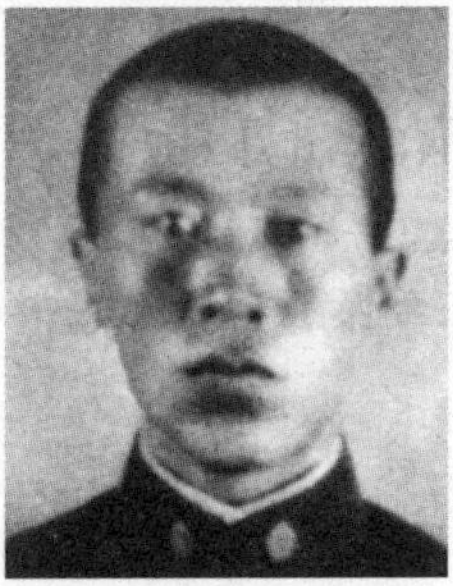

興安軍官學校教導團中校團長。在日本戰敗後仍使用日語起草完成作戰命令，日本通。東蒙古人民自治政府騎兵第一師師長。後因拒絕參與中國共產黨號召的國共內戰而被肅清。

允登

一九二七年出生於青海省。醫生。

上述一部分人士的照片由他們本人提供，其餘出處如下：

阿木蘭整理《雲清文集》，二〇〇四年，內蒙古人民出版社。
巴義爾著《永遠的騎兵》，二〇〇七年，民族出版社。
巴音圖、胡格編著《八·一一葛根廟武裝起義》，二〇〇二年，內蒙古人民出版社。
郝維民主編《百年風雲內蒙古》，二〇〇〇年，內蒙古教育出版社。
內蒙古自治區政協文史和學習委員會編《內蒙古自治政府成立前後》，一九九七年，內蒙古文史資料第五十輯。
索布多主編《興安女高》，二〇〇五年，內蒙古人民出版社。

第一部

民族自決

第一章

青春豪邁習志野

經歷過戰爭的蒙古老人，至今，只要聽到「陸軍興安軍官學校」的名字，便情不自禁地淚光閃爍，心潮澎湃。優秀畢業生留學日本的日本陸軍士官學校，成吉思汗子孫的蒙古騎兵與年輕的日本皇族交往密切……

在習志野疾馳的三笠宮殿下

（一）近代日本騎兵與蒙古

鐵馬奮鬥　蹴雪衝風
斃而後正　惟義惟忠

——陸軍騎兵大佐秋山好古（明治三十一年十月）

源自日本的歐亞近代騎兵

二〇一三年六月九日，我從東京品川車站乘電車前往千葉縣津田沼站。前夜下了一場大雨，頂著悶熱，我從津田沼站換乘了新京成巴士，目的地是自衛隊前車站。

我原本想瞭望藍天下無邊無際的習志野，但是被近代建築物所淹沒的習志野早已看不到往昔的面容了。我找到了位於東邦大學藥學部內刻有「騎兵第十三聯隊發祥之地」的一座石碑，靜靜地、長久地凝望著它。爾後，從學校正門走出來到旁邊的日本大學生產工學部，瞻仰寫有「騎兵第十四聯隊發祥之地」的石碑（照片一、二）。

在「騎兵第十三聯隊發祥之地」石碑旁邊並立著的，是名作家司馬遼太郎的文學碑。這是因為司馬文學最高傑作之一的《坂上之雲》（坂の上の雲），其主人公秋山好古被尊為「日本騎兵之父」。

離開這兩座「騎兵發祥之地」碑，我來到了附近的八幡公園。八幡公園曾是騎兵第一旅司令部的所在地。公園內矗立著「軍馬忠魂塔」、「軍馬之碑」和「馬頭觀世音」等紀念碑。聽著公園裡到處響起的孩子們的歡聲笑語，我開始想像往昔響徹習志野的軍馬的嘶鳴。

至今仍駐紮著自衛隊的習志野台地，自古就是飼養軍馬的牧場。古時候的此地下總國有很多被稱為「牧」的地方。例如，比較著名的有高津馬牧、大結馬牧和中州馬牧等。江戶幕府的軍馬也在這裡牧放飼養，當時這裡被稱為下野牧或小金牧[1]。

照片一　騎兵第十三聯隊發祥之地。

照片二　騎兵第十四聯隊發祥之地。

提起騎兵，人們自然會聯想到遊牧民族的戰士。但是，歐亞近代騎兵實際上並不是發源於遊牧民族蒙古，而是源於日本。我認為，東邦大學和日本大學內的兩座「日本騎兵聯隊發祥地」石碑，應被稱為「歐亞近代騎兵發祥地」石碑，載入世界史。我之所以這樣考慮，是有歷史原因的。

曾任滿洲國國軍顧問的騎兵少佐佐久間良三的研究表明，明治維新後日本創建皇軍時，陸軍借鑒了法國，海軍則借鑒了英國的模式。天皇親率的御親兵裡誕生的兩支騎兵小隊，當時也是由法國的教師指導操練的[2]。對於其後，八幡公園的紀念碑則有如下記載：「於一八七六（明治九）年，明治天皇駕臨大和田原，御覽了近衛兵舉行的演習。被篠原國幹少將的指揮風采所深深打動，於是，天皇下令所有騎兵要『向篠原學習』。爾後，下總國歷史悠久的牧場之一便成為了習志野」。日語中，「習志野」與「向篠原學習」發音近似。

秋山好古大尉於一八八七（明治二十）年赴法國，並在那裡學習了近代騎兵戰術。這時，日本陸軍的學習模範已從法國模式轉變為德國模式。「日本騎兵之父」秋山好古所學的是法國騎兵操典。《坂上之雲》中生動地表現了秋山好古當時的煩惱，即如何將德國的精粹導入到法國騎兵戰術之中。因此，讀者對此或許並不陌生。

日本近代騎兵在最大限度的發揮騎兵機動性的基礎上，配備了機槍隊和炮兵隊，最初於一八九四年的日清戰爭中初露鋒芒，爾後從一九〇四年開始參加日俄戰爭，極大地發揮了其威力。一九一七年蘇聯成立，為了阻止社會主義思想的東遷，騎兵第十二、七師作為出兵西伯利亞的一環於一九一八年奔赴滿洲，進入了蒙古草原。

一九三一年滿洲事變爆發，次年滿洲國成立（參照頁二地圖和地圖一）。在滿蒙（即滿洲）和南蒙古的東部被納入日本勢力範圍的過程中，日本騎兵各聯隊也相繼分布於滿洲草原各地。《日本騎兵史》（下）認為，一九三九年夏在諾門罕草原，日軍與蘇聯．蒙古人民共和國聯合軍的對峙，使「皇軍遇到了有史以來最大的困難」。認為「在蘇聯統治下的敵人外蒙軍擁有近代化裝備，以空中和地面聯合的坦克、重炮等機械化部隊為主，完全處於優勢」。面對強大的蒙古敵軍，日軍一敗塗地。佐久間良三少佐悔恨地寫下了這段歷史：

皇軍騎兵從大正年代開始臥薪嘗膽，刻苦努力，其實力大幅提高，堪稱一支精銳部隊，這既非誇張，亦非自賣自誇。然其對手是落伍於時代的支那軍。而面對現代化裝備的歐美各國軍隊時，以皇軍騎兵原來的編制和裝備，能否發揮同樣強大的戰鬥力，我們對此一直存有懷疑。諾門罕戰爭證明了這種懷疑是有確鑿根據的[3]。

在近代化怒濤中成立的、令人驕傲的騎兵在遭遇初次戰敗後，日本騎兵的培養方針不得不做出巨大的改變。具體做法是，比以往更加注重培養當地的蒙古人士兵和將領[4]。

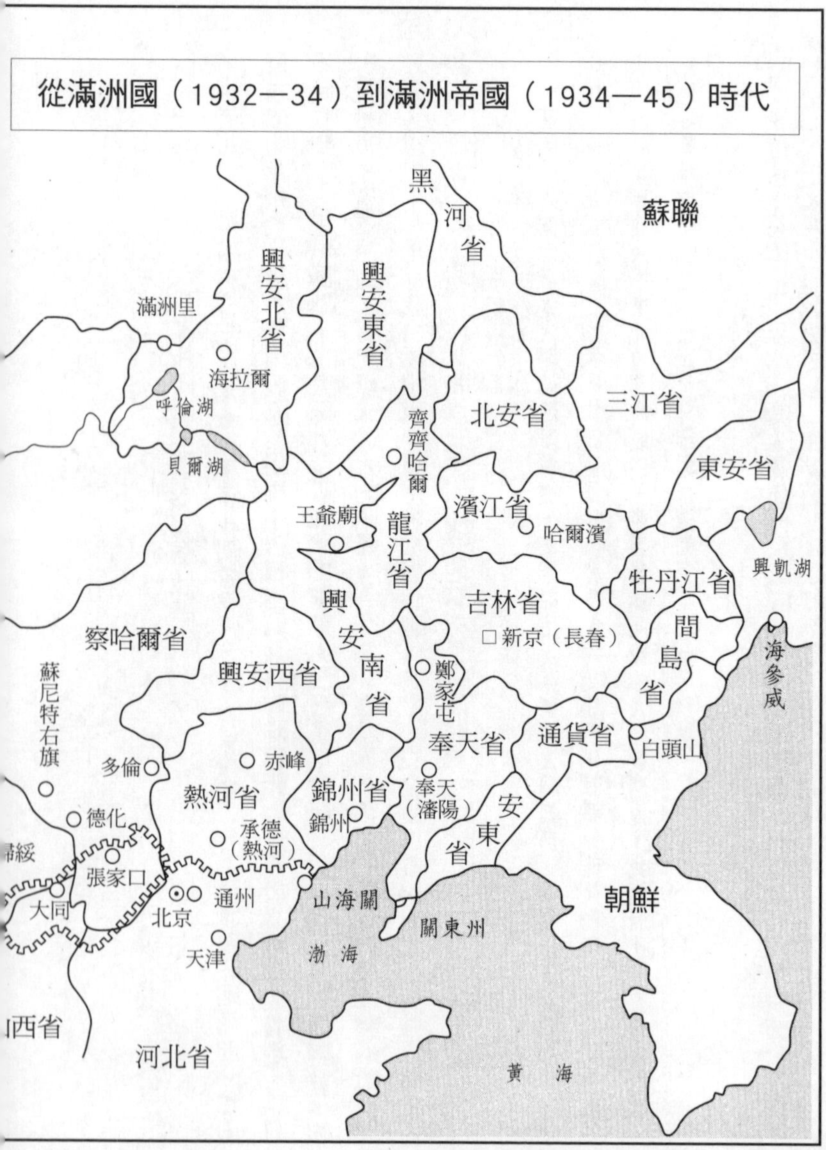

地圖一 滿洲國時期的蒙古（轉載自宮脇淳子《蒙古歷史》，二〇〇二年，刀水書房）。

蘇 維 埃 聯 邦
（1922 年成立）
吐 瓦 共 和 國
（1921 年成立）
烏布蘇湖
庫蘇古爾湖
烏蘭烏德
特洛邑次卡薩
夫斯克
恰克圖
科布多
烏里雅蘇台
庫倫
烏蘭巴托
蒙 古 人 民 共 和 國
（1924 年成立）
百靈廟
綏
遠
省
寧 夏 省
包頭
中 華 民 國
（1912 年～）

騎兵起源於蒙古

關於騎兵的特徵，在《騎兵操典》中有如下描述：「騎兵需鋼膽敏銳、富有耐力、身體強健，精通武術尤其馬術。一聲令下，英勇無比，不顧敵人多寡，無論地形難易，踴躍奮進，擊破敵人」[5]。

如此英勇的騎兵，乃源自蒙古。原滿洲國騎兵少佐佐久間良三指出：「我們騎兵的乘馬襲擊的戰法習於歐洲，但並非歐洲的創造，而是歐洲學習了成吉思汗常用的戰術」[6]。

近代日本，未從其近鄰蒙古而是經由歐洲，學習並引入了歐洲當地兼用重武器的騎兵戰術，並加以改良（照片三）。日本的近代騎兵是以歐洲為媒介與蒙古相連接的。雖說日本是經由歐洲間接地學習了蒙古的騎兵戰術，但在近代戰爭中，事實上自始日本騎兵便和蒙古男兒並肩作戰。日俄戰爭時期，在滿洲荒野上，日本騎兵向密什欽柯的大騎兵團揮舞軍刀拚殺之際，前鋒長沼挺身隊裡（即有蒙古人的馬隊）一同戰鬥[7]。馬隊隊長為巴布扎布將軍（一八七五—一九一六）。

蒙古人巴布扎布為何會與新生的明治日本採取共同行動呢？究其背後的原因，是因為俄羅斯和中國人[8]的侵略。巴布扎布出生於南蒙古卓索圖盟土默特左翼旗（現遼寧省阜新市）（參考地圖二）。在蒙古固有領土中，此地最早遭到中國農民的侵入，中國人（即漢人）的大規模移民始於十九世紀末。中國人「猶如蝗蟲般衝破萬里長城」，闖入草原，犁開大地，開拓農田。然而，蒙古草原的年降水量不足一百五十毫米，屬於乾旱地帶，一旦被開墾便立即導致沙漠化。

由於草原的環境遭到破壞，蒙古人的生活也被徹底顛覆。

另一個原因是經西伯利亞南下而來的俄羅斯。俄羅斯自一八九七年開始鋪設東清鐵路，並沿路配備大量軍隊用以壓制蒙古人的自治。衰弱的清朝試圖利用日本這一新勢力來阻止俄羅斯的南下。而在蒙古人看來，清政府是在利用中國人和俄羅斯人壓榨蒙古。甲午戰爭以後，俄羅斯支持清政府，因此蒙古人認識到，只有日本才能阻止中國人和俄羅斯人。正如美國「行走的歷史學家」、蔣介石的私人顧問歐文・拉鐵摩爾（Owen Lattimore，一九〇〇—八九）所指出：「在日俄戰爭中，強力支援日本的是被中國人逐出草原的蒙古人」[9]。

照片三　《歐洲戰爭實記》。歐洲式的騎馬姿勢被引進日本。

拉鐵摩爾根據一九三〇年代的南蒙古和日本的關係進而還指出：「富有行動力的蒙古人的積極呼籲，促使了日本大陸政策的誕生」。蒙古人充分利用近代日本的力量，試圖阻止中國人的侵略，實現從中華民國的獨立[10]。

日俄戰爭後，巴布扎布將軍於一九一二年率軍趕往庫倫（即現在的烏蘭巴托）。他與從清朝統治下獨立的蒙古博克多汗政權聯合，表達忠誠，竭盡全力予以支持。這是那個時代眾多蒙古英傑所選擇的道路。博克多汗政權為解放南蒙古同胞，於一九一三年派遣五路軍隊南下，巴布扎布將軍擔任了東南方面軍的指揮官。因與中華民國作戰功勳顯赫，他被封為世襲鎮國公。此後，巴布扎布將軍在日本有志之士的支援下，繼續與中國軍閥戰鬥，不幸的是，一九一六年，戰亡於昭烏達盟巴林草原[11]。即使如此，巴布扎布將軍的兒子們以及眾多蒙古青年，繼續與日本壯士一起，為實現從中國獨立而英勇戰鬥。

註解：

1 佐藤誠〈從視頻看習志野的變遷——《坂上之雲》秋山好古與藥園台的聯繫〉，《八千代市立鄉土博物館平成二十二年度演講會資料》。

2 佐久間良、三平井卯輔編《日本騎兵史》（上．下），一九七〇年，原書房。

3 佐久間良三等前述書（下），頁三三八。

4 滿洲國軍刊行委員會編《滿洲國軍》，頁六二三，一九七〇年，蘭星會。

5 佐久間良三等著前述書（上），頁一五三。

6 佐久間良三等著前述書（上），頁一六六。

7 佐久間良三等著前述書（上），頁五三二。

8 本書中的中國人專指漢民族（Chinese），內蒙古自治區的蒙古人和西藏自治區的西藏人，新疆維吾爾自治區的維吾爾人都不是Chinese，只是「中國籍的蒙古人」，「中國籍的西藏人或中國籍的維吾爾人」。這裡的中國人只指漢民族，即漢人。

9 Owen Lattimore, *The Mongols of Manchuria*, 1969,.p117.

10 Owen Lattimore, op. cit., p31. Sechin Jagchid, Inner Mongolia under Japanese Occupation, 1935-1945, *Zentralasiatische Studien*, 20,1987, pp140-146.

11 烏蘭塔娜〈博克多汗政權成立時期東部內蒙古人的動向——以巴布扎布為例〉，《東北亞研究》一一，二〇〇八年。

地圖二　南蒙古東部的盟與旗。

（二）日本的政策與蒙古人的命運

衝破曠野怒濤
飛躍煙火瀰漫的敵陣
揮刀躍身白刃戰
嗚呼　唯我騎兵
手持降魔利劍
膺征支那
狂濤響徹亞細亞
投身鐵騎陣營
……

——日本陸軍士官學校〈五十二期騎兵之歌〉

孕育於日本的蒙古獨立之夢

長野縣松本市。

二〇一三年十一月三日，一個寒冷的雨天。我與友人參觀了長野縣淺間溫泉入口處的川島浪速國士的府邸，然後出發前往位於正麟寺南的蟻之崎高中（舊松本高等女學校）。途經護國神社，行走路程大約四公里。我之所以徒步行走這段路程，是因為「男裝麗人川島芳子」就是通過這條路，英姿颯爽地策馬往返於蟻之崎高中的。川島芳子是清朝肅親王善耆之女，亦為浪速之養女。川島芳子的丈夫是巴布扎布將軍的次子甘珠爾扎布。

巴布扎布將軍戰亡後，南蒙古獨立的夢想也隨之破滅，川島浪速收養了其三個兒子農乃扎布、甘珠爾扎布和正珠兒扎布，並將他們安置在滿洲旅順口的日本租界地度過了五年的時光。一九二二年，櫻花盛開的季節，三兄弟踏上了日本的國土。正珠爾扎布進入東京府立第六中學學習，改名為川島成信。成是成吉思汗的成，信則取自上杉謙信，一個日本歷史上的著名武將。當然，為他改名的是川島浪速。從這一名字可以想像，川島浪速等眾多日本壯士寄託於正珠爾扎布的夢想之雄大[1]。

正珠爾扎布於一九二五年，經陸軍省山下奉文少佐（後晉升為大將）和十川次郎大尉（後晉升為中將）的推薦進入了陸軍士官學校炮兵科。此時，其兩位兄長業已從早稻田大學中途退學，分別進入了士官學校的炮兵科和步兵科。其後，長兄農乃扎布前往新生的蒙古人民共和國，其因由之一為東京外國語大學蒙古語系教授的建議。數年後，弟兄們將再次踏入呼倫貝爾草原，超越他人所畫定的國境線，進行交流。

正珠爾扎布未曾一刻忘記他偉大父親的南蒙古獨立之夢想。他與陸軍士官學校的中國人留學生關係並不融洽，只與日本同學交往。一九二八年三月，他拜訪了位於福岡市志賀島的蒙古供養塔，祭拜了由忽必烈汗派往日本遠征的戰士們。日本的有志之士贈與他日本刀，而蒙古青年正珠爾扎布揮筆寫下了「日蒙親善」四個大字。

一九二八年夏天，正珠爾扎布回到滿洲，進入南滿洲鐵道株式會社任職。在此期間，他頻繁地與蒙古人的民族主義政黨的創立者之一墨爾色（郭道甫）在奉天見面。當時受到墨爾色深遠影響的，還有戰後成為內蒙古人民革命黨領袖的哈豐阿，以及畢業於日本陸軍大學的阿思根將軍等人。與正珠爾扎布關係深厚的還有日本人伊達順之助等人。伊達順之助為仙台藩主的直系子孫，赫赫有名的大陸浪人，也是風靡一世的「馬賊」。檀一雄在其《夕日與手槍》（《夕日と拳銃》新潮社）中描寫了關於伊達順之助的部分傳說。

一九三一年九月十八日的滿洲事變爆發之前，正珠爾扎布就與駐紮在奉天的若松第二十九聯隊裡的盟友竹島繼男中尉等人多次見面。事變第二日，他立刻在奉天創建了「蒙古獨立軍」[2]。由此可見，蒙古青年們將日本製造的滿洲事變看作絕妙的機會，而採取了機敏的行動。蒙古人絕不是被動的「日本的走狗」或「合作者」，也不是日本為了建立滿洲國而設的棋子。蒙古人只是想借助日本的軍力，實現從中國獨立而已。這一歷史事實後來被中國人進行了一百八十度的竄改，成為了所謂的「蒙古人被日本濫用」。後來，正珠爾扎布因其中共囚徒的身分，才不得已違心地將自己不顧日本人的反對、費盡心力創建的「蒙古獨立軍」稱為「偽軍」。一個民族最大的悲劇，正是在於不得不歪曲自己的歷史。

槍口瞄向阻止蒙古獨立的日本人

正珠爾扎布創建的「蒙古獨立軍」，正是近代蒙古騎兵的搖籃。很多蒙古青年懷著對「蒙古獨立軍」的憧憬而來，並展開了民族自決鬥爭。正珠爾扎布當然不會忘記父親巴布扎布將軍所成立的馬隊的傳統。兄弟三人堅信他們繼承了父親的遺志。

正珠爾扎布的蒙古獨立軍於一九三一年十月二十日受命改名為蒙古自治軍。日本堅持只能是自治而不得為獨立。這一事實表明，關東軍的政策前後不一，缺乏一貫性。蒙古民族從中國獨立的夙願被迫降低為自治的級別，從此時起，正珠爾扎布與日本方面的摩擦不斷加劇，並逐漸演變成了衝突。在日本戰敗前的一九四五年八月十一日上午十一時許，滿洲國軍第十軍管區的日系軍官和興安軍（蒙古軍）避開蘇聯軍隊的攻擊，進入呼倫貝爾草原錫尼河地區避難。在海拉爾西南大約四十公里處的錫尼河草原上，正珠爾扎布下令處決了日系軍官，當時他是滿洲國軍第十軍管區參謀長。此事件的「犧牲者」達三十八名之多。

「老師，快逃！」

一邊大喊、一邊朝天空鳴槍的騎兵第五十一團蒙古士兵的努力未能奏效。除正珠爾扎布以外的蒙古士兵，都試圖搭救那些日系軍官。

本書後文還將詳細敘述，日本人比較喜歡與川島芳子結婚的兄長甘珠爾扎布。權威性的著述《滿洲國軍》認為正珠爾扎布的行為是「背叛」，評論如下：

正珠爾扎布的叛亂不是為了自保性命，也不是為了升遷。他後來被蘇軍所俘虜，遭到拘禁。他與蘇軍在思想上完全屬於不同領域。昭和二十五年七月，他與溥儀皇帝、國務總理張景惠等人被移交給中共（中華人民共和國）管理，作為戰犯被拘禁在撫順、哈爾濱的監獄。巴布扎布的蒙古獨立之夢可謂稍縱即逝，破滅而去……在日本成長，了解日本，本應與日本聯手的正珠爾扎布為何會做出如此反日之舉，背叛眾多好友的信任，命令部下殺害日系軍官呢？[3]

我不理解《滿洲國軍》所述正珠爾扎布「思想上完全屬於不同領域」的具體內容是指什麼。了解正珠爾扎布的日本人指出：「雖說是知日，但未必是絕對的親日」，深入把握人類的思想空間是很難的。而作家牧南恭子在其名著《五千天的軍隊》中寫道：

正珠爾扎布在發起叛亂兩日後的八月十三日，投降了蘇軍。此時，當他想起為實現蒙古獨立而奮鬥終生的父親時感慨萬千。那是在前往蘇聯的軍事根據地塔木察格布拉格的途中發生的一幕，他乘坐的吉普車在一望無際的肥沃的草原上奔馳了大約十個小時。「途中，清澈見底的喀爾喀河河底的石子和游弋的魚類，使他心緒萬千無限感慨」。

滿洲國軍的蒙古軍全部為騎兵，是甘珠爾扎布兄弟藉日本人之力創建的部隊。最初稱為蒙古獨立軍，後來改為蒙古自治軍，其後則又改為興安警備軍。每一次名稱的改變都反映了日本政策的變化，正是這種政策的變化，將怨恨的種子撒在了正珠爾扎布兄弟的心裡。阻止蒙古從中國獨立的日本人，如同中國人一樣可憎，當時的正珠爾扎布無疑是有這樣的感受和考慮。

一九四五年八月十一日，相同的事情亦發生在錫林郭勒草原的蘇尼特右旗。

日本軍和蒙古聯盟自治政府聯手共同創立的「蒙古軍幼年學校」的學生與日本人教官為躲避蘇軍的攻擊，向南撤退避難。在到達比昔日的勒圖寺時，學生將日本人教官稻永、佐藤以及堀內等人殺害。平時「這三個日本人跟中國人一樣，瞧不起蒙古人」，招來了此次殺身之禍。原本，此時蒙古聯盟自治政府領袖德王和其他蒙古人司令官均下達嚴令：「不可殺害日本人顧問」，但並未得以遵守[4]。「跟中國人一樣的日本人」以及強迫蒙古人要「和中國人搞好關係」的日系顧問，均遭到蒙古人的厭惡。絕不能輕視這一事實。

弱小民族的殘酷命運

正珠爾扎布的蒙古騎兵曾很強大。下面是《滿洲國軍》的官方觀點[5]。

所有人都承認蒙古騎兵在戰鬥中非常勇敢。這是蒙古人的傳統特徵。奇妙的是他們同樣擅長馬術。揮鞭令烈馬疾馳而撒開轠繩射擊。長驅行軍四小時，追擊敵人八十公里，擁有堅強的決心和異常的戰鬥力……他們無愧於成吉思汗的子孫之名，最後的那場突襲完美得完全如同操典所規定。目睹了這一切的日系軍官甚至忘記了自己身在戰場，不禁潸然淚下。

正珠爾扎布和他的同志無疑都選擇了無愧於祖先成吉思汗的人生道路，即不受其他民族指使和侮辱的生活。我作為蒙古人，對正珠爾扎布的心情實為感同身受。從正珠爾扎布作為巴布扎布將軍的兒子來到這個世界開始，擺脫中國人的侵略並從中國獨立便成了他唯一的生存意義。或許他自幼背負的並非個人，而是更為重要的整個民族的命運。雖然蒙古人在十三世紀建立了世界帝國，但是在近代，面對中國的侵略卻無計可施。正珠爾扎布背負著這樣的重壓。弱小的民族繼承了光榮的歷史，而在轉向近代化時，卻並未能如日本那樣輕鬆順利。這是一個弱小而古老的民族，背負沉重的歷史時所遭遇的殘酷命運。

原本，給正珠爾扎布灌輸「比個人的喜怒哀樂更為重要的是國家民族」這一思想的並非別人，正是日本。自從他離開戰亡草原的父親，成為川島成信那一刻開始，就已經註定了命運的結局。如前文所述，成信這個名字從成吉思汗和上杉謙信當中各取一字而成。對他而言，這或許也是一種重荷。

導致正珠爾扎布對日系軍官心存懷疑的原因，不在於日本人個體的行為，而是因為日本的國家政策背離原來的「支持蒙古獨立」，變為「滿洲國領土內的自治」。作為國家，日本始終只是將本國的利益放在第一位。與之相比，作為個體，則有很多日本人全身心地投入蒙古的獨立事業。然而，個人終究無法左右整個國家的思想和政策，他們最終化作了蒙古草原的泥土。

我想順便指出的是，日本對蒙古的這種政策，後來被中國共產黨全盤繼承。中國的共產主義者最初也向蒙古人承諾民族的獨立自決。而事實上，在一九四九年中華人民共和國成立之時，卻只賦予了有名無實的區域自治[6]。中華民國的國民黨士兵在前線與日本軍殊死搏鬥時，共產黨員則躲在陝西的偏遠地區——西北黃土高原的延安，潛心研究日本的滿蒙政策。

正珠爾扎布經蘇聯的扣押，後作為戰犯被強行遣送中國。為蒙古獨立而奮戰的男人，成為宿敵「中國的戰犯」，這裡充滿了歷史的矛盾和殘酷。一九六六年文化大革命爆發，在那個嚴厲追究個人歷史的年代裡，正珠爾扎布於一九六七年十一月某日，縊死在海拉爾市郊的林場內。中國的公安人員粗暴地處理其屍體，切掉其右耳。據了解，正珠爾扎布在生前曾想再次回到日本，與舊友促膝長談。甘珠爾扎布面對面目全非的弟弟的遺體時，也不曾在中國人面前流淚[7]。

註解：

1 正珠爾扎布〈我的半生回憶〉，《呼倫貝爾文史資料》第三輯。
2 正珠爾扎布上述文，頁一二二—三二。正珠爾扎布〈偽內蒙自治軍始末〉，《內蒙古文史資料》第十九輯，頁一二四—三二，一九八五年。
3 前述《滿洲國軍》，頁七八八。
4 楊海英《續 沒有墓碑的草原》，頁一五三—五六，二〇一一年，岩波書店。
5 前述《滿洲國軍》，頁六五。
6 楊海英《在中國與蒙古的夾縫間——烏蘭夫民族自決未竟之夢》，二〇一三年，岩波書店。
7 宮慶和〈憶正珠爾扎布．二〉，《海拉爾文史資料》第八輯，頁一四二—四三，二〇〇一年。

（三）興安嶺的旭日

旭日旗飄興安嶺，長驅直入莫斯科，
英勇驍猛哥薩克，不堪吾盔袖一觸。
——田中賢一〈軍馬與我〉《偕行》四

滿洲國曾有一所如驕陽般閃耀的陸軍興安軍官學校（照片四）。這是一所專為培養蒙古人將領的名校。正珠爾扎布、甘珠爾扎布兄弟的「蒙古獨立軍」是作為應戰部隊而組織的騎兵隊。與之相比，興安軍官學校實施的是系統化的、日本式的近代軍事教育。畢業生作為將領被派往滿洲國各個騎兵團。興安軍官學校可謂近代蒙古軍的誕生地。因此，接下來有必要對興安軍官學校進行敘述。關於這所軍官學校的毀滅，《滿洲國軍》有如下記述：「在蘇聯宣布對日參戰的同時，日高少校和都固爾扎布少校被緊急派往興安特務機關，被任命為學校與興安特務機關間的聯絡員」〔1〕。

由此可知，日本人日高和蒙古人都固爾扎布是此時的重要人物，因此有必要對兩位少校的部分人生做一追溯。在此之前，首先梳理一下在蒙古人之中擁有絕對人氣的陸軍興安軍官學校的創建史。

近代化的英姿

首先交代結論：經歷過戰爭的蒙古老人，至今只要聽到「陸軍興安軍官學校」的名字，都會情不自禁地淚光閃爍，心潮澎湃。這是由於「陸軍興安軍官學校」是蒙古人在二十世紀親身體驗過的近代化產物，並且是投入了深厚的感情培養起來的文明機制。雖然興安軍官學校的提議者、倡導者和推行者幾乎都是日本人，但蒙古人對此校懷有深切的崇敬之情。直截了當地講，興安軍官學校體現了當時蒙古人向日本式近代化飛躍的姿態。

照片四　蒙古的陸軍興安軍官學校。引自《一億人的昭和史：日本的戰史2——滿洲事變》，每日新聞社，一九七九年。

滿洲國誕生以後，國內的蒙古人在自古以來生活的草原上的自治權得到了保障。設置了以綿延境內的興安嶺而命名的興安局，來處理蒙古人的自治事務。興安局後來成為興安總署、蒙政部等。一九三四年十二月一日起，成立了興安東省（省會扎蘭屯）、興安西省（省會大板上）、興安北省（省會海拉爾）和興安南省（省會王爺廟）四省[2]。四省均分別配備了純蒙古人部隊的興安警備軍。蒙古人的理想，不言而喻，當然是從中國獨立；而日本方面一邊承諾「未來的獨立藍圖」，一邊堅持著曖昧的態度。即使如此，擁有獨立軍隊的現實，使蒙古人在某種程度上得到了滿足。因為無論如何，擁有獨立軍隊是行使權利的保障和象徵。

日本方面，早已注意到蒙古人的戰鬥能力，並計畫將其出類拔萃的武力加以系統化。財團法人善鄰協會調查部在一九三八（昭和十三）年編纂的《蒙古大觀》中，對建立陸軍興安軍官學校的目的做了如下描述：

> 自古遊牧生活就被認為會培養出對地形異常的記憶力和敏銳的視力。以上述條件，根據歷史所示，可以從遊牧民族中培養出優秀的騎兵。何況蒙古人稟性尚武，且擁有特殊的騎馬和馴馬的方法，遙遙凌駕於其他民族之上，毋庸置疑這是滿洲帝國內以純蒙古人組成的騎兵為中心的近代蒙古軍，和興安各省地區警備軍能夠得以存在的重要因素[3]。

「創建興安軍官學校，對蒙古青年實施特別的軍事教育，不僅是為了培養蒙古軍隊的骨幹，更重要的是，培養能夠為蒙古民族的復興發展做出貢獻的初級士官」。懷著這樣的目的，在歐亞大陸東部草原上建立了這所學校。源於成吉思汗故鄉的騎兵戰術，正在透過日本的改革走向近代化。這是一場偉大的革命。

如正典般的《滿洲國軍》也表達了同樣的見解：

蒙古人擁有許多和日本人相似的性格，所以日本人對遭受漢民族的掠奪而陷入貧苦的蒙古人充滿同情，希望作為成吉思汗後裔的蒙古民族能夠再度崛起，並給予了鼓舞和激勵。因此，蒙古青年中年輕的軍官充滿希望，夢想實現蒙古的復興，這並不難理解[4]。

雖說日本方面給予了蒙古人很大的「鼓舞激勵」，但歸根結蒂，最為重要的是蒙古人中很多青年將民族的復興作為自己的終身目標。即，日本和蒙古，兩者是相呼應的。

充滿理念和矛盾的興安軍官學校

蒙古草原的三月，春季尚未來臨，天氣依舊寒冷。

一九三四（康德元）年三月八日，滿洲帝國軍政部批准興安軍官學校開校，在位於錢家店的興安南省警備軍營內展開了開校的準備。但是，由於附近的老哈河（遼河）洪水氾濫，瘟疫流行，於是改變了開校地點和日期。鄭家屯是蒙古人自古以來世代居住的草原，七月一日，近代蒙古人的軍官學校，在此誕生。創立初期的第一任校長為巴特瑪喇布坦中將，以齋藤上尉幹事為首的日本人教官負責各種課程。巴特瑪喇布坦中將還兼任興安南省警備軍司令官[5]。其部下由「二千名兇猛的蒙古兵」組成。次年的一九三五年八月一日，興安軍官學校移址王爺廟。

新生的興安軍官學校的第一期蒙古青年學生共有七十二名。這裡除了進行充實的「精神教育」，還重視測圖和劍術等實踐教育[6]。《蒙古大觀》比較詳細地介紹了興安軍官學校的教育特色[7]（照片五）。

一，以大日本帝國的陸軍士官學校及幼年學校為基準進行指導教育。學年為預科兩年，本科兩年。

二，本校學風為嚴肅、宏大、舒適。

三，研究科將成為透過滿洲研究所有蒙古文獻的權威。

四，不排斥其他民族，尤其是漢民族。

五，指導學生體驗實事求是，矯正蒙古人的惰性。

上述的諸多信條中，我特別注意到了這一點。滿洲國以五族協和為理念，因此，將蒙古人視為仇敵的中國人（即漢人）也包括在五族之內。雖然蒙古人始終堅持從中國獨立的主張，但排斥漢人便等於與帝國的建國精神相抵觸，所以長時期內嚴厲禁止「排斥漢人」。《滿洲國軍》中也有「嚴格注意避免養成與漢民族爭鬥或排斥漢民族的觀念」的記載[8]。

「不排斥漢民族。」

作為理念，「不可排斥漢民族」，縱然可以理解。然而，漢人（＝中國人）變本加厲地開墾草原，以兇猛潮流之勢同化蒙古人，蒙古人失去土地被迫背井離鄉。目睹著發生在身邊的殘酷現實，在蒙古人看來，日本人的言論也只不過是空談。這一政策也可以對上述正珠爾扎布參謀長在戰爭結束後殺害日系軍官的原因進行分析時，提供有力的證據。相反，理解同情蒙古人的反中國心理的日系軍官，幾乎沒有遭到殺害，此事實也是一種側面說明。強迫蒙古人「與漢民族友好相處」的日本人，引起蒙古人的反感，最終導致槍殺事件。充滿理念和矛盾的帝國運作、管理之難也正在於此。

感動的淚水和充滿預見性的校歌

在陸軍興安軍官學校，在教室裡以及進行訓練時的日常會話均使用蒙古語和日語。「蒙古人學生流利的日語令來訪者驚訝不已，他們學習日語時不同凡響的努力以及復興再建蒙古的夙願」，和蒙古青年充滿熱情的理想，令日本人也感動淚下。

原日本銀行副總裁，亦是作家的藤原作彌，其父曾是興安軍官學校的日語教師。藤原作彌上小學的時候，曾在興安街（王爺廟）度過一段時期。他回憶道：

> 興安街的春天在六月來臨。五月，洮兒河的冰開始融化，楊柳與貓柳伴同流水開始發芽……然後，六月的某天，曠野彷佛在一夜間披上了綠衣。七月，一望無際的草原彷佛變成了花園……整個七、八月，羊兒悠閒地吃著草，放牧的蒙古馬在

照片五　日本人教官和蒙古人少年兵。引自《寫真週報》第二十號，內閣情報部編輯，一九三八年。

山野間奔馳[9]。

有時，他會在興安街偶遇軍官學校學生的行軍隊列。「父親用口哨吹著進行曲，武田老師合著拍子拍手」。於是，「那些學生們，在喇叭手的指揮下，邁著整齊的步伐，附和著父親口哨的旋律，大聲地合唱」。藤原作彌副總裁終身難忘的曲調，蒙古人感慨流淚的歌詞如下：

興安軍官學校校歌（法王進軍曲）
光芒璀璨，交相輝映，肝腦共塗地
鯤鵬展翅，雄圖大志，熱血同澎湃
日出之國，三千年正義之火焰
照亮世界每一角落，燃燒蒙古男兒鬥志
……
喜馬拉雅巔峰，浮現劫火光影
高舉降魔之劍，戰馬該當何勇
……[10]

我第一次讀到這首興安軍官學校校歌時，感到一種與藤原作彌完全不同的，不可思議、妙不可言的體驗。那就是「喜馬拉雅巔峰，浮現劫火光影」這一詩句。本書後半部分會做詳細解釋，在此首先只強調，興安軍官學校的校歌隱藏著「預言性」。在軍官學校創立二十四年後，畢業於此校的「挎日本洋刀的將軍」，率領蒙古騎兵，如預言所述，仰望著喜馬拉雅峰，向無辜的西藏遊牧民揮舞軍刀。然這並非降魔，而是變質為中國人傭兵的蒙古騎兵所上演的慘劇（參照第八章）。

照片六　在習志野學習騎兵戰術的蒙古人吳國棟（左）。圖片提供：日高清。

蒙古人選擇了日本

一個尚武的民族有史以來，第一次擁有自己的近代化的軍官學校並非易事，所體驗到的喜悅亦不尋常，不僅僅是滿洲國內的蒙古人，西部德王統治下的蒙古聯盟自治政權，甚至蒙古人民共和國皆有年輕人投奔而來[11]。過去，遊牧民的男兒是與生俱來的戰士。可是，從近代開始，隨著冷兵器的退潮，槍火的作用日顯重要，系統的軍事訓練和操典變得不可或缺。在歐亞，將槍火和騎馬襲擊相結合的先驅是日本。日本並沒有將習志野的騎兵近代化只局限於其一國之內，而是將自己掌握的近代化知識和技術，毫不保留地帶到了蒙古草原上（照片六）。這命運一般的奇遇，開啟了蒙古騎兵向近代化疾馳的歷史。

如今，興安軍官學校被指責為「日本帝國主義者為了殖民中國，培養走狗而建立的」。這完全是歪曲的、意識形態的定罪。原本，興安四省就不是中國的領土。興安軍官學校也是為實現蒙古人的民族復興之夢而創立的。美國人歐文·拉鐵摩爾曾指出，是蒙古人選擇了日本。這一理論完全正確。以同樣的眼光觀察滿洲國的德國人海希西（Walther Heissig）教授也有如下論述：

> 日本人的殖民意圖與蒙古民族主義者的獨立計畫一致。蒙古民族主義者們，數量雖少，但擁有古老傳統的蒙古民族，他們很久以前就開始感覺到，進一步發展其獨特的文化以及促進衛生的緊迫性和必要性[12]。

日本巧妙地回應了蒙古人的期望。部分統計顯示，在一九三九年，僅在興安地區由日本人建立的學校就達五百八十五所，學生達四萬一千四百七十二人。對於人口僅五十八萬人的滿洲國蒙古人來說，發展面貌可謂日新月異。

如今，內蒙古自治區的蒙古人，有時也被迫附和中國人的言論，批判日本。儘管如此，沒有一人詆毀興安軍官學校。這一事實，雄辯地證明了蒙古和日本的特殊關係。據統計，有一千二百多名蒙古人從興安軍官學校畢業。掌握了近代軍事知識的青年，被派往興安軍官司令部和興安各省的警備軍，被任命為陸軍騎兵少尉。

少年，夢想復興蒙古

《滿洲國軍》記載：「與蘇聯參戰的同時，日高少校和獨古爾扎布少校被緊急派往興安特務機關」，因此，在這裡我們將聚焦都固爾扎布少校（譯註：都固爾扎布有時亦作獨古爾扎布，為同一人物）。

一九一四年九月十四日，一個男孩兒出生在南蒙古東部的三義縣。他就是都固爾扎布。他後來畢業於興安軍官學校，以滿洲國的留學生身分前往日本陸軍士官學校攻讀。回國後，投身於培養蒙古人將領，戰後成為蒙古騎兵師的中堅力量。後來，他的弟子則遠征西藏。

都固爾扎布留下了一本回憶錄《如煙往事》。病榻上的他對著錄音機回顧了自己的一生。一九八九年十月二十二日，當他回顧到中華人民共和國成立的那段歷史時與世長辭。其三位子女將父親的錄音轉化成文字，於二〇〇七年出版了一本厚厚的回憶錄[13]。下面，基本沿用都固爾扎布的回憶錄中所敘述的他在興安軍官學校學習時的經歷，並根據需要，結合使用其他資料。

都固爾扎布的祖輩原本出身卓索圖盟喀喇沁右旗，因從清末開始受中國人的侵略而北上哲里木草原避難。隨著中國人的侵略的加劇，中華民國政府在蒙古草原上設立了旗和縣兩種行政機構。旗依舊管理蒙古人，而縣則與長城以南一樣管理中國人，即「旗縣並存」。這一制度是蒙古人的草原漸漸淪為中國人殖民地的過程中所產生的政治產物。

都固爾扎布的出生地三義縣，也是被中國侵略者從蒙古人的哲里木草原挖走的美麗土地。由於中國人的急遽增加，蒙古人失去牧場，無奈只能開始從事農耕，但技術遠不及農耕民族的漢人，從而走向貧窮。在自己的故鄉，卻被後來的侵略者所迫，落入赤貧的生活。

都固爾扎布回憶道：「蒙古人的土地被占領，民族間的紛爭激化，貧富差距嚴重，各地相繼爆發了蒙古人的武裝鬥爭」。他就是在這樣的時代度過了多愁善感的青春年華。

三義縣的生活也變得很艱難，都固爾扎布一家又遷往哲里木盟科爾沁左翼中旗。清朝時期，這裡是皇后輩出的地方，人們的民族意識很強，反中國意識也如烈焰般高張。一九二〇年，科爾沁草原上設立了管理中國人的機構——通遼縣，此時都固爾扎布一家落腳在一個名叫高麗屯的半畜牧半農耕的村莊。高麗屯，地如其名是由四戶朝鮮人家逐漸發展，外來殖民者組成的村落。

一九三一年九月十八日，關東軍引發滿洲事變，當時通遼一帶也是主要戰場之一。已故巴布扎布將軍的兩個兒子甘珠爾扎布和正珠爾扎布，率領著從蒙古獨立軍（後改名為蒙古自治軍）的戰士在此奮戰。陸軍中尉和田勁參與指揮了甘珠爾扎布的蒙古自治軍，其第三軍裡有很多如東北蒙旗師範學校的哈豐阿和阿思根等年輕知識分子[14]。「有許多留學日本的蒙古青年，活躍在如驕陽般耀眼的蒙古人自己的軍隊」，十七歲的都固爾扎布非常嚮往這支部隊。經過努力，他最後如願以償地加入了甘珠爾扎布的第三軍少年隊。此時的他，受過私塾教育，已是一個蒙漢兼通的優秀人才。

入隊時，他接受了面試。面試官倉都固仍（包海明），後出任德王蒙古聯盟自治政府第九師師長。

「都固爾扎布君，你們來少年隊的目的是什麼？」

「為了蒙古的復興。」

「那日本人對我們怎麼樣？」

「給我們辦了少年隊。」

都固爾扎布終生恪守了「為蒙古復興」這個人生理想和信念。不久，少年隊成為了興安南省警備軍的一部分。一直到一九三四年六月，他都在這裡度過。

在少年隊期間思想意識變化最大的，要算民族意識的增強。警備軍和少年隊的教官中有很多東北蒙旗師範的師生，比如原來蒙旗師範教育長老內人黨祕書長郭道甫，還有我們教官中的包明德、包明遠，這些人都是激進的民族主義者。他們在課堂上經常講起蒙古民族原來曾經是一個威震世界的強悍民族，聖祖成吉思汗是曾經影響世界歷史進程的偉大民族英雄，但是近代以來已經成了任人宰割的弱小民族。他們私下更是鼓吹日本人的力量，發展壯大我們蒙古民族的武裝，為蒙古復興而奮鬥……我深深為我們的祖先驕傲，也幻想將來為復興蒙古，恢復成吉思汗的偉業，做出一番貢獻。我的蒙古人情結，強烈的民族主義，在這段時間裡逐漸萌生並扎下根來。對郭道甫以及他的高材生、當時在興安西省任職的哈豐阿，還有興安軍裡的一些軍官產生了欽佩和崇敬之情[15]。

此種感受不僅限於都固爾扎布。對這時代的蒙古青年而言，「蒙古復興」的精神，猶如基因一樣與生俱來，生於此世，不斷發展壯大。在此順便指出，一部分日本學者認為「喚醒蒙古人的民族意識，使之覺醒的是日本人」，這純屬幻想，是錯誤的。這種殖民地宗主國的思想，實乃比「侵略」更為惡劣。

陷入沉睡的優秀民族

一九三四年夏，興安軍官學校的建立一經確定，根據校長巴特瑪喇布坦指名，都固爾扎布正式成為第一期生。他在興安警備軍少年隊裡表現優異，不愧能得到校長的指名而成為第一期生。

據都固爾扎布的回憶，七十二名一期生中，在學業上一直都是由他與登登泰二人競爭第一、二名，直到畢業。對此，也有旁證。根據日本方面的《滿洲國軍》記載，一九三六年九月十二日，關東軍司令官植田謙吉大將來到興安軍官學校視察。這時正值建國五週年紀念儀式。他感歎道：「登登泰、圖克斯白乙爾、都固爾扎布」三人的「蒙古見習軍官的感想文表現出了光輝蓬勃之勢」。下面是當時都固爾扎布的感想文：

所謂民族與國家一樣，有盛衰之時。但諸位須為其不斷發展而努力。我們的祖輩在幾百年前是一個優秀的民族，但後來陷入沉睡，直到今日我們的時代。蒙古民族如今因我們而覺醒。蒙古民族需要徹底地覺醒，需要雄壯地覺醒……我等青年應遵循訓示，為民族的覺醒更加努力[16]。

植田司令官的確極大地鼓舞了這些熱血青年。青年們也積極響應其號召。這並非某一單方面的強迫。而是蒙古人的基因與日本人對近代化的熱情，導致了蒙古近代化的開舵加速運行。如此光輝燦爛的時代，乃自十三世紀以來最初，也是最後的。

蒙古人借日本之力接連創建了興安學院、育成學院、興安女子國民高等學校和警察學校等近代學校。王爺廟的人口也增至五萬人，名副其實地成為了南蒙古東部地區政治、軍事和文化的中心。王爺廟是一座「在一望無際草原的正中建立起來的現代化建築，與散落在遠處的喇嘛廟、敖包、蒙古包等交相輝映，成為了通往蒙古復興的生動而活潑的據點」[17]。喇嘛廟指藏傳佛教的寺廟，敖包是祭天的聖地。

凌陞事件的後遺症

局勢開始發生了變化。

從都固爾扎布進入興安軍官學校的次年開始，日本方面開始強調蒙古人對滿洲國和天皇的忠誠，而非蒙古復興。都固爾扎布指出：「因日本方面的政策變化，蒙古青年中開始產生了反感和不滿」。

正在此時，一九三六年三月三十一日，發生了一件事。關東軍澀谷安秋機械化旅團部隊，以蒙古人郭文通指揮下的興安軍騎兵第七師為前導，越過邊防哨卡進入蒙古人民共和國境內二十四公里，而未遇到任何抵抗。然而，到了下午，蘇蒙聯合軍派遣了空中戰鬥機和地面蒙古騎兵部隊進行反擊。蘇蒙聯合軍只攻打日本部隊，偏偏不向興安軍開火。日本部隊幾乎全軍覆滅。日本方面懷疑興安北省蒙古人省長凌陞與其弟第一警備軍參謀長福齡、該省公署警務廳長春德等六人有「通蘇嫌疑」。其後，六人被滿洲國高等軍法會判處死刑。四月二十四日，六人在南嶺被處刑[18]。

一直以來，北洋軍閥實行野蠻的大漢族主義，隨意開墾草地，殘酷欺詐少數民族，實行愚民政策……凌陞等人被處死這一事件的發生，對於我們這些學生觸動很大，對於日本人一貫宣傳的滿蒙一家、中日親善，產生了懷疑[19]。

在此，不得不再次提到前文中的正珠爾扎布。日本處死凌陞這起事件，引起了所有蒙古人的反感。正珠爾扎布大膽地將自己的妹妹孟惠榮許配給了凌陞的兒子色布精太，邀請海拉爾市的蒙古人和日本名流舉辦了豪華的婚禮宴會。其好友興安軍顧問野田又雄對他的這一行為很是擔心。事實上，色布精太此前曾與滿洲國皇帝溥儀的四妹有婚約。但因凌陞事件日本方面取消了婚約，於是正珠爾扎布對此進行正面回擊。色布精太此後，取日本名井上太郎，留學日本。

客觀地講，日本在滿洲國時期，動用國家權力殺害的蒙古人只有凌陞等人。然而，這並不是人數的問題。凌陞事件留下了很大的後遺症，它是造成一九四五年八月十一日正珠爾扎布在呼倫貝爾錫尼河草原，命令部下向日系軍官開槍的最大原因。

事實上，與蘇聯串通的人並不只是凌陞省長，還有澀谷機械化部隊的郭文通少將[20]。蒙古人郭文通，一九〇九年出生於呼倫貝爾草原索倫左翼旗，在一九二七、四三年曾兩度留學日本，任滿洲國軍少將。同時，他連續二十年向蘇聯提供情報。有軼聞傳說，一九四五年八月，岩田少將的部隊為避免蘇聯的攻擊，逃到位於滿洲南部的錦州避難時，接到兩千名蒙古騎兵正在逼近的急報，陷入了巨大的恐慌。岩田少將命令作為旅團參謀長的矢島金城少校聯繫郭文通後，蒙古鐵騎未進入錦州，轉而離去。郭文通與舊識岩田少將就此訣別。郭文通在日本戰敗後因謀求南蒙古與蒙古人民共和國的統一，而遭到中國共產黨逮捕，於一九七一年九月十二日逝世。

註解：

1 前述《滿洲國軍》，頁七八八。
2 財團法人善鄰協會編《蒙古大觀》，頁二四五，一九三八年，改造社。
3 前述《蒙古大觀》，頁二六六－六七。在此，將引用文中的舊假名和舊字改為現用字。
4 前述《滿洲國軍》，頁六二三。
5 巴特瑪喇布坦，南蒙古扎賚特旗王（扎薩克圖王），出生於一八九九年。於戰後被指控為「對日合作者」，遭蘇聯扣押，一九四九年於扣押地病故。
6 《興安軍官學校派遣軍官候補者教育基準表》，防衛研究所所藏。
7 前述《蒙古大觀》，頁二六九。
8 前述《滿洲國軍》，頁六二五。
9 藤原作彌《滿洲，少國民的戰記》，頁四九，一九九五年，社會思想社。
10 前述《蒙古大觀》，頁二七〇。
11 根據興安軍官學校情報將領日高清的證言，「外蒙古紅軍的三名準士官」是充滿民族精神的、優秀的人物。日高清《人生感意氣——回憶動盪年代的生涯》，頁五五，二〇〇三年。
12 瓦爾特·海希西〈興安蒙古的教育·衛生宣傳〉，《蒙古》第八卷第九號，一九四二年。
13 伊河、烏雲、納日松整理《如煙往事——都固爾扎布回憶錄》，內蒙古大學出版社，二〇〇七年。
14 正珠爾扎布前述〈偽內蒙自治軍始末〉，頁一二四－一三一。
15 伊河等前述書，頁二八－九。
16 前述《滿洲國軍》，頁六二八－二九。
17 前述《滿洲國軍》，頁六二七。
18 前述《滿洲國軍》，頁二二八－二九。
19 前述伊河等著述，頁三七。
20 呼斯勒〈論滿洲國少將郭文通——作為自治主義者·蘇軍間諜的生涯〉，《日本蒙古學會紀要》第三十一號，二〇〇一年。

（四）習志野的黎明

萬里雄航破飛濤，碧蒼一色天地交，
此行豈僅覽山水，兩國申盟日月昭。

——滿洲國皇帝溥儀

初上戰場的軍官學校學生

都固爾扎布於一九三六年六月以優異的成績，從興安軍官學校畢業。因為是第一期生，滿洲國皇帝溥儀也駕臨了畢業典禮，並親手「御賜」都固爾扎布一塊懷錶。都固爾扎布代表畢業生致答詞。

都固爾扎布回憶道：「可惜的是，這塊懷錶在文革抄家中不知去向了。」

十二月，都固爾扎布回到了故鄉的興安南警備軍，任司令部參謀補。學校本來想留他當教官，但考慮到第一線也需要優秀的青年將領，只能放棄。回鄉後，在一九三七年五月七日，他與好友的妹妹王淑珍舉行了婚禮。

一九三七年七月七日，遭到中國軍隊襲擊的日本部隊採取反擊，戰爭擴大為全面衝突，即盧溝橋事件。正在這緊急時刻，日本國內的士官學校開始招收留學生。都固爾扎布毫不猶豫地報了名。然而，此時駐紮在綏遠省的中華民國傅作義的部隊襲擊了德王的蒙古軍政府，蒙古軍撤退到了多倫。在中國人傅作義看來，所有蒙古人都在與日本勾結[1]。這時，興安南警備軍派出第五團，興安西警備軍派出第三團，緊急前往多倫，支援德王軍隊。都固爾扎布也與司令部一同赴戰場。德王與滿洲國軍金川耕作少佐在多倫會見時，都固爾扎布擔任了翻譯。

「啊，就是滿洲國興安軍官學校的都固爾扎布？」

德王與他打招呼。都固爾扎布不僅在滿洲國內，在德王政權內也很有名。

「你不想來我這裡嗎？我很需要人才。」

德王親切地問道。

「我非常尊重您的建議和器重，但還是想去日本。」

都固爾扎布答道。

由於德王很繁忙，「臨行也沒有向德王辭行，據說後來他還曾找過我。當我在一九六〇年代第二次見到他時，他作為戰犯剛剛得到釋放，彼時已是新舊兩重天了」。都固爾扎布感慨地回憶道[2]。

日本戰敗後，德王仍然繼續為蒙古民族的獨立事業奮鬥。但在處理戰後日本問題時，大國之間簽訂的祕密條約《雅爾達協定》，將南蒙古出賣給了中國。對此，他也無回天之力。他只能無奈地逃往蒙古人民共和國，後來出於蘇聯的壓力，被強制遣送中華人民共和國，並於一九六六年逝世。德王和都固爾扎布再次相會時，一方作為「戰犯」，另一方卻是「中華人民共和國內蒙古自治區的高官」。身分的變化訴說著歷史的無常。

蒙古人留學生與三笠宮殿下

從滿洲國各地選拔的三十四名青年將領，在奉天接受三個月的嚴格訓練後，其中十人將留學日本陸軍士官學校。十人中有三位蒙古人，分別是都固爾扎布、高海崑和富理清桂。其中，高海崑將在下一章出場，是本書的主人公之一。

載著十名青年的火車離開奉天，渡過鴨綠江，駛向朝鮮半島南部。到達釜山後，他們換乘輪船，從下關踏上了憧憬已久的日本國土。這條線路與十三世紀忽必烈汗兩度派遣「元寇」遠征時完全相同。告別元寇的時代後，倭寇開始興起，席捲了從朝鮮半島至東南亞一帶的沿海地區。如今，在大日本帝國的統治下，蒙古人再次踏上了大和的土地。

從下關抵達東京，留學生們受到了滿洲帝國駐日大使館武官的迎接。先於他們來到日本陸軍大學的阿思根也在其中。此後不久，於一九三七年初冬，成立了由財團法人善鄰協會主辦的「在日蒙古同鄉會」。

「在日蒙古同鄉會在中國文化大革命時期也無端被指責為特務組織。任憑怎麼解釋也無濟於事，真是秀才見了兵，有理說不清。」[3]都固爾扎布說。

都固爾扎布等三名蒙古青年來到日本的一九三七年，正值陸軍騎兵學校成立五十週年。

一八八八（明治二十一）年四月十六日，陸軍乘馬學校誕生於東京麴町區元衛町一番地。此後，在馬術和馬學之外又增加了戰術的教學，於一九一七年變為騎兵學校。根據陸軍騎兵學校將校集會所編纂的《騎兵月報》記載，一九三七年四月十七日學校舉行了皇族駕臨歡迎儀式後，在三笠宮殿下的親臨下，於習志野的原野進行了演習[4]。當時，騎兵無疑頗受矚目大放異彩。

此時，也正值日本陸軍推進騎兵改革的時期。修訂騎兵操典，努力將騎兵改造成以機關槍為中心的戰鬥群，並決定將裝甲車和騎炮兵引入騎兵隊[5]。自此，騎兵的作用將不僅僅限於大範圍搜索活動，而是戰鬥力的全面提升。同年九月的《騎兵月報》也刊登了關於「九五式機關槍的使用方法」的教學法[6]。都固爾扎布等人幸運地趕上了這股騎兵改革的浪潮。

在正式進入陸軍士官學校之前，蒙古青年首先在騎兵第十五聯隊第二中隊見習。都固爾扎布跟隨岩崎中尉訓練馬術。

昭和天皇的弟弟，三笠宮崇仁是第四中隊的副隊長。某天，我們在馬場野外組成方隊進行激烈的訓練。此時，三笠宮和他的少佐一起向我們疾馳而來（照片七），驚動了訓練中的馬隊，方陣也稍有打亂，但我的馬卻紋絲不亂，繼續前進。

三笠宮衝著我說：「這位候補生叫什麼名字？你的馬術很好。」

「我叫都固爾扎布。」我邊回答邊勒住韁繩停止了行進。

「喔，是蒙古人啊。成吉思汗的子孫，馬術好是自然的。」

我們就這樣初次相識了。三笠宮雖貴為皇族，但毫無驕橫。平易近人，言談話語也很謙和……一天，就餐時，三笠宮問我：

「成吉思汗的子孫，現在怎麼樣？」

「不怎麼樣。軟弱無能的人很多。」我答道。

「沒關係。只要努力學習，就可以改變現在軟弱的狀況。」

這是一段成吉思汗的直系子孫與日本年輕皇族間的交流情節。

事實上，不只是三笠宮，以騎兵為首，日本方面對蒙古人騎兵與日本的特殊歷史關係非常熟悉。這要歸功於巴布扎布將軍的蒙古人馬隊在日俄戰爭中，對日本的勝利做出的貢獻。例如，日本將領喜歡的《騎兵月報》中就有如下記載。在這裡，他們稱蒙古人的馬隊為「正義的軍馬隊」：

照片七　在習志野疾馳的三笠宮殿下。引自《朝日畫報》昭和十三年三月九日第三十卷第十號。

那是一支以二百多名忠勇的騎兵組成的步伐矯健、威風凜凜的隊伍。他們漆黑的髮辮垂在腦後，面容赭紅而稍顯消瘦，一旦出了營地，目光熠熠生輝……在發現敵人的瞬間便策馬射擊，或左手拉著韁繩以跨馬的姿勢進行跪射。採取敵進我退，敵退我進的戰術。他們上馬下馬如此輕盈迅速是我方騎兵所不及的，原因在於他們的馬體格矮小，裝備輕便等等……日本騎兵在桶狹間和川中島的戰鬥中或許也曾如此敏捷[7]。

對蒙古人馬隊的貢獻瞭若指掌的日本人將領，自然對都固爾扎布等蒙古留學生懷有特別的感情。

環繞歐亞大陸一周的騎兵戰術

一九三九年二月一日，都固爾扎布等三名蒙古青年，正式成為日本陸軍士官學校第五十二期生（照片八）。

「我們最初是在神奈川縣座間。那裡現在是駐日美軍基地。」

都固爾扎布回憶道。雖說是騎兵，但除了學習馬上戰術以外，還有航空戰、構築交通網、地形測量以及經濟學和法學等科目。

「我們騎兵的乘馬襲擊的戰法習於歐洲，但它並非歐洲的創造，而是歐洲學習了成吉思汗常用的戰術。」

這是《日本騎兵史》的官方觀點[8]。蒙古人發明的騎兵戰術發源於蒙古高原，環繞歐亞大陸一周，在此過程中不斷合理化、近代化。其中，注入了最大的近代化良藥的是島國日本的軍人。進入二十世紀，成吉思汗的子孫中「軟弱無能之輩眾多」，在攸關民族存亡之時，蒙古人為實現近代化，為避免淪落為中國的奴隸而努力奮鬥的過程中，逐漸與日本接近。他們來到日本，學到了使祖先的智慧與近代化相結合的系統化的知識。都固爾扎布、高海崑以及富理清桂，一定對此感慨萬千。

照片八　留學陸軍士官學校的滿洲國留學生。後排左二為都固爾扎布，右二為高海崑，前排右一為富理清桂。圖片提供：板橋勝。

都固爾扎布的學弟畢力克圖留下一篇〈滿洲國將校候補生留學所見〉的文章。他在文中坦率地吐露了訪問或留學過陸軍士官學校的蒙古人的深切感受：

> 從我們蒙古人的立場而言，元朝時期，世上無人不知我們蒙古民族。元朝以後我們退守蒙古平原，就此滿足，不思進取，對外敵亦未做任何防備，過著世外桃源般的生活，絲毫沒有察覺時代的變遷……結果，我們遭到支那和俄羅斯的前

後夾擊，尤其支那一直在蒙古地區採用消滅蒙古民族的政策和手段……而現在，我在日本的士官學校接受到與日本本國學生一樣的教育9。

蒙古青年對日本教官一視同仁的態度非常感激（照片九）。他們決心與企圖消滅蒙古民族的支那戰鬥，為民族復興獻身。這是當時全體蒙古人的民族精神。

八王子車站的戰馬

「就讀士官學校期間，印象最深的是在千葉縣習志野的野營。騎兵第十五聯隊曾在那裡。」都固爾扎布回想著習志野的日夜，但沒有詳細說明。幸運的是，與都固爾扎布同為陸軍士官學校第五十二期騎兵的田中賢一，對野營有如下記載：

騎兵聯隊的日常生活：起床，早會，點名結束後幾人去打餐，剩下的人快速去馬廄照顧戰馬、填補飼料、清理稻草，一個小時後去內務班吃早餐，但士官候補生則在將校集會所與值週司令和各個中隊的值週士官一同進餐。

在日常訓練中，即使是在沒有騎馬演習的日子，只要沒有下雨，就會去馬場訓練……在學校雖是騎兵學徒，但是騎的馬並不是固定的。曾有過三次野營演習。騎兵們常駐習志野。從座間到習志野需要近十個小時。途中在多摩川的堤壩上做較長的休息10。

陸軍士官學校、陸軍航空士官學校編輯的《防人之譜》（一九七九年）中，有一篇間野卓爾的回憶文：

馬術是大家都特別期待的科目。原本在軍種志願中，帥氣迷人的騎兵就頗受歡迎。騎兵的傳令人在馬蹄揚起的塵土中驅馬飛馳的身影，軍刀的刀鞘鏈在陽光下熠熠生輝的樣子，噠噠的馬蹄聲，所有的一切都是那麼令人心馳神往……

我們經常在馬場位於東京女子醫專前名為水野之原的地方，進行馬術訓練。女學生們經常從窗口偷看我們的訓練。我們為了向女學生表現自己幹勁十足的瀟灑風範，盡最大力量擺出正確的姿勢，但是馬術不盡如意的人卻無可奈何。

照片九　滿洲國留學生的日系教官。圖片提供：板橋勝。

我對野間卓爾其人一無所知，但很喜歡他的文章。擅長馬術的都固爾扎布和高海崑他們也一定身著「陸士」（留學日本陸軍士官學校的簡稱）挺直的軍服，從駿馬馬背上對東京女子醫專的淑女們瀟灑地揮手而過。當時的下總國無疑到處保留著使人想起蒙古高原的蒼茫景色。民族的復興之夢或許就是這樣孕育成長的。

都固爾扎布的同期生田中賢一也屬於陸士的騎兵科。下面這段文章雖略顯冗長，但非常重要，記錄了他與蒙古人同學的交流。故引用如下：

他們在滿洲國雖已是將領，但經選拔到此留學，作為士官候補生加入了騎兵第十五聯隊。其中七人是漢人，三人為蒙古人，皆出自名門。如同明治初年，閑院宮載仁親王進入法國士官學校學習時的情況是一樣的……

他們騎馬時身體稍稍前傾，姿勢雖稱不上颯爽，但不會墜馬。在習志野藉旅團的士兵進行實兵指揮時，我們日本人中就有人由於身體過於後傾而墜馬，但他們卻沒有這樣的顧慮。

他們在照料馬匹、將馬匹裝載貨車裡運輸時也很有技巧。那是在八王子車站將馬匹裝進貨車裡運輸時的事情。每輛車要裝六匹馬，牠們只要站在一起就會產生很大的競爭意識，所以每輛車都為最快裝完而爭先恐後。於是，我們中那些勇敢的人對於不願上車的馬，強行推搡其臀部而被飛揚的馬蹄踢下月台；還有一些冒失的傢伙與馬搞起拔河，用力過猛把自己摔落到鐵軌上，如此等等，狼狽不堪。而滿軍組卻在轉眼間完成裝載，一副若無其事的表情……由於這事……我們還挨了上司的訓責[11]。

日本的陸軍騎兵與歐洲騎兵一樣，在馬背上挺直上身。雖然看著氣宇軒昂，卻維持不了多久。更何況，拔刀衝鋒陷陣，與敵血戰時，根本顧不得姿勢了。不墜馬者為勝。這是遊牧戰士的原則。田中賢一的上述經歷，為我們提供了一段發生在新生的日本騎兵和遊牧戰士間的有趣的小插曲。

從習志野預見崑崙山

陸軍士官學校在昭和十四年度畢業的第五十二期生一共有五百零八名。其中騎兵三十名。〈五十二期騎兵之歌〉的歌詞如下[12]：

衝破曠野怒濤
飛躍煙火瀰漫的敵陣
揮刀躍身白刃戰
嗚呼　唯我騎兵

手持降魔利劍
膺征支那
狂濤響徹亞細亞

投身鐵騎陣營

……

崑崙峰頂萬里晴

興亞曉鐘在呼喚

征進！精英五十二期生

迎接世紀新曙光

我並不知道這首〈五十二期騎兵之歌〉的作詞人有什麼意圖或目的。但是「崑崙峰頂萬里晴，興亞曉鐘在呼喚」的歌詞震撼了我。從一九五八年到六二年期間，出身興安軍官學校的「挎日本刀的將領」，帶領著年輕的蒙古騎兵，衝入了西藏高原。登上崑崙山的群峰之時，他們一定也在口中默默哼起了這首歌。

秋風吹過習志野，一九三九年九月，都固爾扎布和高海崑等人從母校陸軍士官學校畢業了。校長山室宗武對年輕蒙古人的離別訓示：

「望諸位深刻認識東亞的前途和自己的使命，以我校所學為基礎，不斷修煉身心，精進學術鑽研」[13]。

在畢業典禮上，昭和天皇對第一、二名日本人畢業生授獎，蒙古人學生則由教育總監頒獎。都固爾扎布以第二名的成績畢業，教育總監贈給他一塊手錶。前文提到過，他在從興安軍官學校畢業時得到了溥儀皇帝獎賞的一塊懷錶。

畢業後我沒有立即回國。而是成為了習志野騎兵第十五聯隊第二中隊的實習上士官。此時，三笠宮已經是第十五聯隊第四中隊的隊長了。一天，我們接到通知去了他在青山的府邸。只記得，有很多書。我取了一本書看，西鄉隆盛的一句名言印象頗為深刻，現在還記憶猶新：「勿與人鬥，應與天鬥；盡人事，不尤人，反躬自省」。在一頓豐盛的西餐之後，三笠宮陪我們看了電影。三笠宮先生說道：「如果在滿洲國見到一些飛揚跋扈橫行霸道的日本人，不要把他們當成我們日本人的真正代表，那是些無知無恥不見道理的小人。那些人不能代表整個日本」。離別時，他贈了我一副有簽字的富士山刺繡。此事曾引起不少日本人的歆羨。

照片十　興安軍官學校時代的日高清。圖片提供：日高清。

後來，我曾在福岡市見到了和都固爾扎布一同擔任興安軍官學校教官的日高清少校（照片十）。

他對我說：「都固爾扎布真的特別受三笠宮殿下的喜愛。一九四三年作為大本營參謀的三笠宮殿下視察興安軍官學校時，都固爾扎布親自到機場迎接，殿下也常常對都固爾扎布的才能讚不絕口」。

寒冬十二月，都固爾扎布、高海崑和富理清桂三個蒙古人青年，結束了他們熱愛的陸軍士官學校的學業，踏上了回國之路。這次也是乘船渡過波濤洶湧的玄界灘。祖先成吉思汗在十三世紀發明的騎兵戰術，環繞地球一周之後，來到歐亞大陸的東方國家，倍具近代風采。然而現在，蒙古人則要重新學習經過提煉和昇華的騎兵戰術與思想。

註解：

1 Sechin Jagchid,op.cit.,1987.
2 伊河等前述書，頁四一—三。
3 伊河等前述書，頁四六—七。
4 陸軍騎兵學校將校集會所編纂發行《騎兵月報》，一九三七年三月（九八）號，頁一一四—一一五。
5 佐久間良三等前述書，頁三三七—五五。
6 《騎兵月報》，一九三七年九月（一〇四）號。
7 《騎兵月報》，一九三八年一月（一〇八）號，頁七四—六。
8 佐久間良三前述書，上，頁二九—三三、一六六。
9 陸軍士官學校將校集會所編纂發行《陸軍士官學校記事》，一九三九年三月（一一一）號，頁九一—一二。
10 田中賢一《陣亡戰馬慰靈祭即賦，軍馬與我》，《偕行》四，頁三八，二〇一〇年。
11 陸軍士官學校、陸軍航空士官學校發行《防人之譜——追補》，一九八〇年，B4-B5。
12 陸士第五十二期生會《任官五十週年紀念——防人的足跡》，一九八九年。
13 陸軍士官學校將校集會所編纂發行《陸軍士官學校記事》，一九三九年十一月（一一九）號，頁六。

第二章

燃燒的興安嶺

日本騎兵看似高雅很有品味，但戰鬥力不佳。鐵掌脫落時有發生，為重釘馬掌而休整。還因軍馬飼料的缺少導致停頓。蒙古騎兵則沒有這些障礙。

——石原莞爾

矗立在習志野讚頌騎兵精神的石碑

日高中尉教誨蒙古青年：

「大蒙古貴族青年們，你們一定要振奮精神！」

——瀨知章《糸島新聞》

（一）大亞洲主義者的草原

《滿洲國軍》的官方記錄裡有如下記載：「七期的日高清是一位具備優秀素質的軍官。特別是，他為防止蒙古人陷入蒙古門羅主義的自我陶醉做出了巨大努力。當然，年輕的蒙古人軍官獨古爾扎布，圖克斯白乙爾等也是優秀的人才」[1]。

二〇一四年早春的某天，我前往福岡市早良區內的一座公寓，拜訪了日高清。雖然已屆九十八歲高齡，但一旦談到滿洲國，雙目仍舊炯炯有神。因為事先有作家、原日本銀行副總裁藤原作彌的介紹，日高清已準備好自傳《人生感意氣》（二〇〇三年）和大量的興安軍官學校時代的史料，等待著我。

「日高清和都固爾扎布同為少尉，互補互助。他們一同擔任興安軍官學校的運營」。二〇一三年五月一日夜晚，藤原作彌曾對我如此敘說，因此我無論如何很想了解日高清的證言和見解。

福岡縣可也村。

從元寇了解蒙古

如今被稱作糸島市（原志摩町）的糸島半島各地，有很多被當地居民理解為是古代朝鮮語的地名。一九一五年日高清出生於糸島半島的可也村。一九三五年二月十日，二十歲的日高清在兄長的目送下踏上了下關車站。從這裡他登上關釜聯絡船前往朝鮮半島的釜山港。在釜山又換乘火車，一路向滿洲國首都新京駛去。此路線是當時對大陸雄飛和滿洲開拓滿懷熱情的青年們的典型模式。這與蒙古人都固爾扎布和高海崑等人奔赴東洋雖是逆反方向的道路，然而當時懷抱青雲之志的年輕人就是如此往來於玄界灘。

日高清進入新京的滿蒙學院，拚命學習關於當地形勢的各種知識。不久，便順利通過徵兵檢查，進入了福岡步兵第二十四聯隊。一九三六年四月十日，福岡聯隊接受滿洲國東部國境的警備任務，踏上了征途[2]。日高清也與滿洲國騎兵旅團一同駐紮在牡丹江穆稜縣梨樹鎮。

不愧是出身於福岡的日高清，從到達滿洲之時開始，便具備基於歷史事實的蒙古觀。當時，除了學者和大亞洲主義者以外的人們，對系統的蒙古知識並無興趣。

日本人對蒙古印象最深刻的，應該是弘安二年和文永四年之役，即所謂的元寇襲來。由於大風暴（神風）以及九州尤其是福岡軍隊的奮戰，最終將之擊退，這是我們民族建國以來首次受到外敵侵犯的試煉，自此幕府開始強化國防。殘留在博多灣的用來防禦元寇的堡壘、保存在笠崎宮的當時的資料，預言國難提倡立正安國論的日蓮聖人、龜山上皇的銅像等等，都在訴說那段歷史[3]。

一九三八年二月五日，對蒙古有著堅定認識的日本人日高清，進入了興安軍官學校。實際上，興安軍官學校自創辦之初就有日系軍官入學。在這裡，蒙古人和日本人名副其實地並肩學習。一九三四年七月入學的興安軍官學校一期生被認為與日系四期是同期，故而日高清為七期生。從日本全國各聯隊的甲種幹部候補生和少尉軍官中選拔而來的人們，踏入了興安軍官學校的校門。日高清清楚地記得，這些日系學生中「九州出身的人最多」。他於十一月十五日畢業，同日就任騎兵科中尉。

渡河與圍獵中的近代化訓練

正如都固爾扎布的回憶，從此時開始，日本對蒙古的政策發生很大的變化。興安軍官學校也因「創立當初的蒙古第一主義，對蒙古民族抱有巨大而狂熱的同情心。然而從大局來看，與整體國軍相比還有很多不足之處，明顯處於弱小之勢」，為避免「陷入蒙古門羅主義」，開始強調滿洲國全體的利益。雖然就日本而言，是殖民地經營的必然趨勢，但正是這種政策轉變，在民族意識如烈火般強烈的蒙古青年心中撒下了不滿的種子。此時，由甘珠爾扎布接替巴特瑪喇布坦出任興安軍官學校校長。幹事中有陸軍少將秋山秀。高度組織化的興安軍官學校下設有教育部和研究部。由學生組成的軍隊分為教導團和學生隊（表一，表二）。陸軍上將蒙古人郭文通擔任教導團團長，日本人南博擔任學生隊隊長。學生隊由少年隊、預科和本科三部分組成。日高清是預科連長（中隊長），都固爾扎布則是少年隊第二連連長4。

《滿洲國軍》不吝讚美之詞：「興安學校少年隊成為所有蒙古人的憧憬，以王族子弟為首，

軍人階級		部隊編組	
國軍	日本軍	國軍	日本軍
上將	大將	軍	軍
中將	中將	師	師團
少將	少將	旅	旅團
上校	大佐	團	連隊
中校	中佐	營	大隊
少校	少佐	連	中隊
上尉	大尉	排	小隊
中尉	中尉	班	班
少尉	少尉		
准尉（或司務長）	准尉	師長	師團長
上士	曹長	旅長	旅團長
中士	軍曹	團長	連隊長
少士	伍長	營長	大隊長
上兵	上等兵	連長	中隊長
中兵	一等兵	排長	小隊長
少兵	二等兵	班長	班長

表一　滿洲國軍與日本軍編組稱呼的比較。引自《滿洲國軍》。

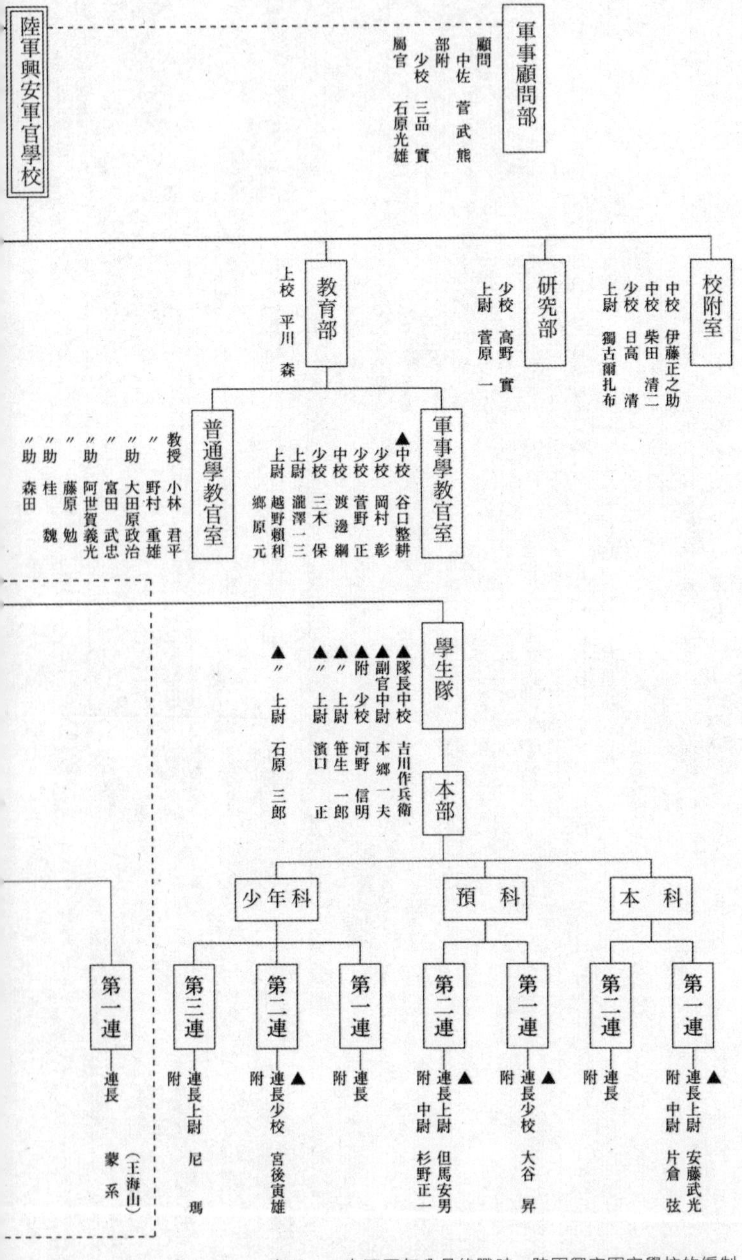

表二　一九四五年八月終戰時，陸軍興安軍官學校的編制表。引自《滿洲國軍》。表中「蒙系」乃作者補充的資料。

校長上將 島爾金
幹事少將 服部 實
翻　譯 岡本俊雄

- 副官部
  - 副官少校 溝井葆光
  - 〃少校 齊藤實俊
  - 〃上尉 有馬精一
- 軍需室
  - 需少校 篠田慎一
  - 需少校 富永芳郎
  - 少　校 宮原裕稔
  - ▲事務官 有馬 盛
  - 屬　官 中島定心
- 兵器委員室
  - 中校 梅內瀧藏
  - 上尉 打矢專一
  - 屬官 田中廣次（鐵石部隊）
- 軍醫室
  - 醫中校 高倉熙景（鐵石部隊）
  - 醫上尉 口羽二郎（募兵中）
- 獸醫室
  - ▲獸中校 古館正二郎

- 教導團
  - 團長上校 博音巴圖
  - 副官上尉 富爾沁桂
  - 附 上尉 今村博男
  - 〃 上尉 佐藤隆夫
  - 獸 中尉 岡 信靖
  - ▲醫 中尉 岡部壽雄
  - ▲需 中尉 桝谷善夫
  - ▲團附少校 田中信義
  - ▲團附少校 小林深義
  - 本部
    - 第二連
      - 連長 郝 永芳
    - 炮兵連
      - ▲連長上尉 岡部正吾
      - ▲中尉 河間正一

註：隨戰爭爆發即離開學校轉歸第二師司令部。

- 軍士候補者隊
  - 本部
    - 第一連
      - 連長
    - 第二連
      - 連長

註：隨戰爭爆發即停止教育，幹部候補者及學生均回歸原隊。

- 學生隊

註 ▲ 戰死、未歸

（日高 清記録）

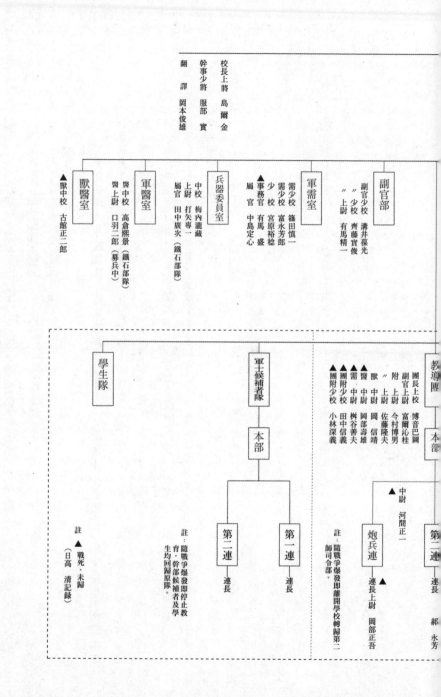

包括郭文林的兒子都就讀於此。少年隊由野田又雄少佐創立，因在諾門罕事件中的英勇表現而揚名。少年隊是一支可愛的部隊」。夏天「全副武裝跨馬橫渡百米寬的大河」，冬天進行圍獵。狩獵是如同實戰的軍事演習。

日高清對某日的訓練也有如下敘述：

蒙古草原的六月被烈日與熱風包圍著（照片十一），藏傳佛教寺廟散落在曠野上。我們在這裡進行野營演習時萬里晴空，返回的路上卻遭遇了突如其來的暴雨。在黑暗中行軍失去了方向。隊長舉著手電筒在地圖上反覆多次對準方向盤，才能決定前進的方向。人馬疲倦困頓之極，終於在深夜回到了學校。在氣溫驟變的蒙古草原上，失去方向有時甚至會危及生命。蒙古兵生長於此，擁有在嚴酷的自然環境下生存的能力，但也必須向日本人教官學習在暴風雨中如何使用地圖辨別方向的知識。

誰也不會預料到，如此鍛鍊學習掌握的知識，有朝一日將在西藏高原發揮其威力。日高清等人率領的軍隊，在西部的烏珠穆沁草原繼續著長期訓練，在努乃寺與蒙古聯盟自治政府首領德王相會，並拍攝了紀念照（照片十二）。這是發生在一九三八年秋的事情。此前，德王曾在草原上遇見過留學日本陸軍士官學校前的都固爾扎布。

照片十一　在草原上的興安軍官學校的日系將領。騎行駱駝野營訓練後的休息。恬靜的表情傳達著時代的氣息。左三為日高清。圖片提供：日高清。

照片十二 與德王（後排中央）在錫林郭勒草原上合影。引自日高清《人生感意氣》。

作為民族自決象徵的興安軍官學校

關東軍戰鬥司令所作戰主任參謀石原莞爾中佐，對蒙古人騎兵給予了特別的關注。「日本的騎兵看似高雅很有品味，但戰鬥力不佳。鐵掌脫落時有發生，為重釘馬掌而休整。還因軍馬飼料的缺少導致停頓。蒙古騎兵則沒有這些障礙」。

這是熱愛滿洲荒野的石原莞爾的口頭禪[5]。他是一位日蓮宗的信徒，深信通過世界最終戰爭能夠實現永久的和平，其理論廣為人知。

短期內迅速改良品種的日本軍馬，在多砂礫的蒙古草原上奔跑時非常費力，吃盡了苦頭，常有鐵掌脫落。而且，只要吃過一次馬糧，便絕不會吃野草。一旦後方的輜重部隊掉隊，即刻如同身陷囹圄，失去戰鬥力。蒙古人一旦跨上馬，即使終日不吃不喝也能持續奔馳不停。蒙古戰馬也只要有故鄉的草吃便足矣。

優雅的日本騎兵在諾門罕草原上，敗給了蘇聯和蒙古人民共和國聯合軍。日高清指出，「關東軍以昭和十四年初夏的諾門罕事件敗退為契機，終於開始了對蒙古的民族政策的實施。在此背後，金川耕作機關長不懈地堅持和倡導發揮了重要作用」。此政策的內容是統一內外蒙古，支持獨立建國，提高蒙古人的生活水平，對抗蘇聯。

金川耕作也信奉日蓮宗，完全贊成石原莞爾的最終戰爭論，是與其有共鳴的大亞洲主義者。為了贏得蒙古民族的人心，在他的提議下，於興安總省的政府所在地王爺廟籌劃並建立了成吉思汗廟[6]。後文還將詳細敘述，蒙古人對此卻有不同見解。他們認為成吉思汗廟是蒙古人

照片十三　王爺廟（現烏蘭浩特市）的成吉思汗廟。

自己的提案，獲得金川耕作的許可後建立的。

昭和十八年十月，投入三年多的時間和戰爭中寶貴的物資材料完成了這座廟宇。興安蒙古和內蒙古的諸多王侯雲集於此，舉行了盛大的落成祭典。當時在廟宇周圍的草原上，實施了蒙古騎兵勇敢的攻防演習，而我被指名擬定該演習計畫。回想起充滿感慨和激盪的青春時代，那時開展的攻防演習彷彿攻防實戰畫卷，至今縈繞在心中，清晰可現[7]。

成吉思汗廟是模仿明治神宮外苑聖德紀念繪畫館的設計所建成（照片十三）。至今，蒙古人和日本人共同建立的成吉思汗廟的建築學造型，依然被認為是內蒙古最受歡迎的設計[8]。滿洲國建設成吉思汗廟的政策取得了圓滿的成功。贊成民族自決理念，不甘於做蘇聯衛星國的蒙古青年，從蒙古人民共和國逃脫來到這裡[9]。

日高清回憶道：「其中令我印象深刻的是五期生。外蒙古紅軍的三名準士官從外蒙古脫離，歷時兩個月，忍受飢餓穿越沙漠地帶，來到憧憬的滿洲國，被編入五期生。巴圖巴音、西仁道爾吉、那他木圖三人充滿強烈的民族精神，以內外蒙古大同團結和民族獨立為使命。這三名外蒙古人的言行產生了強大的影響，五期生俱有獨特的行動力，相互幫助、團結的濃厚民族思想風氣。留學日本陸軍士官學校的都固爾扎布、富理清桂、王奎祥、卓里克圖等人返校後，就任優秀精銳的區隊長，教育訓練變得靈活充實，為學生隊注入了生氣」。

興安軍官學校，不僅僅是滿洲國和德王蒙古聯盟自治政府內的蒙古青年憧憬嚮往的地方，其魅力甚至遠播北部的蒙古人民共和國。倘若果真像現在的中國人所惡意歪曲批判的那樣，「興安軍官學校培養了日本帝國主義的走狗」的話，即使強迫蒙古人，他們也絕不會進入興安軍官學校的。這其中暗藏著興安軍官學校備受蒙古人熱愛的歷史事實。

日高清與日系同伴以及都固爾扎布等人一同「談笑風生，討論天下大事，高唱憂國之歌，互相激勵」。

那麼，都固爾扎布又是如何回顧過去的呢？

註解：

1 前述《滿洲國軍》，頁六三〇。
2 日高清《人生感意氣》，頁三〇—四，二〇〇三年。
3 日高清前述書，頁四八。
4 前述《滿洲國軍》，頁六二九。
5 前述《日本騎兵史》下，頁一六二。
6 日高清前述書，頁五〇—一。
7 日高清前述書，頁五一。
8 楊海英〈從天幕到宮殿——成吉思汗廟及成吉思汗陵的殖民化作用〉，《民族學界》三十一期，頁一九九—二一八，二〇一三年。
9 關於蒙古人從蒙古人民共和國逃入滿洲國的情況，田中克彥的《諾門罕戰爭》（二〇〇九年）中也有詳細描述。

（二）民族的復興與亡國的行程

自然的朋友，人世的叛徒，
他拋開自己可愛的故鄉，
懷著自由的快樂的幻想
飛到了這個遙遠的地方。

——普希金〈高加索的俘虜〉

同智慧，共志願

作為中尉回到滿洲國的都固爾扎布等人，途中經過設置在通遼的興安軍管區時，前往軍管區致以問候。這是因為早一步從陸軍大學畢業回來的阿思根將軍駐紮在通遼。蒙古人最重視禮節。

「蒙古復興不是嘴上說說而已的空論。需要實學。」

阿思根將軍這樣教導從日本歸來的青年們。

到達王爺廟後，都固爾扎布中尉和日本人日高清一樣，成為了五期生的第一區隊長。富理清桂則是第二區隊長，高海崑也出任了教官。從陸士畢業的三人都是蒙古人中優秀的人才（照片十四）。

日高清回憶道：「高海崑好酒色，不適合做教育工作。所以，不久便被調入了位於通遼的第九軍管區」。

關於高海崑後文還有涉及。

都固爾扎布回憶錄指出：「巴音圖、嘎儒布僧格、丹巴仁沁、烏嫩齊等，都是五期生，是我的學生」[1]。

五期生確實優秀，後來他們成為內蒙古自治區蒙古軍隊的指導者，遠征西藏。其中巴音圖最為出色。保管在靖國神社的偕行文庫，名為《陸軍士官學校昭和十九年四月二十日畢業．滿洲國陸軍軍官學校第二期生》的資料中，有巴音圖等人在彩紙上集體寄語的照片。巴音圖等人瀟灑揮毫寫下了蒙古語：nigen setkil nigen jorig（同智慧，共志願）。

以成吉思汗精神為基礎的軍人教育

照片十四　從日本的陸士留學歸來的興安軍官學校將領。青春時代的清純面孔充滿著魅力。引自《一億人的昭和史 日本的戰史 2 滿洲事變》，每日新聞社，一九七九年。

都固爾扎布為了讓興安軍官學校的青年團結起來，向他們講述偉大的祖先成吉思汗的歷史。某天，他和高海崑、白雲航等人一同訪問校長甘珠爾扎布和財團法人蒙民厚生會理事瑪尼巴達喇，要求在成吉思汗的誕辰紀念日舉行大規模集會。白雲航是蒙古人的民族主義政黨，內蒙古人民革命黨的創立者白雲梯的弟弟。曾留學蘇聯邦烏克蘭共和國位於基輔的騎兵學校，後又留學日本，屬少有的秀才。白雲航和瑪尼巴達喇後來因堅持反共產主義和反中國的精神而遭肅清[2]。都固爾扎布的周圍有很多這樣的英傑。自然地，都固爾扎布也與他們的想法一致。

成吉思汗紀念儀式在興安飯店舉行。正中央懸掛著成吉思汗的畫像，青年們展開了熱烈的討論。「擺脫如今弱小的現狀，唯有團結一致」，是所有人的共識。同期的日高清也在二〇一三年二月二十三日晚上，做了如下發言，回顧當時的情景[3]：

蒙古是尚武的民族。作為遊牧民的他們不會鋪張浪費，能夠忍耐任何困難。並且對於信任的人無論何時都不惜奉獻生命。我們向興安軍官學校的學生，灌輸成吉思汗的思想。成吉思汗對他們而言，是如同天皇般的存在。我一直教育他們要像成吉思汗一樣磨練自己，奪取天下。這是我們教官一貫的思想。

不只是日高清。當時名為《日系者用．蒙古軍將兵訓育資料》的教科書，如今被保管於東京惠比壽的防衛研究所戰史研究室內。這本書非常詳細地整理了成吉思汗的戰略和戰術[4]。

年輕的蒙古人和日本人夢想著以勤勉和尚武的精神復興民族。不止於此，蒙古人還懷有另外的危機感。侵略南蒙古的中國人，在他們所到之處都建起關羽廟並供奉祭祀。他們利用出自《三國志》中關羽的「忠心」，強化相互間的聯繫合作進行反日。更為過分的是，他們甚至粗暴地占據蒙古人的寺廟並改造成關羽廟。日本也在各地建造了滿洲神社，呼籲人們進行參拜。總之，蒙古人認識到，無論是中國人還是日本人，都試圖強迫蒙古人改從他們的信仰。所以，蒙古人急需將自己的信仰體系化，以此抵抗。於是，都固爾扎布與財團法人蒙民厚生會理事瑪尼巴達喇一同拜訪了金川耕作機關長，希望建立紀念祭祀成吉思汗的建築，當場得到了許可。他以一個大亞洲主義者應有的胸懷，豪爽地說道：「成吉思汗去世已經七百年有餘。如今蒙古仍未出現如他一般的偉大人物。東部蒙古、西部蒙古，還有外蒙古，應該團結起來重建偉業」。

這樣，決定了在興安街北山建立成吉思汗廟。興安軍官學校的學生只要有時間，就會去施工現場義務勞動。在日本留學的蒙古青年也利用假期大舉返鄉，參與志願活動。軍官學校的學生更是不忘在休息時間召開祕密會議。日本方面也清楚蒙古人將領的集會，但沒有採取禁止和取締的對策。他們寬容地將其理解為「可愛的民族主義者」，採取了寬大的措施。在這一點上，顯示出了日本人從根本上區別於中國人的特徵。

成吉思汗廟於一九四四年十月建成，八日舉行了盛大的竣工落成儀式。自此以後，蒙古人從四面八方遙拜此廟的景象成為了興安街的獨特風景。青年將領們從遠處立正敬禮，爾後颯爽走過的身影，成為了嶄新的、精神抖擻的蒙古民族一個象徵性的景觀。那是令人感覺到民族自決氣息的瞬間。

內蒙古人民革命黨員

在滿洲國軍政部工作近兩年後，一九四二年九月，都固爾扎布重新回到興安軍官學校。翌年他成為第十三期生的連長，從事教育工作。十一期生和十二期生也是都固爾扎布募集的學生。每次，數千人中僅選拔八十人。興安軍官學校是名副其實的培養一流精英的基地。由第十三期生組成的第三連，其教官是純粹的蒙古人，他下決心「絕不輸給日本人教官」。對學生的教育中，依舊加強關於成吉思汗的事跡和思想的內容。在嚴酷的野營訓練（照片十五）和戰史研修之行期間，他們行軍至大連海濱，眺望渤海灣，指導草原男兒學習游泳。

興安軍官學校的日本教官逐漸減少。因為他們對蒙古人的工作態度已經完全放心，並且隨著戰局的變化，日本人必須奔赴更為嚴峻的前線。都固爾扎布閱讀了在東京的滿洲國駐日大使館工作的哈豐阿送來的《北支建設》，和土田杏村的《思想讀本》等著作。在讀完日語版《拿破崙傳》和希特勒的《我的奮鬥》後，一九四三年夏季的一天，他對哈豐阿述說了自己的感想：

「我們蒙古人如果沒有組織是無法統一的」。

對此，哈豐阿以前所未有的嚴肅表情說道：

「與納粹不同的是，我們有一個完全適合蒙古人的政黨。那就是內蒙古人民革命黨」[5]。

當時，哈豐阿是內蒙古人民革命黨的指導者。當然，在日本統治時代，他們遵照共產國際的指示潛伏在地下。日本方面雖然對此也早有掌握，但在不構成威脅的情況下，採取了放任的態度。都固爾扎布也是從此時開始，成為了哈豐阿指導的內蒙古人民革命黨的中堅分子。

應對驟變戰局的準備

「為了生存，必須掌握軍隊。軍隊也必須為自己的民族而戰。戰爭遲早會結束。無論戰局如何變化，你們都必須掌控蒙古軍，為蒙古民族而奮鬥」。

這是一九四四年十月九日晚，也就是舉行成吉思汗廟落成紀念儀式第二天深夜，二十多名興安軍官學校的青年將領聚集在呼勒斯圖中尉家裡時，哈豐阿發表的講話。他們預料到日本的敗退，準備了作戰地圖，對日軍的配置進行了確認。對日起義如果失敗，他們將在郝永芳等人的主導下確保逃往蒙古人民共和國的路線。但是在一九六六年文化大革命爆發時，都固爾扎布等人的這次行動被認為是「為了向蒙古修正主義國家投降

照片十五　興安軍官學校的訓練情景。引自《一億人的昭和史 日本的戰史 2 滿洲事變》，每日新聞社，一九七九年。

的活動」。中國共產黨的歷史解釋與其對日歷史王牌一樣，一直都是隨意變化，人為操作的謊言。

隨著戰局的惡化，興安軍官學校的畢業生中的犧牲者也不斷增多。一九四五年七月一日，軍官學校在藏傳佛教寺廟舉行祭祀，悼念死者。金川耕作機關長也出席了儀式。在他離開後，軍官們進行了商議。他們預計，恐怕在今冬或來年春季蘇聯就會攻打過來。大家一致認為，日本軍屆時必將蒙古人的興安軍和興安軍官學校學生送上戰場，或會肅清。徹夜討論的結果，他們決定了以防萬一的對策。內容如下[6]：

都固爾扎布和王海山掌控興安軍官學校的學生隊。烏力吉陶克陶則掌握教導團，雙寶和鄂榮彬監視五十三部隊。鄂博勒克圖控制騎兵四十六團，白音布魯格（王海峰）和呼和巴特爾負責帶領興安軍的炮兵團和步兵團起義。

「關東軍五十三部隊培養了蒙古人自古以來的尚武精神和蒙古民族的親日感情」，是以「對蘇和對外蒙游擊戰為主要任務」的特殊軍隊[7]。五十三部隊由頭腦聰明的日本人將校指揮，以勇猛的蒙古人士兵組成，是一支駐紮在王爺廟的戰鬥力突出的優秀軍隊。

向毀滅行軍

戰局變化遠遠超乎蒙古人和日本人的預想。

《滿洲國軍》對興安軍官學校的毀滅有這樣的記載：「在蘇聯參戰的同時，日高少校和獨古爾扎布少校被緊急派往興安特務機關，負責特務機關與學校之間的聯絡工作」[8]。

> 從昭和十九年末開始，蘇蒙聯軍的思想上的進攻日漸激化，校內到處是流言蜚語，蒙系間的祕密集會，祕密行動逐漸頻繁起來……偶爾，也有學生極力反駁頂撞日系上官……興安特務機關長金川大佐為應急事態做準備，祕密接觸蒙系指導官，掌握情報，並努力防止軍心動搖。

一九四五年八月八日早晨，蘇聯違背日蘇中立條約開始對日參戰。據日方記錄，這天興安軍官學校整日忙於為防空戰和轉移做準備。十日上午七時，所有學生被召集在學校本部，接到「作命第一號」命令（照片十六）。據《滿洲國軍》記載，此命令內容如下：

一，本部以及學生隊，離開王爺廟，向鄭家屯以南八十公里處的興安總省博王府方向行軍，進入沙漠地帶，繼續訓練。興安第九軍駐紮在鄭

照片十六　興安軍官學校的學生在馬背上揮舞日本刀。引自《一億人的昭和史 日本的戰史 2 滿洲事變》，每日新聞社，一九七九年。

家屯，充當其後援。

二，學生們組成三個梯隊，依次沿著鐵路向南部白城子前進。

第一梯隊由少年科第一連、第二連和第三連組成。第一連的連長是宮後寅雄少校，第二連和第三連的連長，據日方所說為「蒙系」，後來我查明此二人是張尼瑪和那達那。第一梯隊於十日十七時從王爺廟出發，目的地是三十公里外的葛根廟。

日本人三品實率領第二梯隊於十九時離開王爺廟。其中還包括學校本部和但野安男（日高清記錄為但馬安男）上尉擔任連長的預科第二連。

第三梯隊在最後，於二十二時出發。此梯隊由吉川作兵衛中校和副官本鄉一夫領導的本部學生隊和安藤武光上尉的本科第一連，「蒙系」擔任連長的本科第二連，大谷昇少校的本科第三連組成。此處的「蒙系」指王海山。教導團第一連、第二連和炮兵連也在第三梯隊。教導團第二連的連長是威名遠揚的郝永芳。

各梯隊在南進的過程中，早已不服從日本人將領的命令了。首先，第一梯隊在葛根廟以西十公里處失去了消息。第二梯隊和第三梯隊徒步行軍，於夜裡在察哈爾興都會合。蘇聯空軍轟炸王爺廟的轟鳴聲傳來，他們受到巨大震驚，軍心動搖。預科第三連隊前往迎接糧草車，遭遇了蘇軍的機關槍掃射。在如此危急情勢中，人們對今後該何去何從產生了分歧。

「學生不見了」。

預科第二連長但野安男喊道。此時，蒙古人學生在軍官的帶領下向葛根廟的後山離去。但野連長「冒著危險極力安撫大家，然無濟於事，於是決定原路返回，但此時，遭到了狙擊而亡命草原」。三品實顧問也策馬前去規勸第二連隊，亦未奏效。就這樣，與蒙古人訣別的第二梯隊的日本人將領到達了白城子，與其他部隊會合。

第三梯隊的蒙古人將領，於八月十一日就知曉了日本投降的消息。正因如此，從當初開始他們便努力尋找不引起騷亂，平靜地離開日系軍官的方法。直到出發之日的二十二時，他們仍毫無出發的意向。吉川作兵衛隊長苦心勸說了三個小時，終於在十一日凌晨一時，從興安街出發向東方而去。但是，「在興安以東十二公里處興安緬羊改良場附近失去消息。我們認為，吉川中校、本鄉上尉、河野少校和浜口上尉等人悲壯地犧牲了」。教導團，五十三部隊也均已「壯烈犧牲」。以上是《滿洲國軍》的記錄，但本書的依據也主要來源於日高清的情報。

異國牢獄中的螞蟻

日高清在一九四五年八月一日晉升為少佐（少校），被提拔為學校本部校付室的勤務一職。此時的興安軍官學校校長是布里亞特蒙古人烏爾金上將，幹事是服部實少將。校付室是處理軍官學校所有要事的部門，由擔任室長的平川森上校（大佐）、伊藤正之助中校（中佐）、柴田清二中校、日高清與都固爾扎布二位少校，共五人組成。

八月九日早會，接到軍事顧問三品實少校的通知，他們在校園集合向東方遙拜。這是每天的固定儀式。就在此時，傳來了蘇聯進攻的消息。日高清與都固爾扎布被任命為聯絡官，緊急前往金川耕作的興安特務機關和五十三部隊。空襲的警報聲轟鳴，街上的建築物不斷倒塌，「在避難途中，獨古爾扎布不辭而別消失了」，這是日高清的真實經歷9。

日高清與五十三部隊的井上源治副官交換了情報，與旗公署的淺野參事官道別後，與金川耕作等人一同在槍聲作響中乘坐貨車離開興安街而去。此時已是八月十一日十六時。

「我獨自站在車上，凝視王爺廟的山河。白色牆壁的成吉思汗廟殿堂，在夕陽的照射下閃耀著金色的光輝」。

自一九三八年的嚴冬，歷經七年半，今日即將惜別這片傾注了青春熱情和紛紜回憶的土地。當時，連日傾盆大雨。一路打著游擊戰，八月二十五日到達遼河，把軍用行李和軍刀沉入了渾濁的河底。九月二日到達公主嶺，到日軍收容部隊自首。

令日高清等意想不到的是，在滿洲事變爆發紀念日，一九四五年九月十八日，載著日高清等日本投降士兵的列車高鳴汽笛向西伯利亞駛去。從西伯利亞經過中亞大陸，來到烏茲別克共和國的邊遠地區，他們被押入倍加瓦托收容所。不久，蘇聯的思想改造運動如狂風般襲來。日本俘虜兵中頭腦單純的人漸漸被洗腦，在強制收容所裡展開了共產黨活動。他們還召開了社會主義國家特有的批鬥大會，高呼「絕不讓反動將領日高清回到日本」。

日高清回憶起當時的情形，無限感慨：「在敵國內，日本人同胞反目成仇，委實令人感到可悲可哀」。不肯接受社會主義思想的頑固「反動將領」日高清終於被關進地牢。因為不承認「罪過」，遭到了鳴槍的威脅。他陷入了絕望的深淵。

那是某天早上，我呻吟不止。從牢房的門縫間映入了一絲微光，在漆黑牢房的地上投下了鮮明的光亮……一隻小螞蟻沿著這道光線爬進了牢房內。牠爬過那僅有三十釐米長的光線後，轉身爬了出去10。

「這隻無名的螞蟻」每天來往於地下牢房數十回。螞蟻走過的那縷光線為陷入社會主義牢獄的滿洲國軍少校帶來了生命的希望。一九五〇年二月九日，日高清終於平安踏上了舞鶴港。

「那是整整六十四年前的事情」。

二〇一四年二月十日，日高清對我說道。在到達舞鶴港前，那些被洗腦的共產黨系統的「民主團體」高呼「敵前登陸天皇島」的口號。日高清等人組成了「日之丸梯隊」。思想被意識形態所扭曲的人們，竟然將養育自己的祖國稱作「天皇島」，著實可怕。

註解：

1 伊河等前述書，頁五四—六。
2 楊海英《續 沒有墓碑的草原》，二〇一一年，岩波書店。
3 NHK《證言記錄 士兵們的戰爭》（証言記録 兵士たちの戦争）。證言人：日高清，二〇一二年二月二十三日收錄。http://www2.nhk.or.jp/shogenarchives/shogen/movie.cgi?das_id=D0001100825_00000&seg_number=001。
4 《日系者用・蒙古軍將兵訓育資料》防衛研究所戰史研究室藏（滿洲・滿蒙・七二）。
5 都固爾扎布回憶錄，頁六九—七〇。
6 都固爾扎布回憶錄，頁七七—八。
7 前述《滿洲國軍》，頁一九七。
8 前述《滿洲國軍》，頁七八八。
9 日高清前述書，頁七四—五。
10 日高清前述書，頁九四。

每當回想起縱馬馳騁在無邊無際的蒙古沙漠盡頭的戰友，
便感到無限的悲愴。

——瀨知章《糸島新聞》

（三）化為草原泥土的日本人

日高清指出：「在避難途中，獨古爾扎布不辭而別消失了」。
那麼，都固爾扎布去了何處，又是為何消失呢？

背叛的理論背景

再現都固爾扎布的動向之前，首先需要陳述蒙古人這一必然之舉的原因。如果不理解其理論背景，也無法解釋後來蒙古人為何遠征西藏，對同樣弱小的少數民族進行蹂躪的根由。
蒙古人自十九世紀末以來，一直處於中國人的侵略和壓迫之下，受盡苦難。從中國獨立，建立一個只有蒙古人的國家，始終是整個民族的夙願。為了驅逐中國人，實現從中國獨立，無論是俄羅斯還是日本，只要是能夠依靠的力量，統統利用。出於這樣的目的，南蒙古人引導日本，並積極地加以利用。但是，日本一邊聲稱支持蒙古從中國獨立，一邊卻逐漸開始背叛蒙古人。日本對德王的蒙疆政權施壓，迫使其在中國人汪精衛的政權範圍內實施「高度自治」。在滿洲國內也發生了變化，開始強調：「倡導民族獨立，就是反對五族和諧」[1]。總而言之，日本宣稱支持蒙古人的獨立，同時卻反過來壓制民族自立，這種變質招致了蒙古人的強烈反感。

還有一些例子，雖是「小事」，但卻使蒙古人感到失望。日本人主張，他們為了蒙古人建立了成吉思汗廟。但在廟宇的屋頂裡卻藏有《法華經》和「日本的三種神器」[2]。大和之神必須凌駕於成吉思汗之上，必要時還可以「詛咒蒙古人」。

日本戰敗之時，也有蒙古人向日本將領扣動扳機。將槍口指向昨日之師，完全違背蒙古人的倫理，但上述見解也不失為對此舉的一種解釋。

日方政策變更的影響，不只是導致了戰亂時蒙古人殺害日本人將領的後果。後來，蒙古人是如何解釋和定位自己的行為呢？結論很簡單：「抗日武裝起義」。在這驚人的變化背後存在著如下的背景。

日本離去後，蒙古人希望能夠和同胞蒙古人民共和國合併。至此，終於可以實現自十九世紀末以來的民族統一和獨立的夙願，對此所有人都堅信不疑。在戰後重新恢復組織活動的內蒙古人民革命黨黨員，和滿洲國軍的青年將領都向蒙古人民共和國派遣了代表，強烈要求合併，並為此展開了簽名運動。

可是，在美英蘇三大國擅自簽訂的《雅爾達協定》中卻暗箱操作，作為蘇聯出兵的條件，將南蒙古出賣給了中國。這次暗箱操作，甚至連蒙古人民共和國也毫不知情。蘇聯和蒙古人民共和國聯合軍撤退後，留給蒙古人的只有「選擇更好一些的中國人」這條路。即，國民黨的中國人和共產黨的中國人，二選一。當然，蒙古人更親近共產黨。原因在於，蒙古人民共和國已經成為世界上第二個社會主義國家，並且中國共產黨使用激進的言辭打出了充滿魅力的少數民族政策。承諾少數民族不僅有權行使「民族自決權」，將來奪取政權後採用聯邦制，羅列了一系列美好的約定。當時，有誰會想到，中國人共產主義者日後將輕易地收回這些約定！

與日軍展開戰爭，拚死搏鬥的國民黨最終敗逃台灣。而在陝西省北部的偏僻地區延安靜靜休養的共產黨部隊獲得勝利，成為了官兵。「偉大的中國共產黨帶領全國人民贏得抗日戰爭的勝利，創建了中華人民共和國」，這一思想成為了神聖不可侵犯的唯一的正統史觀。在此情況下，蒙古人對過去做何解釋，是關係到民族存亡的大事。現在，蒙古人甘受昨日之敵中國人的統治，且不得不表示耿耿忠心。

「你們蒙古人不是全民與日本合作過嗎？」

「蒙古人是日本帝國主義者的走狗。」

「講日語，舉止像日本人的那好幾萬人，都是什麼人？」

這些都是懸在蒙古人頭頂上的中國共產黨的懷疑之劍。都固爾扎布以及其他出自興安軍官學校的將領，不，所有蒙古人都不得不辯白：「我們也在日本帝國主義統治下受盡苦難」，最後「我們也發動武裝起義打敗了日本鬼子」。

蒙古人的記載

在上述背景下，像都固爾扎布這樣的蒙古人是如何描述自己的過去的呢？他們的回憶收錄在《八一一葛根廟武裝起義》這部著作裡。其結論是，興安軍官學校的相關人員，於一九四五年八月十一日，在王爺廟附近的葛根廟對日本帝國主義者發動了「武裝起義」。歷史事實被完全竄改。對這部回憶錄的內容做一整理即可發現，與上述日方記錄有多處矛盾。但是將二者相互對照，一段完整的歷史便浮現出來。

上文也提到，蘇聯軍隊進攻王爺廟時，興安軍官學校分成四個梯隊進行撤退。

鄂秀峰於一九三五年七月入學，是二期生。一九三八年八月畢業，經過三個月的實習後，於十一月回到母校擔任中尉區隊長。一九四四年晉升為上尉（大尉），平步青雲。一九四五年八月九日上午，鄂秀峰得到吉川作兵衛中校的傳喚，被任命為相當於第九期生的本科二年級學生的區隊長。理由是其前任嘎

照片十七　興安軍官學校的日系部隊跨馬列隊。圖片提供：日高清。

儒布僧格因病休養。其他兩名區隊長是包壯卿和郝永芳。因為鄂秀峰此前也曾有段時間擔任過第九期生的區隊長，所以很快受到學生們的歡迎。

根據吉川作兵衛的指示，學生開始了有紀律有組織地撤退（照片十七）。鄂秀峰的第九期生成為第四梯隊，於夜裡十二時乘馬出發。學生隊本部也與他們同行。此時郝永芳低聲說：「都固爾扎布被日本特務機關綁架扣押了」。他立刻與王海山商量，決定起義。

他們行進了大約三十公里，下馬休整。時間為十一日凌晨三時。就在此時，以包壯卿為首，何俊傑、敖和忠、烏鶴齡、包榮吉、孟繼廷等學生射殺了吉川作兵衛等日本將領。鄂秀峰回顧道：「這就是武裝起義的第一槍，它標明我們和過去告別，走向新的未來」[3]。

在靖國神社偕行文庫的資料《陸軍士官學校昭和十九年四月二十日畢業．滿洲國陸軍軍官學校第二期生》中，記載著發起起義第一槍的包壯卿的名字。他和同期的日本人一同留下筆墨的彩紙鮮艷依舊。

為民族自決而起義

再列舉一個人的證言：

「巴音圖是五期生，以第二名的優異成績畢業，後留學日本士官學校。他出身熱河省蒙旗，擁有難得的純真性格，為人敏於行訥於言」。日高清對他有如此高度的評價[4]。

以下是「純真」的巴音圖的回憶：

八月十日下午四時我們開始行軍。我在第三梯隊。走出校門，我看見興安總省公署、警務廳和財團法人蒙民厚生會的建築物都成了一片火海。掛在學校本部正面的滿洲國國徽也已掉了下來，日本人職員帶著行李四處逃竄。

到了夜裡，我們在雨中繼續前進，心裡既興奮又緊張。想到蒙古民族即將得到解放就覺得興奮，但想到還有八十萬關東軍沒有投降，又緊張不已。到達扎爾泰埃勒，稍作休整。此時，王海山連長通知我們明日清晨起義。

八月十一日清晨，雨停了。我們在六時出發，渡過洮兒河繼續前進。大谷昇少校任命我為偵察兵。我和布和一同走在梯隊前三百米處，看見一位坐著馬車的日本軍官。一名叫阿古達木的偵察兵將軍刀刺進了他的胸膛。正在此時，高興噶策馬奔來，得知，鄂秀峰、包壯卿和郝永芳等也已經解決了吉川作兵衛中校等人。據悉，王海山連長一行人也已經處理了大谷昇少校等人[5]。

這就是第三梯隊的行動。

重要人物王海山是興安軍官學校一期生，也是都固爾扎布的好友。他曾在位於通遼的滿洲國軍第九軍管區任職，一九四四年十一月回到母校就任第十二期生連長。八月十日上午，王海山被召回學校。此前他因病在家休養。吉川作兵衛命他挖戰壕，但他認為已無濟於事，也沒有向學生傳達這條命令。

王海山加入第三梯隊向南邊的葛根廟前進。八月十一日清晨，他們到達葛根廟北山。王海山認為「民族自決的時運終於到來了」，命令部下處決了日本人將士[6]。

上述事件發生在葛根廟附近。後來，在中國，蒙古人稱這起事件為「八一一葛根廟武裝起義」。

都固爾扎布教官的行動之謎

「八月九日早會，我被一陣急促的敲門聲驚醒。原來是烏力吉陶克陶中尉。他讓我打開收音機，告訴我蘇聯參戰了」。

這就是都固爾扎布這一天的開始。他來到興安軍官學校後，接到命令讓他守著電話。

「九日一整天，我一步也沒有離開電話」[7]。

十日上午，都固爾扎布和一個日本人將領一同被叫到特務機關。

「我們到了特務機關。這裡開會時一直都是只有日本人參加，所以我知趣的準備離開。此時金川耕作機關長對我說，已無必要離開，炮聲都傳過來了，也沒什麼可保密的，讓我留了下來」。

這是都固爾扎布講述的經歷。金川耕作機關長似乎已詳細掌握了蘇軍的行蹤，下達了準確的作戰命令。當學校幹事服部實少將提出應該先取得滿洲國軍政部的許可時，金川機關長反駁道：「我承擔所有責任」。在金川機關長的直接命令下，都固爾扎布與特務機關共同行動。這被蒙古人誤傳為「都固爾扎布遭遇了特務機關的綁架扣押」。

都固爾扎布回了趟家後，就去見內蒙古人民革命黨領袖哈豐阿。正值此時，有消息傳來，前夜有狼群闖進了軍馬場，大半軍馬被嚇跑。這就是為何有一部分興安軍官學校的學生在緊急情況下徒步行軍的原因。遠處狼的嘶吼聲和列車的汽笛聲是當時王爺廟的一道風景。狼的咆哮聲傳遞著蒙古草原尚存的野性美，而汽笛聲則宣示著近代化的到來。

十日下午，都固爾扎布會見了第四梯隊第九連的郝永芳連長。感性的郝永芳流下了眼淚，說道：「老師，只要您下命令，我們立即行動」。都固爾扎布為了不釀成慘禍，再三命令他們盡量在行軍途中和平解除日本將領的武器，除了頑固抵抗者以外絕不可殺人。都固爾扎布還去見了大谷昇少校（少佐）。

「你一定要好好保重啊，我們應該不會再見面了」。

大谷昇少校似乎察覺到了什麼。上文提到過，大谷昇上校後來被殺害了。

都固爾扎布帶著家人經過王爺廟東大橋後，與興安女學院的女學生和育成學院的青年會合。他是在哪裡，又是如何脫離金川機關長的，至今尚不明確。另外，他在回憶錄中描述，他和笠田少校一同去會見了金川耕作，但日高清的回憶錄和《滿洲國軍》裡均未出現笠田少校這個人物。都固爾扎布完全沒有參與殺害日本人將校的行動，所以不能認為他參與了「抗日武裝起義」。或許正是因為這樣，從八月十日到十一日期間，他的行動充滿了謎團。我推測，所謂「笠田少校」應該是架空的人物，「笠田少校」大概指的是「被緊急派往特務機關」的日高清少校。都固爾扎布一定是出於某種原因，在回憶錄中對同伴日高清避而不談。

蘇軍的俘虜

形勢不容樂觀。八月十八日，興安軍官學校的學生不得不全體在白城子向蘇聯軍隊「投降」。「不過是殺了幾個日本人，算不上什麼了不起的抗日成果」。蘇聯方面果斷地拒絕了「投降」。蘇聯兵指著身穿滿洲國軍軍服的蒙古人俘虜，大喊「日本」、「日本」，侮辱他們。一位蒙古人民共和國的上尉實在看不下去，他用蒙古語說道「快把肩章摘掉」。傲慢的俄羅斯士兵隨手對蒙古人的家產和貴重物品進行掠奪，強暴女人。進行抵抗的蒙古人，均被當場射殺。這都是日本人絕沒有做過的事情。

「雖說是非常時期，但這麼輕易地殺人，實在讓人難以置信」。都固爾扎布感歎道。但時代已變更[8]。

興安軍官學校的蒙古人將領作為俘虜被關押在北大營。都固爾扎布是第一個被審問。俄羅斯人女中尉翻動著《日俄會話片語》（《日露会話帳》），對獨古爾扎布施加壓力：「你現在是俘虜，這一點必須清楚」。獨古爾扎布強硬地反駁，說我們蒙古人不是俘虜。「到八月十日為止，我們確實反抗過蘇聯軍隊。但在十一日，我們殺害了日本人將領，發起了武裝起義，應該已成為友軍。」都固爾扎布如此反駁道。

「發起了武裝起義？日軍、德軍和義大利軍是世界上最強的三大軍隊。蒙古人就憑興安軍官學校的學生和教導團，有可能和世界最強的軍隊戰鬥嗎？」

女中尉不屑地說道。此時，被扣押在北大營的有興安軍官學校的蒙古人學生和教師，五十三部隊內的蒙古人士兵，以及從海拉爾前來救援的騎兵第八團的士兵們，總計四千多人。

草原上的殺戮

興安軍官學校的學生們朝著南面的白城子行進的過程中，八月十四日，到達了科爾沁右翼後旗，大致在同一時間，葛根廟附近發生了蘇軍虐殺日本人難民的事件。

生活在王爺廟的日本人（照片十八），幾乎所有成年男子都被召集到戰場，剩下的只有老弱婦孺。一千兩百名手無寸鐵的人們，被蘇聯戰車坦克部隊包圍，遭到了歷經一個多小時的無差別虐殺。苟且殘存保住性命的只有一百多人。在日本，這起事件被稱作「葛根廟事件」[9]。

在滿洲國各地均爆發了蘇聯軍隊虐殺日

照片十八　在葛根廟的日本人。中間是成為藏傳佛教僧侶的加藤喇嘛。圖片提供：日高清。

本人的事件。中國人也襲擊了日本難民。日本人慌忙逃脫時，有很多孩子被留了下來，成為「殘留孤兒」。位於王爺廟的興安女高的一位蒙古人少女後來回憶道：

天氣開始漸冷的時候，曾是興安軍官學校本科生的表兄帶來了一名日本女孩。除生活上照顧她，我每天還教她蒙古語。這位十二歲的少女失去了所有的親人。我覺得她太可憐，所以每日陪著她。她聰明乖巧，記憶力也很好。只是，每當唱到《紀元兩千六百年》時，總是悲傷得淚流不止，泣不成聲。我們家為她取了蒙古名字叫娜仁高娃。她在一九五三年回到了日本10。

蒙古人稱日本為「那仁．兀魯斯」，也就是「太陽之國」、「日之丸之國」。「娜仁高娃」為「日之丸美人＝撫子」之意，是女性常用的名字。對這位日本少女來說，是一個時時刻刻讓她想起祖國的名字。

奮鬥吧！十萬遠征軍

治安迅速惡化。

除了蘇軍的殘暴虐殺，入侵而來的中國人組成武裝團體，對蒙古人亮出獠牙。他們以「蒙古人過去諂媚日本人」為藉口，加以攻擊。蘇聯．蒙古人民共和國聯合軍指導部為了安定形勢，於十月二日，同意蒙古人重新組織武裝。為此，蒙古人組成了興安警備大隊。

在此，首先交代一個重要史實，即，此時誕生的興安警備大隊在一九四六年二月成為東蒙古人民自治政府騎兵第一師，四月更名為內蒙古人民自衛軍騎兵第一師；一九四八年一月一日又被改編為內蒙古人民解放軍騎兵第一師。最後，一九四九年一月一日，被改編為中國人民解放軍騎兵第一師。騎兵部隊的幹部，是興安軍官學校第九期和十三、十四、十五期生[11]。指導者是都固爾扎布和王海山[12]。

我們從城防司令部獲得了三百五十挺槍和二百發子彈。裝好刺刀，戴上軍用頭盔，列隊，精神抖擻的向王爺廟出發。威風凜凜地合唱〈成吉思汗遠征歌〉。

統率十萬精兵

征服亞洲

照片十九　尚武民族的蒙古青年成為興安軍官學校的學生。引自《一億人的昭和史 二二六事件和日中戰爭》，每日新聞社，一九七五年。

奮鬥啊！遠征軍戰士們！

十萬威武蒙古軍！英勇奮戰不止！

……

我在讀到都固爾扎布回憶錄中的這一段文字時，不禁流下了眼淚。蘇聯也絕不是正義的解放者，不是因為俄羅斯士兵姦淫擄掠，而是因為他們將南蒙古出賣給了蒙古人的宿敵中國。但是，都固爾扎布和興安軍官學校的學生此時都還並不知道《雅爾達協定》的祕密內容。他們仍夢想著實現民族統一合併。作為弱小民族，遭受著殘酷蹂躪，然而蒙古男兒時刻為實現民族獨立的理想挺起胸膛勇猛前進。此情此景，使我流下了眼淚。王爺廟的蒙古人，看到自己的子弟們組成的蒙古軍一路昂首前進的情形時，也一定曾熱淚盈眶。蒙古人應該還記得，過去「藤原教授（藤原作彌的父親）用口笛吹出進行曲，武田先生拍著拍子，軍官學校的學生們大聲合唱前進的風景」（照片十九）。

順便提一下，這首〈成吉思汗遠征歌〉，又稱〈成吉思汗軍歌〉或〈聖成吉思汗之歌〉，自古就被蒙古人傳唱。後來由一位不知名的日本人附上日語歌詞[13]。

與蒙古人美德相背反的「抗日武裝起義」

關於少數民族自決權和對日關係問題，中國人從建國初期就陷入了思想停頓。興安軍官學校的蒙古人主張八月十一日的行動是「抗日武裝起義」，卻未能得到「領導全國人民贏得了抗日戰爭勝利的偉大的中國共產黨」的認可。中國共產黨一口拒絕：「只是在戰爭結束時殺了幾個日本人，何以稱得上抗日武裝起義？」這是蒙古人的又一個悲劇。

二十世紀即將閉幕前的一九九九年二月十三日，中共中央組織部和統戰部經過慎重討論，在中國共產黨中央委員會的認可下，終於正式承認「八月十一日蒙古人武裝抗日」起義的事跡[14]。在此之前，他們一直背負著「偽興安軍官學校的偽軍官」或「反動軍官」的烙印。「偽興安軍官學校的偽軍官」和「反動軍官」，必須付出比中國共產黨的正規軍更大的努力，否則永遠被認為是偽軍。後文中敘述的蒙古人騎兵虐殺西藏人的背景中也有上述原因。「偽軍官」和「反動軍官」不得不殺害西藏人，立功贖罪，洗刷「污點」。

「不可為難或殺害戰敗離去的人，否則將是違背蒙古人美德之事」。

蒙疆政權的指導者德王得知日本戰敗後，立刻對政府內的所有蒙古人下達了命令[15]。興安軍官學校的校長烏爾金中將也勸說學生不可違背德王命令。烏爾金中將其時已經乘車離開了王爺廟，但特意返回收拾局面，遺憾的是未能奏效。後來他被蘇聯囚禁，和日本人將領一同成為集中營的俘虜。烏爾金中將是西伯利亞的布里亞特蒙古人。在一九一七年的俄羅斯革命時，曾反抗紅軍。成為俘虜的烏爾金被迫批判自己的「罪過」，他絕食抗議，死於獄中。「身高兩米，體重一百公斤，身材魁梧的風采儼然是成吉思汗再世」。他是傳說中的紳士[16]。

日高清在二〇一二年二月二十三日的ＮＨＫ收錄節目中，做了如下發言：

學生隊的八名日本人將領犧牲了。蒙古人以誰為中心，是誰動手殺害的？這一問題時常出現在我的腦海裡。我們在十年間所做的努力到底去了哪裡？有八個人被殺害，我所實施的教育全部毀於一旦。

而同時，藤原作彌有如下敘述：

父親他們教導的興安軍官學校的蒙古人學生，是滿洲國陸軍的蒙古系幹部的候補生。他們作為成吉思汗的後裔對自己的民族懷有自豪感，是聰明優秀之輩。他們之中一定有人對日軍的專橫心懷不滿[17]。

日高清在福岡市向我詢問：「我們想知道關於蒙古方面處死八名日本人將領事件的資料」。

我感到非常躊躇。我沒有勇氣對九十八歲高齡的老人道出蒙古人編寫的《八一一葛根廟武裝起義》的內容。

一九九五年秋，某日，在內蒙古大學召開了「抗日戰爭勝利五十週年研討會」。會上，蒙古人大學生多次向畢業於興安軍官學校的老人們追問。

「真的有殺害日本人的必要嗎？」

「殺害教導自己的老師，應該不是蒙古人的美德吧。」

會場的氣氛頓時變得僵冷緊張，老兵們面容扭曲，無言以對。的確，蒙古人除了殺害幾個日本人將領以外沒有其他「抗戰功勞」。日本人也除了處死有「通蘇嫌疑」的凌陞等人外，確實沒有其他殺害蒙古人的罪過。生活在將抗日戰爭作為國家正統史觀的中國，蒙古人至今處於非常尷尬的境地。

註解：

1 Sechin Jagchid, op. cit., 1987；日高清前述ＮＨＫ收錄證言。
2 藤原作彌前述書，頁三六〇。
3 巴音圖、胡格編《八一一葛根廟武裝起義》，頁四三—六〇，二〇〇二年。
4 日高清前述書，頁一六六。
5 前述《八一一葛根廟武裝起義》，頁二五—四二。
6 前述《八一一葛根廟武裝起義》，頁三—一〇。
7 伊河前述書，頁八一。
8 伊河等前述書，頁一〇七。《八一一葛根廟武裝起義》，頁三九。
9 藤原作彌前述書，頁三二—五二。興安街命日會編《葛根廟事件證言——草原慘劇．祈禱和平》，二〇一四年，新風書房。
10 包景華〈苦樂相隨的求學路〉，索布多主編《興安女高》，頁一三八—五一。二〇〇五年。
11 前述《八一一葛根廟武裝起義》，頁三—一〇。
12 伊河等前述書，頁一二〇。
13 楊海英前述〈從天幕到宮殿——成吉思汗廟及成吉思汗陵的殖民化作用〉，武殿林《察哈爾史跡》，頁二四九，二〇〇四年。
14 前述《八一一葛根廟武裝起義》，頁三三八。伊河等前述書，頁二七六。
15 Sechin Jagchid, op. cit., 1987.
16 藤原作彌前述書，頁五七—八。
17 藤原作彌前述書，頁五七。

第三章

烽火滾滾科爾沁

留學日本陸軍士官學校的高海崑是堅定的親日派，他有一個日本戀人英子。他不幸的命運是與蒙古的悲劇相關聯的……

手握日本刀的騎兵第一師的蒙古人戰士

明早處刑，這是人民理所當然的盛宴。
但，年輕詩人的豎琴在歌唱什麼？
豎琴在稱讚自由！

——普希金〈名聲的欲望〉

（一）民族自決的象徵：興安軍官學校

「你（貴樣）和我（俺）」的關係

前文提到，留學日本陸軍士官學校，於習志野騎兵第十五聯隊實習的滿洲國蒙古人學生中，除了都固爾扎布還有高海崑和富理清桂。我一直想了解其中的高海崑的歷史並尋找知情者，但此前始終沒有得到很有價值的情報。高海崑也是被中國共產黨抹殺的蒙古人之一。一般來說，只要是被中國共產黨有意識地消除的人物，都在歷史上發揮了重要的作用。

二〇一一年八月二十二日晚上，我在一個風度翩翩又充滿一身骨氣的年輕蒙古女性的帶領下，拜訪了位於內蒙古自治區西部的工業都市包頭市昆都侖區內，一處寒酸的雜居居民樓。這裡居住著高海崑的弟弟，包頭醫學院大學（現包頭醫科大學）的原院長高海川（二〇一一年時

九十歲，蒙古名高勒其）「きさま、よう来てくれた（歡迎你）！」（照片二十）。

高海川用日語寒暄，使我感到一瞬的迷惑。

「你嚇了一跳吧！」高海川又笑道。「幾年前，我在內蒙古飯店偶遇一夥日本青年。因為覺得很懷念，所以就上前搭話，喂！きさま是什麼時候來的？結果把那幾個日本人都嚇跑了。後來才知道，現在的日本人不怎麼使用きさま這個詞了」。

高海川用流暢的日語解釋道。

內蒙古飯店是位於自治區首府呼和浩特市內的一座高級賓館。

滿洲國陸軍軍官學校的一位相關人員也有同感，「我們和蒙古人互稱貴樣（你）和俺（我），令人覺得親切。這一點與亞洲其他國家地區派遣來的留學生完全不同，對他們則用您」[1]。在日本國內的陸軍士官學校也是同樣的。我也是後來才明白，「きさま（你）」這個詞反映出了蒙古人和日本人之間特別的親密關係。

照片二十　高海川。圖片提供：高海川。

相愛的蒙古人和日本人

「高海崑的蒙古名是其希布，在一九四六年被中國共產黨處決。我一直不知道其中的原由真相」。高海川面容嚴肅的說道。其實，我去見高海川的前日，曾在鄂爾多斯市見過高海崑的另一個弟弟高海清（二〇一一年時八十五歲，蒙古名額爾頓巴義爾）。鄂爾多斯市在包頭西面，與包頭隔黃河相望。據高海清講，高海崑於一九四六年春，在科爾沁草原，被一名叫烏蘭（一九二三—八七）的女性幹部處決。罪名是「與蒙古聯盟自治政府的德王勾結」。而高海清的夫人卻說，高海崑等二十幾名蒙古人在錫林郭勒的貝子廟（現錫林浩特市）附近被集體槍殺。哪一說法屬實，無法判斷。

「高海崑是堅定的親日派。他有一個日本戀人，又與興安軍官學校時代的舊部下和德王保持密切聯絡。似乎因此被懷疑會發起對中國共產黨的叛亂」。曾身為人民解放軍護士的高海清夫人說道。

「為了示眾採取了公開處決。高海崑中了五發子彈，仍毅然竭力想站起來，最後被刺刀刺死」。這是高海清夫人的證言。高海川和高海清都掌握著向哥哥開槍的蒙古人的名字，但沒有向我透露。

兄弟倆一致證言：「執行槍決的人，一直堅持自己只是聽從了中國共產黨的命令，曾數次來到家裡謝罪、解釋」。

高海崑（照片二十一）是一位英俊而富有才華的青年。他是從興安軍官學校被選拔到日本陸軍士官學校留學的三人之一，任何人都不會懷疑他的才學。高海崑的日本戀人名叫英子，是一位出身九州的美麗女性。

高海川回首往事：「英子小姐家大概是以養蠶為生。她很早失去雙親，為了賺取弟弟的學費而來到滿洲國。她在位於通遼的滿洲國興安警備軍第九軍管區當打字員。因為容貌美麗，日本人將領們也很迷戀她。當時是上尉參謀的哥哥與她一起住在蒙古人包淑英的家裡。包淑英是內蒙古軍區副參謀長巴義爾的夫人」。

一般情況下，殖民地宗主國是不會把本國女性嫁給被殖民者的。反過來則是被允許。這是為了防止「高貴的血統」裡混入「被統治者的骨肉」，而將宗主國「高貴的血統」注入被統治者之中是被認可的。那個時代，這種優生學思想很頑固[2]。高海崑和英子的愛情當時有很多知情者。雖有少數日本權貴反對他們的婚姻，但贊成者還是占多數。同樣作為日本的殖民地，日本對蒙古人的態度與對台灣、對朝鮮半島的態度或許有些不同。之所以這樣講，是因為日本人當時還極力想促成東京百貨店的電梯小姐，同興安警備軍第十軍管區參謀長正珠爾扎布（即川島成信）的婚事。高海崑和英子在軍管區外一起進餐，去朋友家裡約會，度過甜美時光時，三弟高海清都會站在門外給他們望風。

高海川羨慕地說：「無論是哥哥高海崑還是英子，都最為疼愛三弟高海清」。

照片二十一　高海崑。圖片提供：高海清、高海川。

日本人和中共都不允許的「危險思想」

前文提到住在福岡市的原少校日高清，我也向他詢問過高海崑的情況。日高清回憶道：「高海崑絲毫不會隱藏他的才華，相反他是個會施展所有才學，無論何時都堂堂正正的男人。而且，比起政治，他似乎對酒色更感興趣，被認為不適合擔任興安軍官學校的教員，調任到位於通遼的第九軍管區。他在那裡認識了英子」。

但是，高海崑的兩個弟弟高海川和高海清的看法卻不同。

「哥哥是一個反中國反共產主義者。哥哥熱愛的只有蒙古民族和日本。他的這種思想對強調五族和諧的滿洲國來講，也是很危險的。滿洲國建國後逐漸變得不支持蒙古人的獨立，其方針發生轉變，強調蒙古人要與中國人友好相處。日本方面認為，將他繼續留在興安軍官學校做教官，其過激思想會波及學生，所以調到通遼」。

擁有「危險思想」的高海崑從王爺廟調任到通遼第九軍管區，在那裡與英子相遇，展開了一段跨越民族的愛情。對此也有不同的說法。有證言說高海崑在習志野留學期間，就已經和在東京的英子有了戀愛關係。高海崑結束留學回到滿洲國後，英子也渡過玄界灘移居蒙古草原。

日本撤退後的一九四六年三月，高海崑永遠失去了消息。這個時期，他正在故鄉土默特中旗的北票黑城子附近，組織蒙古人青年工作隊，親自擔任主任一職[3]。當時，中國共產黨正在推進殘酷的「和平土地改革」。所謂的「和平土地改革」，就是給蒙古人精英們貼上「對日合作者」的標籤，進行處決。其領袖人物是在中國共產黨的根據地延安接受過訓練的名為烏蘭的女性。一九四六年四月，在熱河省承德，中國共產黨的翼贊組織內蒙古自治運動聯合會，解散了內蒙古人民革命黨的東蒙古人民自治政府。爾後，堅持只有內蒙古人民革命黨才是領導蒙古人的民族自決的政黨，拒不接受中國共產黨指揮的蒙古人被大量肅清。高海崑也在此浩劫中被抹殺了。他的思想和經歷，以及堅定的信念造成了悲劇。

烏蘭，義為「紅」。她取「紅」一名以示堅定的共產主義信念。大量處決日本統治時期培養的蒙古人精英的烏蘭，在中華人民共和國時期擔任了內蒙古自治區輕化工業廳副廳長。而文化大革命期間，她也被劃為「民族分裂主義分子」遭受難以言盡的折磨，最終因受迫害死去[4]。熱愛中國共產黨的蒙古人，也未能從中國人那裡得到幸福。

高海崑的戰友都固爾扎布在一九八〇年給陸士第五十二期的同窗田中賢一的信中寫道：「高海崑在一九四六年的混戰中戰死。如今的蒙古只有我和富理清桂二人」[5]。可見，都固爾扎布也在迴避事情的真相。

興安軍官學校的學生兄弟三人

說實話，高海崑從日本回到興安軍官學校以後的更多事跡，已無法考究。由於他的兩個弟弟與日本戰敗後蒙古人尋求民族自決的那段歷史有關聯，因此，以下對他們的人生軌跡做一敘述。這也有助於從側面了解高海崑被隱藏的歷史。

高海崑一家，是卓索圖盟土默特中旗北票的名門。土默特中旗是滿洲國政府在一九四〇年，以土默特右翼旗內的北票地區為中心創建的新行政區域（地圖二）。長子高海崑是興安軍官學校的一期生，高海川、高海清分別為八期生和第十一期生。兩個弟弟分別於一九三八年和一九四一年入學。將兄弟三人全部送入興安軍官學校學習，可見其父親門勒布巴圖極其重視教育。「從此以後，必須要向太陽之國（日本）學習近代知識」，這是父親的口頭禪。對於弟弟們進入興安軍官學校，高海崑也極力贊成。

次子高海川於一九三九年二月轉讀哈爾濱陸軍軍醫學校，學期五年，學費由財團法人蒙民厚生會支付。學校的公用語是日語，每班四十人。其中日本人八名、朝鮮人一名、蒙古人六名，中國人最多，有二十五名。高海川從圖書館悄悄地找到《蘇維埃社會主義聯邦》和《外蒙古事情》等大量禁書來閱讀。某天，被土屋一喜教官發現，但也只是提醒幾句了事。

高海川回憶道：「哥哥在日本陸軍士官學校留學期間，與三笠宮殿下關係要好的消息傳到哈爾濱，因此，日本教官也對他特別親切。哥哥很有存在感」。

學校裡有一個叫鄧昶的中國人教員，是共產黨的間諜。鄧昶也知道高海川是高海崑的弟弟，所以刻意接近。他向高海川推薦中國共產黨的書籍，但高海川聽從剛回國的哥哥的意見，與那人保持了距離。這表明，中國共產黨也意識到了高海崑的影響力。後來，一九四五年八月，蘇聯軍隊打來的時候，鄧昶的工作組將土屋一喜等日本人教員殺害。

高海川於一九四三年七月以第一名的成績從哈爾濱軍醫學校畢業，回到興安軍官學校。在學校教導團經過兩個月的實習後，他擔任了興安警備軍第二師步兵第三十八團的上尉醫官。團長是喀喇沁出身的呼和巴特爾。此時，弟弟高海清在軍官學校讀預科一年級，其連長是大谷昇少校。高海川和哥哥一樣也是一個民族主義者，於是被「思想對策室」的日本人盯上了。幸好團長呼和巴特爾是哥哥高海崑的好友，才沒有招致更大的麻煩。

高海川繼續回憶過去：「為了躲避思想對策室的監視，我故意與護士嬉戲，裝作整日沉湎於尋歡作樂。哥哥也一樣」。

與蒙古人的獨立相比，滿洲國內的五族和諧變得更為重要。在這樣的環境中，兄弟倆逐漸感到痛苦，為了妥協，他們不得已選擇這樣的生活方式。財團法人蒙民厚生會的對面就是王爺廟的特務機關，金川耕作機關長從這裡向各軍隊內的思想對策室下達命令。

決起之路

德國在一九四五年五月無條件投降後，王爺廟內也開始瀰漫緊張的氣氛。六月的某天，高海川看見呼和巴特爾步兵團長、莫德勒圖中校和王海峰（白音布魯格）三人在成吉思汗廟前的台階上商量事情。潛伏在地下的哈豐阿所領導的內蒙古人民革命黨黨員阿思根將軍、王海峰、滿洲國皇帝溥儀的侍從武官納欽雙和爾等，透過共產國際的諜報員特木爾巴根、朋斯克等人與蘇聯取得了聯繫。

當時軍隊駐紮在王爺廟北大營。西院是高海川的步兵第三十八團，東院是騎兵第四十六團。八月九日，蘇軍進行空襲，並散發傳單。高海清的學生隊接到了挖戰壕的命令。

高海川繼續回憶：「日軍的要塞是堅固的混凝土，而蒙古軍只有粗糙的戰壕，蒙古人對此早有不滿。八月十日，蘇聯軍隊空襲王爺廟南山，但興安軍官學校和北大營沒有遭到襲擊。因為蘇聯方面知曉這裡有蒙古人。炸彈全部落在由混凝土建成的日軍要塞上。共產國際的諜報員向蘇聯發送了準確的情報」。

據當事者分析，日本方面認為蒙古軍總是在游擊戰中出動，沒有必要建立堅固的要塞。但是，戰壕設備的這種差距也在蒙古人心中播下了不滿的種子。

十日夜晚八時，王海峰集合了各軍內的蒙古人將領訓示。王海峰問大家：「聖戰開始了。蒙古人該怎麼做？」

所有人一同回答發動武裝起義。高海川所在部隊有騎兵一千人，步兵二千人，率領他們的是一個叫寺島的日本人。部隊向王爺廟以西六十公里處的王家窩鋪行進。這是因為，王爺廟東面部署著擁有優秀戰鬥力的五十三部隊。這是一支日本人擔任指揮官、由蒙古人士兵組成的特殊部隊。上文業已提到，此時，弟弟高海清的學生隊向葛根廟出發，在行軍至二十五公里處時處決了八名日本人將領。

「我們預科生徒步，本科生騎馬。八月十一日清晨，一個傢伙突然失控把日本人殺了」。

高海清擦著眼淚說道。僅憑一人之力能夠殺死八個日系軍官嗎？雖有疑問，但對日本人將領犧牲的詳細情況他不願多講。他們也明白，對於蒙古人來說，這件事的確是不光彩的。十四日，高海清等人的學生隊，從山上目睹了蘇聯坦克部隊在葛根廟後山殘殺一千二百名日本人開拓團的情景。

「那種殘忍的景象，在滿洲國時代從未發生過。滿洲國是和平的。我意識到混亂的時代到來了。苟且保全性命的日本人孩童和婦女成了殘留孤兒和殘留婦女。」高海清補充道。

被背叛的自決

在那之後，王海峰派遣圖布森中尉的部隊，驅逐了五十三部隊中的日本人指揮官。十三日，蘇聯軍隊和平進入王爺廟。然而，蘇軍並不認可王海峰統率的以興安軍官學校學生為中心的蒙古軍隊，解除了他們的武裝關入了北大營，並告知「將來革命政權取得勝利後，武器還給你們」。身為軍醫官的高海川反而變得很忙碌。他和軍醫官巴音達賴、布仁烏力吉和瑟仁那達木獨等人，日夜為醫治蘇聯將士的性病而馬不停蹄。

高海川指出：「他們軍規之鬆散，已經無法形容。所到之處強姦橫行。與日本軍實為天壤之別。也不知是從哪弄的一身性病，實在不可思議」。

不久，治安開始急遽惡化。中國人的武裝勢力開始趁亂掠奪蒙古人的村落。蘇軍出動了坦克，但無果。中國人的武裝勢力也是騎馬，神出鬼沒，坦克無法應對。此時，內蒙古人民革命黨的革命政權已逐漸形成，都固爾扎布、王海峰等人指導的興安警備大隊也建立了起來。被蘇聯軍隊解除武裝的各地蒙古軍也依次得到解放，從十月開始陸續集結到王爺廟。弟弟高海清在第二年，即一九四六年一月，加入了由王海峰擔任參謀長的騎兵第二師。此時，高海崑的好友都固爾扎布正擔任第一師政治委員的要職。高海川和高海清兄弟異口同聲的證言：「騎兵第二師是出自日本陸軍大學的阿思根將軍帶領的部隊，其成員多為民族獨立主義者。無論是指揮官還是士兵，均極力主張從中國獨立的獨立派，故而後來遭遇反覆多次的肅清。」

但是，沒有一個蒙古人參與的《雅爾達協定》阻止了蒙古民族的統一。憧憬著社會主義，偷偷閱讀被列為禁書的共產主義思想的青年們所選擇的，自然並非國民黨，而是和共產黨成為了盟友。

註解：

1 山崎正男編《陸軍士官學校》，頁六八，一九六九年，偕行社。
2 小熊英二《單一民族的神話起源》，頁三三五─七〇，一九九五年，新曜社。
3 〈解放戰爭時期朝陽敖漢地區蒙古族革命活動〉。二〇一〇年十月二十二日。www.024000.cn/News/?1026633.html。
4 楊海英《沒有墓碑的草原》上，頁一一五，二〇〇九年。
5 田中賢一《滿洲國留學生的回憶和獨古爾扎布君》，前述《防人之譜──追補》，B6。

（二）品嘗勝利果實的中國共產黨

南方飛來的大鴻雁
不落西拉木倫河不起飛
要說起義的嘎達梅林
是為了蒙古人的土地

——蒙古民歌〈嘎達梅林〉

「和平的土地改革」

一九四六年一月，中國共產黨的八路軍在蘇聯的帶領下終於進軍滿洲。他們將自己稱為「抗日的正義之師」，批判蒙古人曾「舉全民族之力與日本合作」。四月三日，共產黨和內蒙古人民革命黨在熱河省承德召開會議，沒有「抗日事跡」的內蒙古人民革命黨被迫解散。發生巨大動搖的青年將領中，相繼出現了共產黨的祕密黨員。騎兵師也漸漸失去了主張蒙古人的民族統一的權力，與中國共產黨合作，被中國共產黨洗腦，認為在中國領土內完成世界革命，創造社會主義聯邦國家才是當務之急。

中國共產黨驅逐了騎兵師中有民族主義思想的蒙古人將領，同時他們又非常需要滿洲國時期的人才。當時尤其缺少軍醫，高海川也被認為是「在監視下可以使用的人（監視使用者）」，被派遣到滿洲嫩江省人民政府的蒙政廳工作。在到達杜爾伯特旗王府所在地巴音查干後，參加了中國共產黨所謂的「和平土地改革」。

我向他詢問：「和平土地改革是怎麼進行的呢？」

高海川回憶道：「首先，逮捕在日本統治時期曾擔任官職的那些人。殖民者中國人未曾被委任官職，因而，被逮捕的對日合作者清一色全是蒙古人。他們動員中國人大眾開展批鬥大會，將蒙古人吊起來。還給窮人和村裡的流氓無賴塞錢，讓他們『痛訴』自己曾如何被對日合作者們欺辱，稱作『吐苦水』。中國共產黨主張，在日本時期，人民生活在苦難中，肚子裡一定裝滿了苦水。被批鬥者一旦『認罪』，即刻被當眾處決。殺害蒙古人的權貴和精英以後，將草原交給入侵的中國人」。

中國共產黨就是以這樣的手段，從一九四六年開始在南蒙古東部實施「和平土地改革」，並獲得成功。十年後，他們進一步利用這一經驗，奪取了西藏人的祖國。發起抵抗的西藏人遭遇蒙古軍騎兵的鎮壓。對此，後文將做詳述。

「舉一個具體的例子。王爺廟附近有一個叫滿洲屯的村子。這裡的蒙古人全員反對土地改革。因為他們很清楚，土地改革就是將蒙古人的草原讓給中國人。於是，中國共產黨決定先將郭寶山殺害。郭寶山曾是滿洲國軍的少校，退役後出任錢家店林場場長。召開群眾大會，他被推到眾人面前，由出身興安軍官學校的敖特根刺殺。當時，郭寶山的妻子和孩子也在現場。中國共產黨採取了利用公開處刑震懾人心的殘忍手段。」高海川說。

此後，滿洲屯的蒙古人發動武裝起義，其中一部分逃往蒙古人民共和國的事情廣為人知。

失去主心骨的騎兵

高海川等人將內蒙古人民革命黨的創始人，滿洲國興安總省省長博彥滿都作為「地主剝削階級」，進行批鬥。博彥滿都一貫主張「絕不能相信中國人」，因而導致了災難。他認為「蒙古人以寬容之心把土地借給了中國人。借出簷廊後難道還要把正屋讓給他們不成？」，極力反對土地改革。還有一位內蒙古人民革命黨的領袖哈豐阿的父親也遭到了暴力。對博彥滿都和哈豐阿父親的暴力，使蒙古軍的軍心大為動搖，中國共產黨便下令對二人「寬大處置」。

我疑惑地問道：「有五個師的強大騎兵，為什麼沒有抵抗中國共產黨的暴行呢？作為你們的後人，我們現在感到無法理解」。

高海川告訴我：「因為騎兵師也在三查運動中，失去了擁有正確堅定思想的有力將領。此時的三查運動指的是『查出身、查歷史、查鬥志』。即，調查是不是剝削階級出身，是否擔任過滿洲國時期的軍官，有沒有為中國共產黨而戰的誠意。當時就讀興安軍官學校的幾乎全部是富裕家庭的子弟，因此肅清的規模也很大。幾乎沒有留下可以與之抗衡的人才。幸運地活下來的將領接到蘇聯命令，不得違抗中國共產黨的政策。失去擁有思想的將領，蒙古騎兵變成了一個單純的戰鬥集團而已」。

蘇聯的指示擁有很強的影響力。無論如何，作為中國共產黨先輩的蘇聯通過幾次大規模的肅清已經「消滅了剝削階級」，蒙古人也無法逆轉時勢。

中國共產黨需要的只是騎兵的戰鬥力（照片二十二）。為了在國共內戰中操控蒙古人騎兵，首先必須排除其中的民族主義者。民族主義者視獨立為至高理念，因此絕不會為中國人而戰。在這樣的背景下，經過徹底肅清，蒙古人騎兵師被改變成沒有思想的傭兵。只要一聲令下，無論對方是誰，他們都會拔刀相向，充分發揮日本洋刀的威力。

中國共產黨的軍隊一直避免和日軍正面衝突。為了日後在與國民黨的戰鬥中奪取政權，養精蓄銳。但是，在各地品嘗對日作戰勝利果實的，不是別人正是中國共產黨。中國共產黨獲得了日本統治時期培養的五大精銳騎兵師的控制權，在日本戰敗後的國共內戰中自然占了優勢。蒙古草原的男兒們一路向南，飛馬疾馳直到海南島，將國民黨部隊的敗兵殘將趕上了逃往孤島台灣的船隻。

正直的人無法生存的中國

高海川在中國共產黨的狡猾和殘酷的手段下飽受折磨，活力消失殆盡。一九四七年五月一日，在舊興安軍官學校的建築物裡，召開了內蒙古自治政府成立大會。曾在莫斯科學習，代表中國共產黨的烏蘭夫當時講著不太流利的日語。他試圖利用滿洲國時期培養的「挎日本洋刀的傢伙們」，在中華民主聯邦內，實現蘇聯模式的民族自決[1]。但是，即使在此次自治政府的成立大會上，中國共產黨仍公開處決了民族主義者們。被指控殺害了共產黨八路軍七名士兵的武科甲、曾在興安特務機關工作的小莫德勒扎布，以及阿思根將軍的親戚烏雲畢力格中尉等三人被槍決。此時，阿思根將軍已「病故」。直到現在蒙古人還認為，阿思根將軍是被中國共產黨毒殺的。

一九五〇年春，高海川被迫從已更名為人民解放軍的蒙古軍退役，擔任了位於包頭市的衛生學校校長。在中國文化大革命中，他被指控為「民族分裂分子、日本走狗」，每日遭受包頭醫學院的中國人學生的暴力。到一九八〇年代，終於獲得了自由的高海川和岡山大學的學者們開始共同研究乾燥地區特有的疾病。他們是哈爾濱軍醫學校時期的同期生。

高海川的蒙古名字是高勒其，意為「正直的人」。

「在中國做一個正直的人，太難！」

高海川在夏季的夜裡對我感歎道。那一晚，電視正在直播日本女子足球隊和中國國家隊的比賽。

「總是會不由自主地支援日本隊。」他

照片二十二 騎兵第一師的蒙古人戰士。手握日本刀。引自巴義爾著《永遠的騎兵》，二〇〇七年。

一邊笑著，對我說道：「夜深了，きさま也休息吧。」

我就像是接到長官命令的士兵那樣，只有服從。

日本人英子的戀人高海崑，由於堅決反對如怒濤般席捲而來的「和平土地改革」，維護蒙古人與生俱來的權利，而被中國共產黨處決。我想像著高海崑的悲壯命運，深夜不眠。

註解：

1 楊海英前述《在中國與蒙古的夾縫間》。

第四章

馬蹄響徹天安門

一九四九年十月一日誕生的中華人民共和國，於一九五〇年十月一日動員幾經肅清和改編的內蒙古自治區政府的騎兵，參加了建國一週年的閱兵儀式……

蒙古騎兵從天安門前通過

戀愛又害羞，壓制新思想，
把自己的自由拿去拍賣，
對著偶像，頂禮膜拜，
求的無非是金錢和鎖鏈。

——普希金〈吉普賽人〉

（一）少女們的滿洲國與準國家時代

二十世紀的蒙古迎來了兩輪近代化浪潮。一個是北部的俄羅斯式近代化，另一個是東南方的日本式近代化。俄羅斯近代化後來因一九一七年爆發的社會主義革命，而逐漸演變成共產主義。一九二四年，蒙古高原的北半部乘著社會主義的潮流率先成為蒙古人民共和國。

另一方面，南蒙古在日俄戰爭以後被劃入日本的勢力範圍。南蒙古的東部，成為了一九三二年成立的滿洲國內的蒙古人自治區域。滿洲國內的蒙古人自治地區，正是近代南蒙古文明開化的根據地。無數年輕的民族主義者在這裡得以培養，為實現民族自決而奮鬥。

日本戰敗後，南蒙古的蒙古人們，曾有一瞬感受到了從殖民地得到解放的幸福。這一解放來自蘇聯和蒙古人民共和國的聯軍。蒙古人相信終於可以實現民族統一了，但是大國之間擅自簽訂的《雅爾達協定》卻埋葬了蒙古民族的希望。蒙古人必須在不同的國家各自走上「建設社會主義」的道路。被中國人占領的南蒙古雖然實施了文化上的區域自治政策，但實際上已淪落為中國人的殖民地[1]。

在本書前三章裡，描繪了蒙古男兒所體驗的日本的近代化。而少女們則親眼見證了興安軍官學校青年的英姿。這些少女是興安女子高等學校的學生。我們暫且離開青年軍人，來看看一位蒙古女性的故事。透過少女所經歷的日本近代化的實況，可以使青年軍人的經歷更加客觀，並能夠感受到全民族的氣息；我們會進一步發現，日本和蒙古人社會存在著深刻的聯繫。

「第三號重犯」的妹妹

二〇〇八年十一月二十九日，在位於京都市金閣寺附近的公寓裡，我見到了一位叫斯熱歌的女士。她從內蒙古自治區前來看望在京都大學留學的女兒。

「我一直很嚮往日本，也想過留學，但最終未能實現。如今，女兒在日本留學從事研究，猶如實現了我的夢想。和女兒一起在日本的各處行走，彷彿回到了少女時代」。斯熱歌告訴我，她在日本的每一天都很開心。

我在八個月之前，在內蒙古自治區首府呼和浩特曾採訪她的哥哥特古斯（當時八十四歲）。特古斯是在日本戰敗後迅速重開活動的民族主義政黨內蒙古人民革命黨的中堅幹部，內蒙古人民革命青年同盟的指導者。同時，也是為促成南蒙古和蒙古人民共和國的統一，開展大規模簽名運動的領導人。蒙古人民共和國的統一失敗後，他不甘心成為「亡國之輩」，準備逃往蒙古人民共和國。然而，內蒙古人民革命黨領袖哈豐阿勸說和他一起在中華民國領（土）內建立「高度自治」，於是他便留了下來。中華人民共和國成立後，特古斯作為自治區最高領導人烏蘭夫（一九〇六—八八）的左膀右臂，任自治區共產黨宣傳部副部長，大展身手。一九六六年中國文化大革命開始，當蒙古人過去的民族自決歷史遭到再次清算時，特古斯被認定是「繼烏蘭夫和哈豐阿之後的第三號重犯」。

中國政府和中國人批判「特古斯充滿罪惡的歷史」的文章，刊登在當時發行於內蒙古自治區的各種「紅衛兵報紙」上[2]。特古斯被指控的所謂「充滿罪惡的歷史」罪狀，都是內蒙古人民革命黨奮鬥走過的民族自決的歷史。斯熱歌作為「三號重大民族分裂主義者」和「中國的重犯」的妹妹，以她獨有的視角講述了日本統治時代和中華人民共和國的共同點。

滿洲國的蒙古人名門世家

斯熱歌說道：「我出生於一九三一年九月十八日，所以註定要度過波瀾萬丈的一生」。日本發起滿洲事變的那一日，科爾沁右翼中旗的旗長呼和絡（李青龍）家迎來了他們的第四個孩子。前三個孩子都是男孩，他們給這個女孩取了一個美麗的名字：靈玉。也就是後來的斯熱歌。成吉思汗直系子孫的女兒都擁有王女的身分，因此靈玉也得到了精心的培養。呼和絡家的長子名叫特古斯朝克圖，次子叫賽因朝克圖，三子叫賽因滿達呼。靈玉下面還有一個叫寶音滿達呼的弟弟和通拉嘎的妹妹。長子特古斯朝克圖後來被簡稱為特古斯。對於呼和絡一族，一九六七年十二月發行的紅衛兵報紙《教育革命》（增刊號）有如下的批判文章[3]：

特古斯是哈豐阿的死黨、烏蘭夫的代理人、反革命修正主義分子、民族分裂主義分子。長期來幹著叛黨賣國的骯髒勾當，罪行累累，罄竹難書。特古斯出生於大地主、大官僚、大貴族家庭。其父李青龍是日本帝國主義忠實的走狗，曾擔任偽滿洲國科爾沁右翼中旗旗長。李青龍曾經和哈豐阿一起殘酷壓榨蒙古和中國人民。

一九四三年，哈豐阿特意選送特古斯到偽滿洲國建國大學深造。此大學的校長是偽滿洲國總理、賣國漢奸張景惠。特古斯曾為哈豐阿奔走，在校時創辦了所謂的「興蒙黨」。他們打出「成吉思汗的子孫們團結起來，復興蒙古，統一全蒙古」的反動口號。

可見，呼和絡一家在日本統治時期，其父親任旗長，兒子就讀於建國大學，是滿洲國內的蒙古人的精英階層。內蒙古人民革命黨領袖哈豐阿也曾有一段時間在滿洲國駐日大使館工作，在蒙古人中間享有很高的威望，斯熱歌的哥哥特古斯就是在哈豐阿的推薦下進入了建國大學。不僅如此，斯熱歌還有其他兩個堂兄弟，他們是寶音德勒海（李鴻濤）和西拉布森格（李鴻範）。西拉布森格的夫人哈森格日樂是哈豐阿的妹妹。西拉布森格曾是王爺廟育成學院的教師，在中華人民共和國成立後，長期任職於北京的民族出版社。呼和絡家和哈豐阿家曾是滿洲國的蒙古人名門世家。

靈玉的興安女高

一九四四年冬季的某天。

十三歲的靈玉和堂姐蓮瑛（特木齊）一起從故鄉巴顏塔拉來到鄭家屯，接受了嚮往已久的興安女高的面試。興安女高的校長黑柳秀雄使用夾雜著蒙古語的日語詢問她的入學動機。雖然那是沒有預料到的問題，但她用哥哥們總是掛在嘴上的話回答了提問：

「為了復興蒙古」。

少女靈玉的話似乎讓黑柳校長大吃一驚。黑柳校長沉默片刻，用威嚴的聲音說道：「不對。然而，「復興蒙古」在當時不僅僅是男人們，也是少女們的炙熱理想。黑柳校長非常嚴格，應該是賢妻良母」。

學生如果在日常交談中使用漢語，會受到狠狠斥責。在興安女高，學生被要求使用日語和蒙古語[4]。

興安女高是繼毓正女學堂後在南蒙古建立的第二所近代女子學校。毓正女學堂由喀喇沁王貢桑諾爾布（一八七一—一九三〇）於一九〇三年十二月創辦，河原操子擔任教師。興安女高最初於一九三七年春在通遼以興安女學院為名開辦，是在滿洲國興安南警備軍司令部顧問金川耕作的提議和努力下創建的。自建校之初起，就有傳聞說此校的女子教育目的，是「為蒙古人軍官和官吏培養賢妻良母」，因此，興安南警備司令部司令巴特瑪喇布坦也曾表示反對。而都固爾扎布和參謀長納欽雙和爾、阿思根參謀、王海山等人卻表示贊成。

「無論目的是什麼，只要是能夠促進蒙古女子教育的發展，那麼就應該贊成」的想法在當時占據主流，終於迎來了開校。前文提到，金川耕作對建立成吉思汗廟很熱心。他對女子教育也投入了很大心血，可見他是一位應該得到高度評價的人物。

「興安女學院是所新娘學校」。

流言開始擴散。在開校紀念典禮上，通遼縣知事「王爺廟有興安軍官學校。現在，在其對面建成了女學院，我非常高興」的講話，似乎更強化了「新娘學校」的印象[5]。女學院成立最初的校長是德永雄一，另外還有一位叫堂本修的女教師到此赴任。這位堂本修老師很受蒙古人學生的歡迎，直到一九八〇年代，師徒之間一直保持著溫暖的交流。

興安女學院從一九三八年四月開始由興安南省管理，成為了兩年制的學校並更名為興安實業女學校。自一九四一年四月，改為興安總省省立興安女子國民高等學校，學制為三年，從此時開始形成了比較完整的體制。前文提到的黑柳秀雄任校長，有十一名日本人教師、六名蒙古人教師、四名中國人教師。從一九四二年開始，學制進一步延伸為四年，自一九四三年增設了師道科。教育設施得到進一步充實，學生也穿上了漂亮的校服。夜裡，從遠處傳來狼的嚎叫聲和火車的汽笛聲，這座城鎮揉合了中世紀牧歌式的氛圍和近代的精華。

成吉思汗崇拜

每天早上，興安女高的學生先遙拜東方的天皇和滿洲國皇帝，然後向北方的成吉思汗廟敬禮。曾在女高任職的一位蒙古人教師有如下回憶：

當時我們心中的偶像是成吉思汗，並嚮往蒙古人民共和國。從日本留學回來後，我在興安女高任教，有時我會帶學生去參拜成吉思汗廟。我們還觀看了位於廟內的一座白色的成吉思汗像和描繪征服歐亞的壁畫。我們希望藉著參觀，來提高學生的民族自尊。關於蒙古人民共和國的情況，我也是知無不言。告訴學生，蒙古人民共和國在蘇聯的支持下實現了民族獨立，獲得了民主與自由平等，建立了沒有壓迫和剝削的社會[6]。

蒙古人少女們每天誦唱〈成吉思汗遠征歌〉，夢想著蒙古民族的復興。這首〈成吉思汗遠征歌〉是興安軍官學校的學生最愛的歌曲。他們在滿洲國亡國時，也是合唱著這首歌，燃起民族自決的鬥志。這首歌不僅唱響滿洲國，在西鄰的德王的蒙疆政權內也被廣泛傳唱。

一九四五年八月九日，少女們所鍾愛的興安女高同樣迎來了歷史性的時刻。這一日，蘇軍空襲了王爺廟並散發傳單。日本人校長黑柳秀雄召集學生做完解散演講後，指示學生與日本人一同逃跑。索布多老師、額爾登陶克陶夫等人，帶領二、三十名女學生向王爺廟南面的豪田吉拉嘎村避難而去。不久，興安軍官學校和興安學院以及育成學院的學生也陸續會合而來。這些學生很快被追擊而至的蘇軍關入收容所，但在西拉布森格（李鴻範）和額爾登陶克陶夫等人的周旋下最終被釋放。

從興安女高畢業的，共有四期學生、一百零四人，日本戰敗時在校生為一百四十三名，因此，共有二百四十七名蒙古女性在這所學校接受了近代教育。她們此後成為了內蒙古人民革命黨領導的東蒙古人民自治政府的幹部，成為民族自決運動的主力（照片二十三）。

摸索民族自決道路的東蒙古人民自治政府

簡單敘述一下日本撤離滿洲後的歷史。

首先，哈豐阿和博彥滿都等人於八月十八日宣布重啟內蒙古人民革命黨。蒙古人宣布：「今後在內蒙古人民革命黨的領導下，接受蘇聯和蒙古人民共和國的指揮，使內蒙古加入蒙古人民共和國」[7]。這次宣言，向內蒙古人民革命黨和蒙古人民共和國提供了為全體蒙古民族的解放而共同奮鬥的藍圖。同年秋，以哈豐阿等十五人組成的代表團，

照片二十三　雜誌 *Front* 的日本人攝影師菊池俊吉與蒙古少女。少女安詳的表情傳達著當時的蒙古人心態。引自菊池俊吉攝影《鋼鐵的最精鋭部隊——千葉戰車學校．騎兵學校》，二〇〇八年。

前往蒙古人民共和國首都烏蘭巴托，正式提出實現民族統一的要求。蒙古人民共和國的一位知識分子向政府提交了如下報告，傳達了內蒙古渴望實現民族統一的狀況[8]：

內蒙古的貴族，尤其是大眾和青年，都強烈要求與同胞蒙古國達成統一，過上自由的生活。他們指出：「能夠將我們從外國侵略者的統治下解放出來，拯救我們的，只有與我們血肉相連的外蒙古。我們要求與外蒙古合併」。

但是，沒有一個蒙古人參與的不法條約《雅爾達協定》卻剝奪了蒙古民族實現統一的機會。哈豐阿等人被告知統一是不可能的，於是只好失落地回到東蒙古。一九四六年一月十六日至十九日期間，在葛根廟召開了人民代表大會，東蒙古人民自治政府宣布成立。這一政府在認可中國宗主權的基礎上，以高度自治為目的。其目標是先確保自治，將來實現全蒙古民族的統一。

東蒙古人民自治政府的要員，是以興安軍官學校學生為中心所組成的內蒙古人民革命黨黨員。一九四五年九月，內蒙古人民革命黨黨務學院在王爺廟市內的舊道德會的建築物內開校。興安女高的學生成為第一期生，這些學生接受教育，將成為新生的人民自治政府的重要人才。當然，靈玉也在其中。

斯熱歌回憶道：「黨務學院的教師特布信曾留學東京帝國大學文學部。特布信雖然講授哲學課程，但強調蒙古人近代史的重要性，一直為我們講述很多歷史知識」。

特布信在東京留學時一直偷偷閱讀了大量的共產主義書籍。一九四五年八月十八日，他也出席了內蒙古人民革命黨的重啟會議。特布信明確主張：「蒙古人的共產主義並不是從中國共產黨那裡學來的」。他一直領導民族自決運動。他和他的家人在文化大革命中被打倒，嘗盡了苦難[9]。

與民族自決理論相抵觸的「民族分裂」

學生們在內蒙古人民革命黨黨務學院的訓練，結束於一九四六年二月。從興安女高的學生，搖身一變成為革命家的年輕女性們，在此期間大量地加入了內蒙古人民革命青年同盟。一九四五年十月五日成立的內蒙古人民革命青年同盟，是內蒙古人民革命黨指導下的一支青年組織，靈玉的哥哥特古斯是其實質上的領導人。當然，靈玉也是成員之一。青年同盟是由興安軍官學校、育成學院、興安學院、建國大學以及哈爾濱工業大學等學校的蒙古人學生所組成。東蒙古人民自治政府在其管轄內的各旗設立了青年同盟的支部，大力宣傳內外蒙古統一的主張，並為實現統一，開展了浩浩蕩蕩的簽名運動[10]。讓青年們熱血沸騰的民族統一運動裡，蒙古女性也投入其中。靈玉亦從王爺廟南下，到各地執行「宣傳革命的任務」。她和其他女性一同忙碌於縫製內蒙古人民革命黨旗等工作，而廢寢忘食。

中華民國的國民黨默許東蒙古人民自治政府的活動，中共在表面上也表示支持。當時的蒙古人尋求民族自決。一貫提倡民族自決的中國共產黨，不能明目張膽地表示反對。然而，文化大革命時期，以哈豐阿為首的蒙古人，其昔日的行為被批判為是分離獨立運動。事實上，哈豐阿並沒有提出「獨立」，僅僅是訴求「民族統一」而已。民族統一是民族自決，而不是分離分裂。

上述是靈玉（即斯熱歌）的認識。所謂「分離分裂」，是中國共產黨判決蒙古人的政治罪狀。斯熱歌進一步指出，中國共產黨獨特的思想，與國際共產主義理想的民族自決是相抵觸的。

「投票」導致自治政府的崩潰

具備了準國家體制的東蒙古人民自治政府，被中國共產黨領導的內蒙古自治運動聯合會所解體。這是一九四六年四月三日的事情。在清朝皇帝的避暑地承德所召開的統合內蒙古自治運動會議中，做出了上述決定，蒙古人只有承受這屈辱般的命運而別無選擇。

一年後的一九四七年五月一日，內蒙古自治政府幾經曲折，終於在王爺廟成立。自治政府的主席由「紅色之子」烏蘭夫擔任，哈豐阿等內蒙古人民革命黨的英傑則完全失去了實權。為實現民族自決而奮鬥的內蒙古人民革命黨被命令解散，內蒙古人民革命青年同盟也被改組，納入了中國共產黨的麾下。王爺廟也從「wanggin süm」更名為表示「紅色之都」的烏蘭浩特市[11]。

靈玉結束了在東北軍政大學的研修，回到了王爺廟。東北軍政大學成立於一九四六年七月，前身是位於延安的抗日軍政大學，在滿洲的北安和齊哈爾設立了分校，擁有二千一百名學生。其中蒙古人學生有七百六十九人，這是為了增加親共產黨的蒙古人的政策所致。靈玉的父親呼和絡作為人民代表也參加了自治政府的成立大會，並且每天都前往會場。在烏蘭夫和哈豐阿之間，到底選擇誰作為自治政府主席的問題上，暗地裡展開了激烈的爭鬥。由於特古斯所率領的青年同盟，和王海山、都固爾扎布等人的騎兵第一師的青年將領，選擇加入中國共產黨的烏蘭夫陣營，最終導致了內蒙古人民革命黨的失敗。

二〇〇八年三月，我就當時的選舉和投票的真相訪問了特古斯。

「我自己當然很尊敬哈豐阿，但更崇拜蒙古人民共和國的喬巴山元帥。烏蘭夫在當時看來似乎是按照喬巴山的指示在行動」。特古斯這樣解釋自己倒向烏蘭夫陣營的原由。

斯熱歌則回憶道：「實際上哥哥後來也很後悔。後悔自己當時太過幼稚」。

不僅僅是特古斯，包括斯熱歌在內的蒙古青年在滿洲國時代就對蒙古人民共和國和蘇聯充滿憧憬與嚮往。因此，在他們眼中，從中國共產黨的「根據地」延安來的人就猶如共產主義的化身。像特古斯這樣的熱血男兒追隨著「紅色之子」烏蘭夫，而靈玉和其他的女性則很喜愛被稱為「紅色女兒」的烏蘭。烏蘭出身自東蒙古卓索圖盟，曾在北平學習，後進入延安，投身中國共產黨。她是傳說中一個能雙手同時使用手槍進行射擊的女性。如前文所述，處決曾留學日本陸軍士官學校的高海崑等「親日派」的執行者，據說也是烏蘭。烏蘭還為了說服內蒙古人民革命青年同盟的女性們投票給烏蘭夫而四處奔走。為實現民族統一的理想，並擁有準國家體制的內蒙古人民革命黨東蒙古人民自治政府，在中國共產黨採取的巧妙策略下，就這樣崩潰瓦解。

中國式「人類改造」的洗禮

早在中華人民共和國成立的兩年半前，內蒙古自治政府就已成立。其後，從中國內地引進了暴力的土地改革。這是一場奪取蒙古人的草原，並把土地分給入侵而來的中國人的運動。中國人將草原理解為土地，因此，大多數蒙古人被劃作「剝削階級的地主」。對剝削階級毫不留情地進行處決，從肉體上消滅之，是中國共產黨一貫的政策。

靈玉也被動員參加了中國共產黨的土地改革。但是，被迫參加土地改革的蒙古人，處在不知何時自己也會被當作「剝削階級地主」而遭肅清的境地。例如，曾講授靈玉她們「哲學」課的內蒙古人民革命黨黨務學院教師特布信的夫人德力格日瑪，也畢業於興安女高。德力格日瑪和另一位叫雪英瑪的女性，被稱為東蒙古人民自治政府有名的「兩大才女」。

得勝將軍德力格日瑪
先鋒將軍雪英瑪

這是當時在蒙古人中膾炙人口的韻文，是一首歌頌走在近代化前沿的少女們英姿的詩歌。

當靈玉所在的土地改革工作隊於一九四七年來到卓索圖盟敖漢旗時，領導人雪英瑪卻被當作「地主和瑪尼巴達喇的間諜」而遭到逮捕。就讀於興安女高的學生幾乎都來自貴族或富裕家庭，因此被劃定為「剝削階級」只是時間問題。與雪英瑪並駕齊驅的德力格日瑪也被指控為

「地主」，將一家的全部財產上繳了共產黨，才免於遭受暴力。雪英瑪被認定有「剝削階級之罪惡」，是不可避免的命運。

而更為嚴重的問題，是雪英瑪被指控的「瑪尼巴達喇的間諜」這一罪名。

瑪尼巴達喇出自北京的俄文法政專門學校，擅長俄語。他的日語也很流利，在滿洲國時代曾歷任蒙政局科長和財團法人蒙民厚生會專務理事。在王爺廟建立成吉思汗廟時，他發揮了重要的作用。只是，他是個徹底的反共主義者和反中國主義者，因此後來原因不明地死去。如此看來，加諸於年輕的雪英瑪頭上的「瑪尼巴達喇的間諜」這一「罪名」，著實相當沉重。

中國共產黨為了「圍捕親日派」而開展的肅清運動，如滾雪球般越來越大。不久，從延安來的「紅色女兒」烏蘭也被劃入了「剝削階級」。因為她是「地主的女兒」，所以才能去北平上大學。中國共產黨的做法非常巧妙，他們逼迫蒙古人，「本人和家族是不同的。只要明確表明自己的階級立場，就可以確認你本人的革命思想」。結果，烏蘭和雪英瑪都不得不選擇與自己的家人在政治上劃分界限的道路，以求保全性命。

一個人一旦被逮捕遭迫害，選擇與家人劃清界限後，那麼這個人會比以前更容易走向極左道路。烏蘭和雪英瑪都是在遭受迫害後，變得更加堅信共產主義。特別是烏蘭，她曾於一九四二年在延安經歷了整風運動的洗禮，因此她的信念更是堅不可摧。

這是斯熱歌關於共產主義對人類的改造手段的尖銳見解。土地改革工作隊的一個主要「政治任務」就是「清算對日合作者」。在八路軍程子華的部隊所占領的東蒙古各地，蒙古人旗長和村長等行政領導挨家挨戶遭到逮捕和處決。

在像熱河省這樣蒙古人和中國人混居的地區，滿洲國時代的中國人知識分子和權貴也全都逃走了。留下來的政治家全是蒙古人。當然，蒙古人在日本統治時期被委以各種各樣的職位，參與了故鄉的統治。中國共產黨來了以後，蒙古人領袖被當作對日合作者而遭到殺害。每次都是事先決定要殺害的人數，然後再逮捕蒙古人權貴並處決。這是為了將蒙古人的精英斬盡殺絕，然後將蒙古人的土地分給外來的中國人。在土地改革中，中國人開始定居，人數也大量增加。

斯熱歌也被命令在土默特中旗的北票召開處決對日合作者的會議。如果不服從，其「政治立場」就會遭懷疑，因此只有服從並執行命令。此後，她進入內蒙古人民解放軍騎兵第二師政治部的宣傳隊，站在對抗國民黨軍的戰鬥最前線，隨軍隊奔走於從哲里木草原到遼寧省和吉林省的廣闊地區，激勵鼓舞士兵們（照片二十四）。

斯熱歌擦著眼淚感歎道：「國共內戰是中國人內部的戰爭，但是無數的蒙古人卻被奪去性命。他們都是優秀的年輕人」。

註解：

1 楊海英《作為殖民地的蒙古》，二〇一三年，勉誠出版。以下敘述的斯熱歌的人生，在《滿洲國「穿紅靴的少女」》（楊海英編《中央歐亞地區的畜牧文明變遷和社會主義》，名古屋大學文學研究科比較人文研究室，二〇一四年）中也有收錄，部分文章有所重疊，特此說明。

2 楊海英《沒有墓碑的草原》上，二〇〇九年，岩波書店。

3 楊海英前述《沒有墓碑的草原》上，頁一二四—一二五。

4 斯熱歌〈靈玉「女兒國」〉，索布多主編《興安女高》，頁一五六—一六二，二〇〇五年。

5 索布多〈回顧興安女子國民高等學校建校與發展的歷程〉，前述索布多主編《興安女高》，頁一—一六。

6 索布多前述文，頁一一。

7 東蒙古人民自治政府和內蒙古人民革命黨發布的各種文件多收錄於作者主編的《蒙古人種族滅絕大屠殺相關基礎資料（二）——內蒙古人民革命黨肅清事件》（楊二〇一〇）。

8 孛兒只斤·呼斯勒《中國共產黨·國民黨的對內蒙古政策：一九四五—四九年》，頁一一七，二〇一一年，風響社。

9 楊海英《沒有墓碑的草原》上，頁八一—一二二。

10 孛兒只斤·呼斯勒前述書，頁一一一—一二。

11 楊海英《在中國與蒙古的夾縫間——烏蘭夫民族自決未竟之夢》，二〇一三年，岩波書店。

照片二十四　騎兵第一師的蒙古女兵。
引自巴義爾著《永遠的騎兵》。

（二）陸士榮耀閃爍草原

我們走向人生：在靜謐的懷抱中
青春的花朵剛剛地、剛剛地開放
你，英俊的少年，冒著敵人的彈雨
跟著英雄的父親奔上血的戰場。
——普希金〈高加索的俘虜〉

為了同胞而充當諜報員

話題重新回到曾在習志野的陸士留學的都固爾扎布。

都固爾扎布少校離開日高清少校，並從王爺廟撤退後，立即與蒙古人民共和國軍隊的諜報員取得了聯繫。

都固爾扎布回憶道：「我們用蒙文和漢文寫了一封長信，交到了蘇聯第三十九集團軍司令官的手上」[1]。一九四五年十二月，為了尋求民族統一和合併而前往烏蘭巴托的哈豐阿等人回到了王爺廟。蒙古人民共和國內務省的俄爾斯上尉和班薩拉庫奇中尉也一起來到王爺廟。兩人與都固爾扎布面談後，都固爾扎布正式成為了蒙古人民共和國的執政黨蒙古人民革命黨黨員，並作為諜報員進行活動。從蒙古人民共和國來的將領為何會選擇都固爾扎布等人，其原因直至現在仍舊不明。

都固爾扎布回憶當時的心境：「對未來感到暗晦。我的部隊已沒有彈藥補給，一旦受到國民黨軍的攻擊，便只能依靠蘇聯和蒙古人民共和國」。

實際上，事情不是如此簡單。曾是興安軍官學校將領的嘎儒布僧格、張尼瑪和郝永芳等人也在同一時期成為了蒙古人民共和國的諜報員。這些人幾乎全員是「八一一葛根廟武裝起義」的領導者。民族統一雖被《雅爾達協定》阻斷，但他們仍然夢想首先在中華民國內建立一個高度自治的政府，將來再與同胞們合併統一。都固爾扎布將中國共產黨採取的激烈而又暴力的土地改革實況，向蒙古人民共和國做了詳細的報告[2]。這是因為他內心對此感到強烈的不滿。在此期間，蒙古人於一九四六年一月，在葛根廟建立了東蒙古人民自治政府。據參加自治政府成立大會的一位蒙古人回憶，葛根廟周圍的荒野上依舊到處散落著遭蘇軍殺害的日本人開拓團的遺體。

蒙古人們歎息道：「雖然女人和孩子沒有任何罪過，卻遭受如此殘酷的屠殺」[3]。

「過激思想」者們接受中國共產黨

一九四七年春三月。

一支部隊疾馳在寒冷的草原上，從錫林郭勒向東部的王爺廟而去。這是中國共產黨的翼贊組織，內蒙古自治運動聯合會的指導者雲澤，也就是後來的烏蘭夫。他在騎兵第四師的保護下，途中與王海山、都固爾扎布的騎兵第一師會合，進入了還保留著濃重的日本統治時期色彩的王爺廟。此行是為了創建內蒙古自治政府。

四月三日，在日本人經營的北山牧場召開了後來所說的「北山會議」。聚集了代表共產國際的朋斯克和出自興安軍官學校的張尼瑪、郝永芳、王海山、包明德、嘎儒布僧格、德王的蒙疆政權蒙古軍第九師師長烏力吉敖喜爾，以及都固爾扎布等鐵骨錚錚的漢子。會上，他們對即將成立的內蒙古自治政府應該由中國人的共產黨指導，還是交給蒙古人的內蒙古人民革命黨來領導，展開了激烈的爭論。

郝永芳、張尼瑪和烏力吉敖喜爾等人主張「內蒙古沒有無產階級。和蒙古人民共和國一樣，只有人民，所以內蒙古人民革命黨才是正統，不需要中國共產黨的領導」。但是，王海山等人則提倡接受中國共產黨的領導。當時的人們認為，主張接受中國共產黨領導的人，屬於更加過激的共產主義者。相反，認為內蒙古人民革命黨應該領導政府的人則屬於保守派。青年將領中的多數有著「過激思想」，這是因為騎兵師將領中的「進步青年」早已被中國共產黨說服，成為了共產黨的祕密黨員。

雲澤向青年們展示了蒙古人民共和國領導人喬巴山元帥的電報，明示蒙古人民共和國也支持共產黨的領導，極力說服。都固爾扎布和特古斯等人聽信了雲澤的意見。於是，近代內蒙古史上最大的神祕事件發生了——即放棄民族的統一和獨立，標榜在中國領域內自治的內蒙古自治政府的誕生（照片二十五）。當時，擁有五個騎兵師的東蒙古自治政府的青年將領，輕易地放下武器，追隨昨日之仇敵中國人，贊成在中國人統治的中華民國內成立自治政府。這一行為極其不可思議。此事件是二十世紀蒙古民族內部最大的變節行為，也是最無恥的行為。

「所有蒙古人都對我們不滿。我明白這是事實」。都固爾扎布在自我反省的同時，表示了如下的見解。

第一，內蒙古人民革命黨的領導人哈豐阿已在一九四六年四月加入了中國共產黨，共產國際的朋斯克也已變成中國共產黨黨員的身分。因此，內蒙古人民革命黨也應接受中國共產黨的領導。

照片二十五　內蒙古自治政府的領導人。前排左起王再天、阿思根、烏蘭、都固爾扎布。第二排左起二為哈豐阿、左起三是烏蘭夫。

第二，中國共產黨領導下的內蒙古自治政府的領導人雲澤，也就是後來的烏蘭夫，以及哈豐阿等人在文化大革命中全部被指控為「民族分裂主義者」，遭到肅清。對中國大量虐殺蒙古人的事實該做何評價，是留給後世歷史學家的重大問題[4]。

這兩個辯解我都無法接受，恐怕他們本人最為後悔的是成為了中國人奴隸的事實。因為接受了中國人的統治，所以蒙古人在文化大革命中遭到了大量的虐殺。無論如何，他們輕易歸順中國而背叛民族夙願的行為，是無法得到原諒的。

自豪的「陸士」

內蒙古自治政府成立後不久，興安軍官學校的學生張尼瑪和郝永芳就逃往蒙古人民共和國。但是，蒙古人民共和國在蘇聯的壓力下，將「日本統治時代的危險人物」陸續移交給了中國。張尼瑪和郝永芳雖有一萬個不願意，卻不得不接受被中國人仲裁的命運。

一九八五年九月十三日，在位於滋賀縣日野町的一座酒店裡，日高清與一位蒙古人見面，「一邊聽著初秋的落葉聲，一邊聽他講述學生們的故事」。那位蒙古人告訴日高清，他的學生郝永芳在文化大革命中被指控為「反共分子」而遭槍決。

日高清對郝永芳評價很高：「郝永芳是興安軍官學校的五期生，出身郭爾羅斯中旗，留學日本陸軍士官學校。他思想堅定，是一個只做不說埋頭實幹的值得信賴的人」[5]。

日高清內心其實也明白，一九四五年八月十一日發生在葛根廟附近的「反叛」事件的「謀劃者」之一就是郝永芳。為了實現民族自決，不惜「背叛」昨日之師，而夢想卻被中國人埋葬，可謂是雙重悲劇。

都固爾扎布的騎兵第一師在那以後，參加了中國共產黨所謂的「解放東北」的戰爭，被派往戰爭的最前線。

「長春城外集結了兩千多名蒙古人騎兵。他們穿著狼皮大衣，揮舞著日本刀。被他們砍到的瞬間就會身首分離」。

這是滿洲國內的中國人和蒙古人之間膾炙人口的故事。騎兵以士兵使用的刀數表示軍隊的規模。狼皮大衣是誤傳，手舞日本刀則是事實（照片二十六）。

蒙古人從十九世紀末開始就一直憎恨講漢語的人。由中國人組成的國民黨軍隊，一直壓迫蒙古人，所以蒙古騎兵高呼著「殺死可惡的中國人」，揮舞日本刀衝鋒陷陣。就這樣，一九四七年十月，東北（即滿洲）的國民黨精銳部隊幾近全軍覆沒。某日，

照片二十六　揮舞日本刀突飛猛進的蒙古騎兵。引自《內蒙古戰士》一九六三年四月號。

都固爾扎布在鄭家屯會見了國民黨軍的兩名師長。對方是戰俘，而都固爾扎布是常勝將軍。

國民黨軍的師長問道：「恕我失禮。閣下畢業於哪所軍官學校？」

他們或許是想確認對手的學歷，作為手下敗將想找到失敗的原因吧。

「我是從日本陸軍士官學校畢業的。」

都固爾扎布笑著禮貌地回答道。

「原來如此。和我們校長是同一所學校啊。」

對方一副心甘情願的表情。國民黨軍高級將領中的大多數出身於名門黃埔軍校。因為黃埔軍校的校長蔣介石畢業於日本陸軍士官學校的留學生預科東京振武學校，所以國民黨軍的將領們親切地稱他為「校長先生」。對於已經敗退的日本，都固爾扎布自豪地宣稱「從陸士畢業」。在我看來，他是值得尊敬的男人。

洗腦血潮

為了把南蒙古徹底變成中國的殖民地，首先要掌控蒙古人的武裝勢力。精明的中國共產黨員打算將蒙古騎兵解體、改造，並在對國民黨的國內戰爭中加以利用。為了奪取政權，他們必須不擇手段地利用一切勢力。日本留下的蒙古軍擁有凌駕於中國共產黨軍隊之上的特別戰鬥力。那就是騎兵。

中國人利用蒙古人青年將領對共產黨的淳樸的嚮往之心，利用他們除掉了騎兵的主心骨。

對原本抱有強烈的反中國意識的青年將領植入了階級鬥爭的思想，向蒙古人青年將領灌輸「造成內蒙古境內的蒙古人的貧困的不是中國人」的觀點。狡辯「作為侵略者的中國人其實也是『貧困的農民』，是和貧窮的蒙古人一樣受『剝削階級』剝削的人群」。他們還編造散布謊言：蒙古人之所以貧窮是因為蒙古社會內部的「牧主階級」的存在。同樣貧窮的人們，也就是蒙古人的「貧牧」和中國人的「貧農」可以無條件地友好相處；「有錢的中國人地主和富裕的蒙古人都是窮人的敵人」。單純的蒙古族青年被「階級鬥爭論是超越民族差別的美好理念」的謊言所欺騙。

「日本才是真正的敵人」。中國人繼續歪曲歷史，「在殖民地的情況下蒙古人受盡苦難，最大原因在於日本帝國主義的占領」。設立學校、改善醫療、改良家畜品種也都是「日本帝國主義為了侵略戰爭而實施的政策」。中國人實施洗腦政策和宣傳：「中國人和蒙古人可以無條件地成為朋友，而日本則是絕對的敵人。只有共產主義者的中國人，才能夠建立各民族一律平等的幸福的社會主義聯幫國家」。

為了埋葬舊體制，建立新體制，伴隨流血的肅清是必要的。曾在日本統治時代的行政組織工作過的蒙古人精英，都被貼上了「對日合作者」和「蒙奸」的標籤，遭到處決或流放。這是意識形態上的清算。

此外，還要奪取經濟權力。中國人共產主義者為了全面支配蒙古人，首先必須奪取他們賴以生存的草原。奪取草原，並改造為耕地，是中國人自十九世紀末以來等待已久的企圖。蒙古人歷來認為「草原是上天的禮物」，「是全民族共有的財產」。但是，中國人共產主義者們認定蒙古人牧民為「地主」。大多數蒙古人被認定為「剝削階級的地主」，等待他們的不是死刑就是放棄草原。就這樣，中國共產黨獲得了侵入南蒙古的中國人的堅定支持，同時，巧妙地奪走了蒙古人的草原，埋葬了蒙古人的精英階層。

日本人和中國人的區別

當然，擁有思想和哲學理念的蒙古人一直在抵抗。和都固爾扎布一同組織了東蒙古人民自治政府騎兵第一師，並擔任師長的莫德勒圖的肅清就是一個好例子。

興安軍官學校的畢業生莫德勒圖是位豪傑。一九四四年十月八日，在位於王爺廟的成吉思汗廟盛大的落成典禮上，莫德勒圖裝成醉酒的樣子，狠狠地揍了一個日本將領，並公開宣言：「即使是宗主國的統治者，囂張跋扈的傢伙必須受到懲罰」。日本方面對於莫德勒圖也是睜隻眼閉隻眼，採取了寬大處理的措施，並未追究。一九四六年四月上旬，莫德勒圖已是騎兵第一師師長，在熱河省承德市與中國共產黨有了接觸。他掏出手槍拍在桌子上向對方喊道：

「我們蒙古人騎兵不想捲入你們中國人內部的爭鬥。」

中國共產黨當時非常重視蒙古騎兵的戰鬥力，打算派他們去殲滅滿洲的國民黨軍。讓他們上戰場最前線，等到雙方戰力消耗時再坐收漁翁之利。

中國人共產黨員對莫德勒圖的憤怒一笑置之，收拾了當時的場面。可是不久，莫德勒圖就被指控「有吸食和非法出售鴉片的嫌疑」，「有日本和國民黨的間諜之嫌」，被撤掉了騎兵師長之職。莫德勒圖在日本戰敗離開滿洲後，也一直使用日語書寫起草作戰命令。日語對於蒙古人的近代軍事思想的形成具有如此重要的作用。

不僅僅是莫德勒圖。興安軍官學校教導團團長，曾在烏克蘭的基輔騎兵學校和日本留學過的白雲航也被誣陷為「吸食鴉片」，並被撤下要職。有骨氣的蒙古人將領遭到肅清後，軍隊的政治委員由中國人共產黨員擔任，親中國共產黨的思想教育被進一步強化。

中國人的這種充滿陰謀的統治方法一直沿用到現在。我的朋友，出身內蒙古自治區鄂爾多斯市的白志明，在擔任錫林郭勒盟黨委副書記和盟長之職時，曾向自治區共產黨委員會組織部部長的中國人提出抗議：

「中國人究竟還要開墾多少草原，破壞環境到何等地步，要怎樣壓榨蒙古人才會滿意？」

他喝醉了。不，是裝作喝醉了。

中國人的共產黨組織部長滿臉笑容，以寬容的姿態離開了現場。幾日後，白志明因「貪污和非法持有槍枝的嫌疑」遭逮捕，二〇一一年被叛死緩。

進入近現代以後，南蒙古成為日本和中國的雙重殖民地。從上述兩個例子，可以看出宗主國日本和中國的區別。蒙古人和中國人不一樣，是個討厭低賤生活的民族。也因此，即使對殖民地宗主國的統治者，也不會卑躬屈節。與過去日本對蒙古實施的寬容政策相比，中國人的共產黨政府的特點，則是使用狡詐的謀略和殘酷的壓迫進行統治。

即使變質，仍舊受到愛戴的騎兵

蒙古人士兵的反中國情緒並沒有輕易地消失。在完全控制了滿洲（即東北）全境後，一部分騎兵遠征到中國最南端的海南島。根據當事者的回憶，即使在那時，士兵們也是高喊「殺死支那人」，揮舞著日本刀。此處的支那指的是國民黨軍。這是因為，他們聽信了共產黨的「國民黨的大漢族主義者們壓榨了蒙古人」的宣傳。在戰爭中，中國共產黨沒有阻止揮刀征戰的蒙古騎兵稱國民黨軍為支那的言行。但是，戰爭結束後，被認定為民族主義思想強烈的士兵和指揮官均被命令除隊。主導權始終掌握在中國共產黨的手中。

失去了主心骨的騎兵，即使是變成了親中國共產黨的軍隊，但蒙古人依舊愛戴著這支除了中國人政治委員以外由純粹的蒙古人組成的騎兵部隊。在這裡，簡單敘述一下五個蒙古騎兵師的成立及其後來的歷史。

騎兵第一師是從以興安軍官學校的學生為中心組成的興安警備大隊演變而來的（照片二十七）。曾在習志野留學的都固爾扎布長期擔任政治委員，莫德勒圖任第一任師長。莫德勒圖遭中國人肅清後，由王海山擔任師長，烏蘭夫的親信、共產黨員墨志清（蒙古人）出任了政治部主任。騎兵第一師由三個團組成。第一團團長是呼和哈達，政治部主任是圖們昌。第二團團長是富金山，第三團團長是額爾敦倉[6]。這些團長均為興安軍官學校的畢業生，後來出任西藏遠征軍的指揮官。

曾經由滿洲國軍的興安南警備司令部統率的蒙古軍，後來成為了東蒙古人民自治政府的騎兵第二師。士兵們主要由以通遼為中心的哲里木草原的男子組成。上文中的斯熱歌的堂兄西拉布森格（李鴻範）任政治部主任，烏力圖任師長，白音布魯格（王海峰）任參謀長[7]。

騎兵第三師的前身是畢業於日本陸軍大學的阿思根將軍，和留學陸士的張尼瑪領導的內防部隊。騎兵第四師以熱河省昭烏達盟的士兵為主，是清卓里克圖（和子章）與阿民布和兄弟的軍團。他們因強烈抵抗中國共產黨八路軍對南蒙古的侵略而遭到了肅清和改編。最後的騎兵第五師是以德王的蒙疆政權的軍隊為基礎的。蒙古人的五個騎兵師的領導人都是日本統治時期培養的軍官學校的學生。反中國和反共產黨的蒙古人每次遭肅清後，就會編入更多的親共產黨的地方武裝勢力，擴充部隊[8]。

五個師發展為總計擁有十五個團的大勢力。以社會主義者烏蘭夫為總司令官的蒙古人，因確保了獨自的武裝勢力，在當時，他們仍然相信能夠獲得民族自決或者高度的自治。

照片二十七　進行日本式訓練的蒙古人部隊。引自《一億人的昭和史 日本的戰史 2 滿洲事變》，每日新聞社，一九七九年。

註解：

1 伊河等前述書，頁一〇〇。
2 伊河等前述書，頁一九三—九四。
3 木倫《我這大半輩子》，二〇〇一年，私家版。
4 伊河等前述書，頁一七八—八五。
5 日高清前述書，頁一六七。
6 巴音圖、孟憲平編《內蒙古騎兵第一師》，二〇〇〇年，軍事出版社。
7 劉忱編《中國人民解放軍內蒙古騎兵第二師》，一九九九年，中共哲里木盟黨史辦公室。
8 錢林豹《解放戰爭時期內蒙古騎兵》，一九八九年，內蒙古大學出版社。中國人民政治協商會議赤峰市委員會文史資料委員會編《和子章與蒙騎四師》，一九八九年。烏嫩齊、奇澤華《騎兵五師》，一九九四年，內蒙古人民出版社。烏嫩齊編《中國人民解放戰爭時期內蒙古騎兵史》，一九九七年，遼寧民族出版社。《中國人民解放軍內蒙古騎兵二師十一團》，一九九九年，通遼。圖克斯白乙爾、鄭竹青《科爾沁鐵騎》，二〇〇一年，解放軍出版社。中國人民政治協商會議・內蒙古自治區烏蘭察布委員會文史資料委員會編《鐵騎春秋——憶中國人民解放軍內蒙古騎兵第四師》，二〇〇二年。巴義爾《永遠的騎兵》，二〇〇七年，民族出版社。

（三）最後的威風

我愛你戰神的操場，青年軍人英武的演習，
步兵和騎兵列陣成行，單調中另有一種壯麗。

——普希金《青銅騎士》

中國人的中華人民共和國，於一九四九年十月一日成立，比蒙古人的內蒙古自治區成立晚了兩年半。一九五〇年十月一日，中國人為了舉行盛大而威嚴的建國一週年典禮，出動了內蒙古自治政府的騎兵。這支部隊是經過多次肅清和改編後的殘留。此時，名稱業已從內蒙古人民解放軍騎兵，變成了中國人民解放軍內蒙古軍區騎兵。

「挎日本刀的將領」率領的「北狄軍」

在首都北京天安門出席閱兵儀式的，是由以優秀成績畢業於興安軍官學校的白音布魯格（王海峰）所擔任師長的騎兵第二師。白音布魯格於一九一三年出生在哲里木盟科爾沁左翼中旗，十六歲時進入奉天的蒙旗師範學校。追隨內蒙古人民革命黨的領導人哈豐阿，參加了正珠爾扎布和甘珠爾扎布的蒙古獨立軍，和都固爾扎布一樣，曾一度擔任興安軍官學校的教員。後成為滿洲國軍興安南警備署參謀處的上校副處長。一九四五年八月十二日，白音布魯格的師團順利控制了擁有優秀作戰能力的五十三部隊，成立了蒙古人自己的騎兵第二師。

白音布魯格率領士兵們，於一九五〇年八月，到達了炎熱的北京市西北郊外的清華園，並屯紮在那裡。當時那裡還是一片田園風景，現如今成為了清華大學和北京大學等著名大學坐落的大學城。自一九一二年清朝滅亡後三十八年以來，蒙古軍首次出現在北京郊外。北京市民是以怎樣的心情看待在歷史上曾數次圍困北京的「北狄的蒙古兵」呢？下面是一位蒙古人騎兵的回憶[1]：

一九五〇年十月一日。首都北京秋高氣爽，天安門廣場也顯得格外雄偉壯觀。中國共產黨和國家領導人同國際友人，陸續登上天安門城樓。騎兵二師的戰士們騎著戰馬，按白馬、紅馬、黑馬、黃馬方隊排列整齊，精神抖擻地接受了黨和國家領導人以及首都人民的檢閱，通過了天安門廣場。毛澤東主席在天安門城樓上舉手高呼：「英勇善戰的中國人民解放軍萬歲！」。

據其他當事人回憶，閱兵式上，騎兵二師的第四團騎著紅馬，第五團騎黃馬，第六團騎著白馬。閱兵式從九點五十分開始。毛澤東主席站在天安門城樓上，中國人民解放軍總司令朱德乘著吉普車從騎兵二師旁通過，高喊著「中華人民共和國萬歲」。騎兵們高聲回道：「滿達（萬歲）！滿達（萬歲）！」[2]蒙古人的騎兵戰士，踏著〈騎兵進行曲〉的節奏，在「挎日本刀的將領們」的帶領下，英姿颯爽地通過了中國人（漢人）的首都（照片二十八）。

一九五三年，也舉行了同樣的閱兵式。我的父親雖未參加天安門的閱兵式，但此時他是騎兵第五師的戰士。據父親講，大批的戰馬都是從蒙古人民共和國運來的。因國共內戰而凋敝的南蒙古，馬匹不足，不能給每個中隊配備相同毛色的戰馬。

在蒙古人騎兵經過天安門廣場的同一時期，包括日本空軍「留用人士」在內的新生的中國空軍飛行員，也飛過了天安門上空。經驗豐富的日本飛行員，帶領著剛誕生不久的中國人飛行員一同飛過。中華人民共和國在各個方面，都充分地利用了日本留下的遺產。

被宣判死刑的自治

令毛澤東等人賞心悅目的、華麗的閱兵式結束一個月後的十一月，國防部給內蒙古自治區下達了一紙命令。其內容是廢止師團制，將騎兵師改編分散到各地的軍分區。騎兵第一師改編分散到錫林郭勒盟軍分區和察哈爾軍分區；第二師整編分成哲里木盟和昭烏達盟軍分區；第三師改編為興安盟軍分區和呼倫貝爾軍分區；第五師改編為鄂爾多斯伊克昭盟軍分區。有著

照片二十八　蒙古騎兵從天安門前通過。他們是受過日本式近代化訓練的精英。引自巴義爾著《永遠的騎兵》。

極端反中國思想的清卓里克圖和阿民布和兄弟倆所指揮的第四師，早已被解體不存在了。在再次改編的過程中，「反動的舊軍官」和「剝削階級出身者」被清洗出來，全部被除隊。第一師政委都固爾扎布也在一九五一年五月，被任命為錫林郭勒盟盟長兼書記，最終被迫脫下了軍裝[3]。

肅清和整編仍在繼續。

一九五二年五月，根據共產黨中央軍事委員會的命令，蒙古人騎兵更名為「國防騎兵師」。五個師被縮小，只剩三個團。分別是十三團、十四團和十五團。十三團駐紮在位於內蒙古自治區中部的烏蘭察布盟，十四團在東部的昭烏達盟，十五團駐紮在西部的巴彥諾爾盟。至此，曾經擁有總計十五個團的蒙古人騎兵五個師，只剩下了三個團，其餘全部被埋葬在歷史的彼岸。這些騎兵發源於日俄戰爭後成立的蒙古獨立軍，其幹部在日本的習志野軍營和興安軍官學校接受教育培養而成。而現在，蒙古民族獨有的、經過百戰磨練的鐵騎，勉強維持著微弱的命脈。有識之士指出：「自從騎兵的五個師遭解散，改名為中國人民解放軍，蒙古人的自治就已名存實亡」[4]。

「活在馬上，死在馬上」

有一位軍人和毛澤東一同站在城樓上，觀看蒙古人騎兵戰馬的馬蹄聲回響在天安門廣場的情景。他就是騎兵二師的郜喜德。他在十月一日建國紀念日的前幾天來到北京，代表內蒙古參加了九月二十五日至十月二日期間召開的「全國戰鬥英雄大會」。此時，中華人民共和國全國只有十個人被選拔為「全國戰鬥英雄」。郜喜德發表演說：「活在馬上，死在馬上。馬刀見血，為人民立功」，讓朱德將軍等人很是高興。代表中國的名畫家，被譽為「美術大師」的徐悲鴻，非常敬佩郜喜德出眾的相貌，為他畫了一張肖像畫。此時的郜喜德年僅二十二歲[5]。

郜喜德留給了我們一張照片。照片中的他胸前掛滿了勳章，精悍的面容，嘴角顯露出不諂媚任何權力的武士道的清高精神（照片二十九）。據郜喜德的戰友回憶，他是黑龍江省泰萊縣噶爾州屯的蒙古人，出生於一九二八年，是成吉思汗的直系子孫。原名叫烏雲達賴，兩歲時被過繼為養子，改名郜喜德。郜喜德選擇了他那個時代所有蒙古男兒嚮往的道路。他進入興安軍官學校的少年科（照片三十），一九四五年八月十一日的「對日武裝起義」陣中當然也有他的身影。日本人化作草原的露水時，郜喜德才十七歲。

郜喜德的名字轟動全中國，是因為在一九四七年十二月攻陷滿洲的四平和齊齊哈爾時立下的軍功。據說，他隻身一人衝入敵陣，以超群強勁的臂力揮舞日本刀，刀刃所到之處竟斬下四十個人頭，後續的騎兵沿著他殺開的血路順利前進，他立下了猶如英雄敘事史詩中的主人公般的巨大功績。後來，郜喜德還在深夜裡，用他剛剛學會但並不熟練的中國話混入敵陣，一個人俘虜了三百一十名敵軍士兵。郜喜德被推薦為中華全國戰鬥英雄時的身分是騎兵二師副參謀長[6]。命運註定了這個二十二歲的天才軍人，將集艷羨與嫉妒於一身。

照片二十九　天才軍人郜喜德。引自巴義爾著《永遠的騎兵》。

日本刀的蒙古式美學

能讓像郃喜德這樣的蒙古騎士揚名中國的原因，除了他與生俱來的遊牧民的素質以外，還有一個非常重要的外來因素，那就是日本刀，日本刀發揮了很大的作用。「挎日本洋刀的將領（傢伙）」，指的是具備了日本式近代知識，而且是文武兩道的近代知識的一流人才。換言之，日本刀是日本式近代化的代名詞，以及重要的文明利器。

據滿洲國軍顧問佐久間良三少佐所言，日本刀在製作上有甲乙兩類。甲種是騎兵使用的，長九十釐米；乙種適用於騎兵以外的兵種，長七十五釐米。在一九三〇（昭和五）年，做了進一步改良，將刀身縮短、刀柄變長，調整了重心的位置，並增加了刀身的寬度和彎度，提高了砍切的性能。外觀上也取消了以前歐洲式的裝飾，全部改成了傳統的日本刀樣式[7]。

直到一九六六年，蒙古人騎兵非常愛用日軍的甲乙兩種軍刀。他們將甲種稱作「一號刀」，乙種稱作「二號刀」。對臂力頗有自信的蒙古兵，更喜歡較長較重的甲種，也就是一號刀。最初，他們把軍刀掛在腰上，後來掛在馬鞍上（照片三十一）。

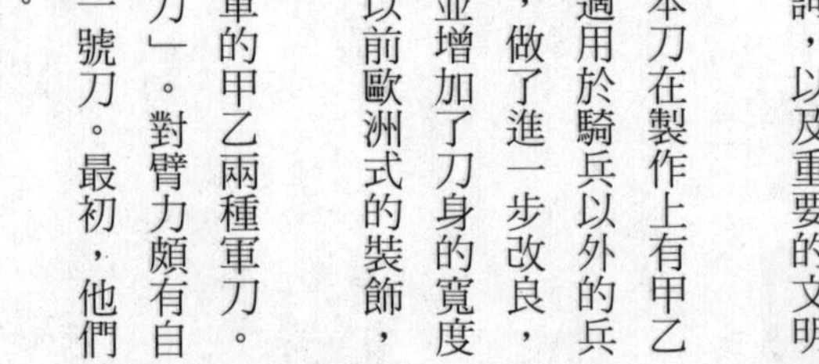
1. 一九四四年初春，一个蒙古族贫苦农家少年—部喜德、饥寒交迫，走途无路，考入了伪兴安陆军军官学校少年科、度过了他血和泪的少年时代。

照片三十　兒童畫本中描述的興安軍官學校時代的郃喜德。畫本完全歪曲事實地宣傳：「飢寒交迫，走途無路，考入了偽興安陸軍軍官學校少年科」。引自《蒙古族戰鬥英雄郃喜德》（一九九二年）。

上文提及，我的父親曾是騎兵第五師的士兵，他曾數次向我描述過使用日本刀的經驗：

> 日本刀很完美。特別是一號刀的刀刃很鋒利，無論用過多少次都不會捲刃。手如果不小心碰到，會在不知不覺中被刮破流血。在戰場上只要能巧妙地配合使用自己的力量、戰馬的勢頭以及日本刀的利刃，就能輕取敵人首級。不能胡亂舞刀，要用巧勁。這需要與生俱來的才能。

邰喜德一定是擁有過人的能力的男人，將遊牧民尚武的基因和近代的軍事知識巧妙地結合，並有效運用。而且作為蒙古人，他將使用他將使用日本刀的奧妙昇華到了極致的哲學意境。

毫無疑問，刀是武士的靈魂。日本人對刀劍的崇拜和尊敬，是精神文化得到昇華的結果。近代以後，帶著軍刀出征，成為了有思想的軍人的驕傲[8]。

蒙古人崇拜日本刀，不僅僅是因為它能殺人，還因為日本刀優美的設計以及對凝聚心血而成的這一藝術品的敬意。撫摸美妙的藝術品，愛惜地使用，含淚歸依。這是對擁有古老傳統的藝術和文化的尊重。因為政治而不得已殺人時，無奈將日本刀作為武器使用，但其根源是基於對美學的喜愛。過去蒙古男兒嚮往「敘利亞的大馬士革製的刀」，然而到了近代，開始將東

照片三十一　挎日本洋刀的蒙古騎兵。引自巴義爾著《永遠的騎兵》。

洋的日本刀作為美的化身予以尊崇。

向悲劇行軍

郜喜德在一九五四年經推薦進入人民解放軍高級步兵學校，於一九五七年四月畢業，然後直接被任命為騎兵第十四團副團長。此時的內蒙古軍區屬於中國十三大軍區之一，蒙古人烏蘭夫任司令兼政治委員。順道一提，我的父親此時也是準備進入某國防步兵學校的，但因在「調查工作作風、鬥志和階級出身的三查運動」中不合格，而被取消入學。父親雖然工作認真，鬥志滿滿，但因為其「剝削階級的出身」，而未能成為中國共產黨員。中國共產黨的肅清，此時依然徹底地進行著。

天才將領郜喜德本應背負著歷經多次肅清而勉強倖存的三個騎兵團，繼續向近代化邁進。如果是在日本統治時代，或者在蒙古人創造的民族國家，蒙古騎兵的進一步近代化不會遇到任何問題。但是，在為中國人而建造的中華人民共和國內，蒙古人只不過是二等公民。由於處於這樣的位置，蒙古人的悲劇便拉開了序幕。

郜喜德的悲壯而痛苦的行軍開始了。

首先，擔任騎兵第十四副團長的郜喜德從位於自治區南部的集寧市近郊的玫瑰營，向位於昭烏達盟赤峰市西南的土城子移動。玫瑰營，即「玫瑰之園」，意為「祭祀聖母瑪利亞的地點」，從十九世紀末開始，成為歐洲的基督教聖母聖心會的傳教士布教的地區[9]。

秋季的九月。由六百多名騎兵組成的郜喜德的軍團，馳騁在天高氣爽的蒙古高原上，威風凜凜地向東南方前進。這裡曾是日本軍的騎兵和中國軍隊發生激烈戰鬥的地方。馬背上的郜喜德一定也回想起了興安軍官學校時代。到達赤峰市後，地方政府設宴為年輕的將軍接風洗塵。幹部的大半是往昔滿洲國時代的舊友。海量的郜喜德不僅自己痛痛快快地豪飲一場，還揪住昭烏達盟盟長，往其衣領裡灌酒，玩得不亦樂乎。他對興安軍官學校時代的教官和眼前的上司也毫不畏懼，他各取原騎兵第一師政治委員中國人胡秉權、政治委員都固爾扎布、師長白音布魯格（王海峰）、巴圖主任和丹參寧布參謀長等人名字的頭一個字，連接在一起，嘲弄他們為「胡都王巴丹」（糊塗王八蛋）。對於無比重視等級秩序和權威的軍隊來說，無視權力的郜喜德無疑被認為是放縱至極。

活在中國的悲劇

天才郜喜德的戰友們對他並沒有做詳細描述。

「郜喜德太過自信了。懷有強烈的民族主義精神，不僅嚴厲批判中國共產黨和中華人民共和國的領導人，還大罵蘇聯」。只有這樣一些抽象的記載。

中國共產黨不可能放過桀驁不馴的郜喜德。從一九五七年開始，由毛澤東主導的全中國「反右派鬥爭」開始了。右派是指對中國共產黨統治不滿的人。有研究表明，全中國因「右派」而被肅清的知識分子達一百八十萬人[10]。遵照北京當局的政策，少數民族地區肅清了「民族右派」。

根據曾身為內蒙古軍區副參謀長的塔拉的記載：「郜喜德有民族問題，因發表了不利於民族團結的言論而被打成右派」[11]。「民族右派」郜喜德不僅被中國共產黨除名，還被剝奪了軍籍。

郜喜德後來又被指控有「反共產黨」的嫌疑而被關入監獄，被強制勞動到一九七九年。蒙古人的天才將領不得不在中國人的監獄裡度過漫長的二十二年。

郜喜德是如何「說錯話」的，至今尚未發現詳細記載。日本戰敗後，蘇軍在滿洲國的所到之處，虐殺平民，強暴婦女。目睹著這一切，卻還必須尊稱他們為「社會主義老大哥」，郜喜德也許對此曾感到無比憤怒。他也一定對一邊承諾不允許中國人移民進入內蒙古，不會開墾草原，事實上卻以從未有過的巨大規模入侵蒙古地區，完全奪取先住民的權利的「偉大的中國共產黨的國家領導人」倍感失望。

「我從當兵時起就已將生死置之度外。讓我巴結諂媚權貴，那是絕對不可能的」。郜喜德直到最後也沒有低頭。跌入貧困深淵的天才將軍熱愛抽菸，因為沒錢買菸，將白菜葉曬乾做成捲菸抽。二〇〇〇年二月六日，在昔日戰友的悲歎聲中，郜喜德離開了這個世界，享年七十三歲。

「郜喜德的一生是時代的悲劇」。

戰友們懷著強烈的不滿和深深的悲傷回憶道：「直到現在，聽到〈人民解放軍進行曲〉，眼前依然會清晰地浮現出郜喜德騎著駿馬，挎著日本刀，英姿颯爽地站在軍隊最前列的情形」[12]。

這是蒙古人不得不在中國這個牢籠裡生活所導致的悲劇。郜喜德如果沒有在一九五八年春遭到肅清，無疑地他會被派往西藏高原。失去了天才團長的騎兵第十四團，仍然會成為鎮壓西藏武裝起義的主力部隊之一。郜喜德作為蒙古人的英才，沒有被捲入到西藏的悲劇之中，或許是不幸中的萬幸。

蒙古騎兵在蒙古人自己的草原上威風凜凜地疾馳的時代，就此結束。

註解：

1 科左中旗民政局《戰士的本色》，頁二，二〇一三年。
2 德山《歲月留醇》，頁一一七—一九，二〇一二年，中國作家出版社。
3 伊河等前述書，頁二七一—七三。
4 茂敖海《夢幻人生——回憶錄》，頁一五五—五六，二〇〇三年，香港天馬出版社。
5 巴義爾《永遠的騎兵》，頁三一—三。德山前述書，頁一四九。
6 巴義爾《永遠的騎兵》，頁三一—三。德山前述書，頁一四九。
7 佐久間良三前述書《日本騎兵史》上，頁二三一。
8 小笠原信夫《日本刀》，頁九一—四、二〇六，二〇一〇年，文藝春秋。
9 阿爾布坦·達古拉〈敖包祭祀與黃金馬傳承〉，楊海英編《中央歐亞畜牧文明與社會主義》，名古屋大學文學研究科比較人文學研究室，頁一〇十，二〇一四年。
10 丁抒《陽謀——反右派鬥爭始末》，頁二〇，二〇〇六年，香港開放雜誌社。
11 塔拉《平凡的人生——塔拉革命回憶錄》，頁二四八—九，二〇〇一年，內蒙古人民出版社。
12 德山前述書，頁一四八、一五〇—五二。

第二部

中國的傭兵

第五章

「比歐洲中世紀更為黑暗」的西藏

中國從一九五〇年開始了對西藏的侵略。
曾對蒙古實施的名為「和平的民主改革」的掠奪，
也在西藏反覆上演……

遭受中國政府批鬥的西藏人

（一）「和平解放」導致亡國

你們是英雄！
卻不是我們昔日頌歌中的英雄。
我尋覓不到獻給你們的讚美之詞。

——《血色星期天——東歐動亂》時事通信社，一九五六年

進駐西藏

興安軍官學校的第十一期生高海清（照片三十二），站在穿過西藏首都拉薩的幾曲河邊。這是一九五九年三月十七日夜晚。河名意為「快樂之河」，但這是一個極不平靜的夜晚。

高海清在二〇一一年八月二十一日對我談起往事。

「達賴喇嘛帶領藏人分乘九十二艘船正在渡河。船是用皮革製作的，一條小船上坐了七、八個人。我們一直監視著他們的行動，卻沒有開槍。我們故意放走了他們」。

一九四五年八月，日本從蒙古草原撤退後，高海清進入了東蒙古人民自治政府的騎兵第二師。這是大多數興安軍官學校學生選擇的道路。他擔任了騎兵第二師第十五團第三連的政治指

導員。此後，他在中國共產黨的東北軍政大學進修，系統地接受了共產主義思想。在此期間，蒙古人騎兵被動員參加中國人之間的國共內戰，「解放」了東北和滿洲各地。中華人民共和國成立後，高海清在南京中國人民解放軍政治師範學校學習一年。於一九五七年進駐西藏，擔任「人民解放軍西藏軍區」九一五二部隊的宣傳教育科長。倒是算不上什麼晉升。

「我們從四川成都沿康藏公路到達了西藏。途中，越過海拔四千六百米高的二郎山時，花費了一個月。九一五二部隊在達賴喇嘛的宮殿羅布林卡旁邊搭建了軍營」。

眾所周知，西藏的達賴喇嘛法王，在一九五九年三月三十一日，越過「世界屋脊」喜馬拉雅，流亡印度。中國政府從一開始就表示了充滿謀略的姿態，聲稱達賴喇嘛「遭遇了叛亂集團的綁架」。他們一邊將過錯歸結於「帝國主義和一小撮叛亂分子」，一邊則使用激烈的言辭污衊謾罵法王是「披著宗教法衣的狼」[1]。這是分裂西藏社會的策略，是中國人最拿手的政治手段。面對中國人如此過激的指責，不禁讓人懷疑他們究竟是否有與其他民族對話的意向。長期以來，各民族在與中國人溝通時，倍感痛苦。

照片三十二 高海清。

「西藏是政教合一的獨立國家。」最高領導人達賴喇嘛這樣描繪他的領土[2]。

西藏可分為四個主要區域。北方是羌塘寒漠區，東西橫亙八百里，幾是不毛之地，只有一些吃苦耐勞的遊牧人在荒野中出沒。羌塘南邊是烏昌省。其南方及西南方比鄰的是高大的喜馬拉雅山。烏昌省東邊是康省（即中國的西康省），是全藏最肥腴的地方，因此人煙也最稠密。康省北方是安多省，兩省的東邊則是西藏與中國分界的天然屏障。

本書的主要舞台是康和安多（即今中國行政區劃的四川省藏區和甘肅及青海省藏區），但在此之前，有必要從西藏和中國的關係分析一下西藏全國的形勢。

中國單方面侵略並強迫西藏「回歸祖國」

中國共產黨在其建國前的一九四九年九月就開始了巧妙的宣傳工作。藉親中國派西藏人之口，捏造「西藏人期盼著中國來解放他們」的消息，並開始了「驅逐英美帝國主義侵略者」的活動。進而在建國兩個月後的十一月二十三日，毛澤東對西藏的宗教領導人班禪喇嘛說：「西藏人民熱愛祖國。中央政府和中國人民解放軍一定回應西藏人民的熱烈願望」。班禪喇嘛與達賴喇嘛同樣，是西藏的領導人之一。

中國政府完全無視西藏方面的意願，悍然派出人民解放軍侵略了西藏。一九五〇年十月十九日，藏東的要衝重鎮昌都被占領後，情勢急轉直下。中國軍打著「西藏是我國領土不可分割的一部分」的旗號，一路西進。年輕的達賴喇嘛派遣阿沛·阿旺晉美前去北京交涉，但在中國共產黨的壓力下，在達賴喇嘛等西藏領導人毫不知情的情況下，中國政府於五月二十三日單方面發表公布了解放西藏《十七條協議》。一九五一年十月二十六日，首都拉薩淪陷。一九五四年九月四日，十四世達賴喇嘛和十世班禪喇嘛到達北京火車站。此時的達賴喇嘛只有十九歲，班禪喇嘛才十六歲。作為他們對手的毛澤東則年過花甲，已經六十一歲。這樣巨大的年齡差異在關係到國家存亡的政治談判中起了很大作用。

中國人自古就蔑稱西藏人為「吐蕃」，很明顯地將西藏人看作下等人。達賴在蒙古語中表示「大海」，喇嘛是藏語的「師」的意思。班禪意為「大學者」。而對「手持象徵大慈大悲觀世音菩薩轉世的白蓮花」的達賴喇嘛和「大學者」班禪喇嘛，毛澤東等中國人共產主義者們，與其說將他們當作孩子一樣給予了厚待，不如說是將他們當作「蕃童」戲弄了一番更符合事實。

據達賴喇嘛自己的回憶，一九五五年春季的某天，他被叫到毛澤東辦公室，中國領導人做出了如下舉止：

然後，他身子往前一挪，靠近我低聲說：「我了解你。但是，宗教是毒藥。它有兩個缺點：一是導致民族衰落，二是妨礙國家進步。西藏和蒙古都是為其所害。」我大為震驚3。

達賴喇嘛被舉止如同黑社會老大的毛澤東威脅期間，以達賴喇嘛為首的西藏人證實，中國政府利用西藏領導人在京滯留期間，製造陰謀，做出雙方同意的假象，單方面偽造了《十七條協議》。自此，中國政府和中國人虐殺了數十萬西藏人，卻被譽為「和平解放」；侵略並占領他國，卻被偽造成是「回歸祖國的壯舉」。

對寺院的「和平」空襲

北京當局給予了「蕃童」達賴喇嘛和班禪喇嘛沒有絲毫實權的「第一屆全國人民代表大會常務委員會副委員長」和「委員」之職，讓他們回到西藏。回國後的達賴喇嘛本想享受這片刻的寧靜。

我親眼感受到了與中國農民的區別。西藏農民的表情更加幸福。這其中大概有很多文化要素的原因。第一，西藏的地主與佃農的關係比中國的更為緩和，貧困程度也沒有中國那麼嚴重。沿襲蔓延到最近的中國的裹足和閹割等這些惡習，西藏也是沒有的[4]。

但是，年輕法王的判斷太過單純了。

人民解放軍入侵後，中國人主導的「西藏自治區籌備委員會」也已啟動，西藏人被奪去了各種實權。被劃為「農奴主」的人們遭到人民的彈劾並處決。西藏人的土地被中國人瓜分，遊牧民的遷移也遭到禁止。當然，西藏人在各地發起的武裝起義，都被稱為「反革命叛亂」，遭到殘酷鎮壓。

一九五六年夏，位於東部康巴地區的理塘寺遭到人民解放軍空襲的消息，傳入了法王耳中。進而達賴喇嘛還得到了詳細的報告：「緊接著這次空襲，父親或丈夫參加抵抗運動的家庭的妻子和孩子們遭受了殘酷的拷打和處決。僧尼們受到令人毛骨悚然的凌辱」[5]。本書後文還將詳細的描述，理塘寺是三世達賴喇嘛在一五八〇年建立的西藏康巴地區的名剎。僧侶們反對中國以所謂的「和平的民主改革」為名的軍事侵略，以古剎為據點進行了長時間的抵抗。感到棘手的人民解放軍在一九五六年六月空襲了理塘寺。數百名西藏僧侶和平民在此空襲中喪生[6]。

在達賴喇嘛為西藏人的流血感到無比悲傷之時，接到了錫金王子寫來的一封信。邀請他參加在印度召開的紀念「釋尊誕生二千五百週年典禮」。一九五六年十一月末，「逃脫中國人的無處不在的監視，心中充滿對自由行動的期待感」，達賴喇嘛在鄰國享受了短暫的幸福時光。他在當時也完全可以逃往印度，但正在訪問印度的周恩來總理數次勸說他。

「康巴地區沒有叛亂。人民解放軍被圍困在理塘寺，飲食斷絕，因此，我們只是派出空軍給他們投放食物而已」，中國人周恩來撒了一個血色的謊言[7]。在日本的親中國派（中國的政治支持者）中，周恩來有很高的人氣，而我們絕不應該忘記他是一個竄改事實、滿口謊言的政治家。

蒙古人所發揮的作用

由於牽掛正在遭受中國政府蹂躪的同胞，達賴喇嘛於一九五七年四月回到了西藏[8]。首都拉薩發生了翻天覆地的變化。這個往日和平的文化宗教都市裡，充滿了從各處中國占領地逃亡來的難民。難民、拉薩的居民，所有的西藏人都在等待著年輕法王的決定。而正在此時，蒙古人青年將領高海清來到了拉薩。

達賴喇嘛回憶道，他們在晚上十點稍早前離開被稱作「寶石之園」的羅布林卡宮殿，與家族、親信一起，由護衛兵護送，腳步匆忙而小心翼翼地踏上了渡河的小船。一路上籠罩著時刻會被中國士兵發現並逮捕的恐懼感，艱難跋涉[9]。但是，從蒙古人高海清的證言，可以判斷法王的行動一直處在人民解放軍的監視之下。法王並不是「被帝國主義者和叛亂分子拉攏綁架」，而是在中國政府的壓力下，無奈地開始了流亡生涯。

達賴喇嘛出走後，高海清因「洩密嫌疑」，一時遭到軍隊內部的調查監視。實際上，駐紮在西藏的人民解放軍最高指揮譚冠三將軍從三月七日開始，要求達賴喇嘛到解放軍本部來觀看演出。「他的牙齒又黃又髒，頭髮剪得很短，一副十足農民的樣子，帶著一個傲慢無禮的翻譯，幾乎每天來指責我，或是慫恿我，在我面前擺架子」。這是達賴喇嘛對他的印象[10]。

一般的中國人農民從出生到死亡，從不清理他們的口腔。可想而知，占領西藏人的國家，作為「文明國家」中國的代表的將軍指揮者們也不例外，依舊粗野骯髒。中國方面邀請達賴喇嘛看戲時，不允許攜帶藏人護衛兵，所以達賴喇嘛方面懷疑有被綁架的危險。最高領導人受到中國人的無禮對待，國家遭到侵略，從而引發了拉薩民眾的武裝起義。蒙古人高海清，成為了數次來往於人民解放軍和達賴喇嘛之間的使者之一。

「你是蒙古人，更容易得到西藏的封建奴隸主們的信任。帶上一些白糖和茶當作禮物，去執行任務吧」。

人民解放軍司令部這樣命令高海清。因為中國人也明瞭蒙古人和西藏之間的特殊關係。

蒙古人在十三世紀接觸了西藏的佛教文明。在蒙古帝國時代，元朝的忽必烈汗給予佛教以國教的地位。元朝滅亡後，蒙古人撤退到長城以北的廣闊草原，曾有一段時期暫時離開了佛教文明。在一五七八年，出現了轉機。蒙古的阿拉坦汗和西藏高僧索南嘉措在位於青海湖畔察布齊雅勒的仰華寺相會，確認了往昔的施主和皈依處的關係，在蒙古恢復了佛教。和忽必烈汗一樣，阿拉坦汗被認定為轉輪聖王的轉世，阿拉坦汗賜索南嘉措尊號「達賴喇嘛」。從此，蒙古和西藏在文化和民族上形成了特殊而堅固的關係。

照片三十三　在地鎮祭上活埋兒童的「野蠻的西藏僧侶」。這是中國政府捏造的謊言，是完全虛構的政治宣傳作品。引自 *Wrath of the Serfs*，一九七六年。

因為這種持續了數百年的特殊歷史關係，在達賴喇嘛的宮殿裡也有來自蒙古各地的高僧。蒙古草原上的伽藍使用藏語誦經，僧侶們也多需要到西藏留學。拉薩也因此成為了知識分子跨越民族界限，共同討論哲學教義的聖都。

高海清曾與達賴喇嘛身邊的翻譯色旺

卓瑪有過接觸。高海清也是虔誠的西藏佛教信徒，但是成為人民解放軍的幹部後，不得不遵守毛澤東標榜的「宗教是毒藥」的政策（照片三十三）。

高海清繼續回憶著：「我每次只是把信件交給達賴喇嘛的侍從。譚冠三將軍的司令部和北京的毛澤東究竟在做何打算，像我這樣的下級幹部是無從知曉的。達賴喇嘛是活佛，和他見面也是不可能的。即使是他逃離羅布林卡宮殿的那一夜，我們也只能在夜霧中緊張地監視著他。因為那是命令。」

對達賴喇嘛法王一行人出走過程的監視措施，不知在哪裡發生了怎樣的失策，但一部分的責任推給了高海清。他被判罪為「洩露祕密」，「蒙古人高海清向達賴喇嘛方面洩密而導致了失敗」。直到現在他也沒有擺脫「洩密」的嫌疑。

在拉薩見到滿洲舊友

達賴喇嘛逃出拉薩的第二天，「中共軍隊炮擊羅布林卡離宮，毫無防備的群眾遭到機槍掃射」[11]。

中國對達賴喇嘛的逃亡，感到非常高興。政府宣布：「人民解放軍迅速開始了對兩萬名叛國集團的反擊，平定拉薩，俘虜了四千人。對西藏全境實施軍事管制，維護了祖國的統一」[12]。已被解除解放軍軍內職務的高海清，受命「指認」四千名西藏俘虜中的蒙古人僧侶。

高海清指出：「拿起武器與人民解放軍戰鬥的幾乎都是僧侶。他們只是為了保護信仰的自由，並不是所謂的叛亂集團。四千名俘虜中有蒙古人僧侶約四百人，占十分之一。西藏人經常說『拉薩的十個僧人中就有一個蒙古人』。果然如此。蒙古人僧侶中的多數出身南蒙古東部和滿洲國，大多是我的熟人」。

二十世紀前葉的蒙古男兒理想的兩條道路是：進入興安軍官學校或者是成為西藏佛教的僧侶。而這兩條尚文和尚武的崇高道路，都因中國共產黨而遭破壞毀滅。

被指控為「叛亂分子」的蒙古僧侶中的身居高位者遭到處決。剩下的老齡和學問低下的人被強制送返內蒙古自治區。高海清在度過了鬱悶的一段時間後，在一九六一年被除隊，回到了內蒙古。在此期間，興安軍官學校的同學率領著內蒙古騎兵，對安多和康巴地區的西藏人趕盡殺絕，而高海清對此還一無所知。

導致西藏亡國的「和平的民主改革」

藏人認識到：「一九五九年，對二十五歲的達賴喇嘛法王是不幸的一年。不僅於此，對西藏整個國家也是非常不幸的一年」[13]。達賴喇嘛承認，他被中國政府一步步逼迫，不得已流亡天涯。首都拉薩的武裝起義也是因為西藏境內的難民不斷湧入已達到極限，是全體藏族人民為了表明與中國人抗爭的意志而導致的結果。

藏人和達賴喇嘛的聯繫非常深厚，一言難以蔽之……（達賴喇嘛）本身就是西藏的象徵。

他是美麗的土地，是清澈的湖水和河流，是潔淨的空氣，是群山的智慧，是人們強大的力量。不僅如此，達賴喇嘛法王還是佛教不滅原理的活的化身[14]。

這是藏人對達賴喇嘛法王充滿愛意的看法，對於只顧追求現世的物質利益的中國人而言，是絕對無法理解的深奧哲學。

那麼，在遠離首都拉薩的地方，究竟發生了什麼？換言之，中國政府和中國人是透過什麼樣的手段和途徑從西藏的周邊地區慢慢蠶食，並最終在其首都實現「和平的改革」，還將其政教合一的領導人趕入鄰國的呢？

中國政府和中國人首先從康巴地區，也就是和中國四川省鄰接的地區開始伸出其侵略之手。他們以「民主改革」的美名，先破壞寺院強迫僧侶還俗，然後把村裡不務正業遊手好閒之徒作為「積極分子」動員起來，指控富裕人家為「剝削階級地主」並圍攻批鬥。「積極分子」們「挖窮根，吐苦水」，擁護中國共產黨。之後，中國共產黨奪走「地主」的土地再分配給中國人農民和那些遊手好閒之徒[15]。這是中國官方資料的記載。

「民主改革」的結局就是，將遊牧民放牧的廣闊草原解釋為「土地」並使其國有化。這樣一來，藏人遊牧民幾乎無一例外的全部被劃分為「剝削階級」。「剝削階級」必須受到殘忍的處決，「必須從肉體上消滅剝削階級」，是中國共產黨從抗日戰爭時代起一直堅持的政策和信念。用「和平的改革」掠奪藏人土地的政策，早已在內蒙古徹底實行，並取得了巨大「成功」。

中國政府將那些在內蒙古「實行和平的土地改革並獲得了豐富經驗」的幹部派遣到了康巴地區[16]。透過「和平的改革」，將蒙古人的精英階層作為「對日合作者」進行了肅清，同時還將蒙古人的牧場分配給了侵略者中國人農民。剩下的少數蒙古人也透過反覆洗腦，「成為了出色的共產主義戰士」。現在他們需要在西藏人的祖國重複同樣的過程。中國人將這種殘暴的、非人道的做法稱為「和平解放各民族的工作」。上述對名剎理塘寺進行的空襲和殺戮，是「和平的民主改革」的一個例子。

註解：

1 郭玆文《西藏大事記一九四九—一九五九》，頁二六—七，一九五九年，民族出版社。新華社政治記者〈評所謂達賴喇嘛的聲明〉，《民族團結》，一九五九年五月號，頁三—四。
2 達賴喇嘛《達賴喇嘛自傳》，頁三一，二〇〇一年，文藝春秋。
3 前述《達賴喇嘛自傳》，頁一一〇—六三。
4 前述《達賴喇嘛自傳》，頁一六七。
5 前述《達賴喇嘛自傳》，頁一七九。
6 李江琳《一九五九拉薩——達賴喇嘛如何出走》，頁一二一三，二〇一〇年，聯經出版事業公司。
7 西藏自治區黨史辦公室編《周恩來與西藏》，頁一五四，一九九八年，中國藏學出版社。
8 前述《達賴喇嘛自傳》，頁一八二—九九。
9 前述《達賴喇嘛自傳》，頁二二〇—二一。
10 前述《達賴喇嘛自傳》，頁二〇四。
11 前述《達賴喇嘛自傳》，頁二二四。
12 新華社電〈解放軍已迅速平定叛亂〉，《民族團結》，一九五九年四月號，頁四—六。
13 Tsering Shakya, *The Dragon in the Land of Snows, A History of Modern Tibet Since 1947*, Pengu n Compass, 1999, p191.
14 諾爾布編著《與中國戰鬥的西藏人》（佩瑪・噶爾珀／三浦順子共譯），頁一九，一九八七年，日中出版社。
15 中共甘孜州委黨史研究室《甘孜藏族自治州民主改革史》，頁五〇—一，二〇〇〇年，四川民族出版社。此外，該資料中也有關於解放軍作戰的詳細報告。
16 茂敖海前述書，頁一六三—七〇。

（二）各民族發起抵抗中共軍隊的武裝起義

君不聞胡笳聲最悲，紫髯綠眼胡人吹。
吹之一曲猶未了，愁殺樓蘭征戍兒。
涼秋八月蕭關道，北風吹斷天山草。
崑崙山南月欲斜，胡人向月吹胡笳。

——唐代詩人岑參〈胡笳歌〉

各民族的「叛亂」

與四川省相鄰的甘孜地區被中國人霸占，其影響波及到了位於其北部的安多。如今在日本也被稱作青海省的西藏安多地區，無論在政治還是在文化上都至關重要。如今的十四世達賴喇嘛和十世班禪喇嘛都出身安多。達賴喇嘛出生在塔庫策爾（現青海省湟中縣峽峻寺），班禪喇嘛的故鄉是如今的循化撒拉族自治縣。蒙古人歷來將包括安多在內的高原稱作呼和淖爾，即「藍色的湖」。漢語的青海也來源於蒙古語的呼和淖爾。在呼和淖爾不僅有講突厥語系語言的撒拉人，也有信奉伊斯蘭教的回族。他們均對中國共產黨的政策抱有強烈不滿。因此，嚴密地講，對中國共產黨的「和平的民主改革」，不僅僅是西藏人，而是所有各民族都團結一致進行了武裝抵抗[1]。

中國政府將以西藏人為首的西北各民族的武裝起義歪曲為「達賴喇嘛的煽動」，「英美帝國主義企圖分裂中國領土的陰謀」，以及「印度反動派的領土擴張野心」[2]。對此，旅美中國人、西藏現代史學者李江琳表示反對。她指出：「甘孜地區的西藏人在一九五六年起義時，完全沒有主張獨立。他們只是希望強行改變自己傳統生活的中國人幹部回去」。美國雖然後來透過中情局干預了西藏問題，但在一九五六年，甘孜地區的西藏人與「帝國主義國家」的外部世界還完全沒有任何聯繫，處於孤立無援的狀態[3]。

在法王廳工作的穆斯林

照片三十四　馬正清。圖片提供：張中復。

達賴喇嘛逃離首都拉薩前往印度流亡的隊伍裡有一位撒拉青年，是信奉伊斯蘭教的穆斯林，名叫馬正清。

二〇一〇年四月二十八日傍晚。在台灣台北市內，我和國立政治大學的友人踏進了一家位於羅斯福路上的小店，這是台北市為數不多的清真餐廳之一。不久，虔誠的穆斯林馬正清（二〇一〇年當時七十五歲）（照片三十四）精神抖擻地出現了。他和達賴喇嘛一起逃脫了人民解放軍占領下的拉薩，在戰鬥中跨越了喜馬拉雅山，到印度尋求新的生活。

「達賴喇嘛的武裝起義軍隊中，西藏人占大多數，也有很多其他民族的人。我是撒拉人。有蒙古人，也有少數的中國人和回族。」馬正清說道。

馬正清於一九三五年出生在安多地區循化縣一個叫托壩的地方，是阿訇馬全祿的次子。阿訇是指伊斯蘭的宗教指導者。循化是藏人和撒拉人雜居的地區。撒拉人屬於突厥語系民族，傳說他們在蒙古帝國時代從中亞移居而來，在城市和農村裡主要以買賣和農耕為生。另一方面，藏人也過著半農半牧的生活。撒拉人和藏人關係非常友好。當地也有極少數講蒙古語系語言的「土人」。「土人」並非歧視用語，而是「土生土長的人」的意思。

「實際上，在達賴喇嘛的政府中循化縣的撒拉人非常多。或許是因為撒拉人也都會說藏語，而且擅長做生意，料理技術也很好。達賴喇嘛的母親也是現在所說的土族人。土族既講藏語也講蒙古語，法王的母親對信奉伊斯蘭教的我們也特別親切，一視同仁」。馬正清回憶著在循化和拉薩度過的幸福時光。

達賴喇嘛在回憶自己的母親時也這樣描述過：「母親，是我見過的這個世界上最善良的人之一」。當貧窮的「中國人為了乞討食物跨過國境」來到西藏時，從未讓這些「可憐的乞討者」空手而歸[4]。

藏人和土人都信仰佛教，但他們的語言不同。撒拉人是穆斯林，蒙古人是佛教徒，但兩者語言中相同的單詞很多。這是因為突厥語系的語言和蒙古語系的語言有著特殊的親緣關係。總之，在中國共產黨和中國人出現之前，多民族和多宗教的人民混合居住在一起的這些地區，未出現過因意識形態上的衝突所引發的大規模屠殺，平靜的生活持續了數百年之久。

七名親族遭殺害的穆斯林

一九五八年春，情況突然開始惡化。這是因為中國共產黨和中國人的出現。當時，馬正清在西寧的名校崑崙中學讀書，其父馬全祿阿訇由於被認為抵抗了中國推行的「和平的土地改革」而遭逮捕。父親是伊斯蘭的領導人，所以被誣陷為「披著宗教的外衣，進行反革命活動」。父親和母親被五花大綁地站在結冰的河面上，遭到嚴刑拷打。受害的不僅是雙親。伯父馬全海也因畢業於國民黨的黃埔軍校，並追隨青海省的統治者馬步芳將軍而被認定為「反革命軍人」。馬步芳自始至終反抗中國共產黨進軍青海省，後來去了台灣。中國共產黨的官方見解認為，效忠於馬步芳的軍人也理所當然地都是「反革命分子」。

不久，馬正清的父親被絞死，母親也被凍死。

照片三十五　遭受中國政府批鬥的西藏人。被指控從青海省運輸武器彈藥，參與達賴喇嘛的叛亂。引自茨仁·唯色《殺劫》。

父親被殺害時五十九歲。其後不久，哥哥也被帶到西寧市，在一個叫小南關的地方遭槍殺。馬正清指出：「為了威懾民眾，被當作反革命分子子弟的哥哥，遭到五十天的曝屍。」

哥哥的遺體被曝曬太久，弟弟決定取回遺體。但是弟弟也被就地逮捕，被判處二十二年監禁。

馬正清繼續著回憶：「雙親和伯父、哥哥等，我的七個親人遭中國共產黨殺害」（照片三十五）。

二十三歲的馬正清擔心，如果繼續留在循化地區，自己也會遭到政府抹殺，於是逃離這裡開始了流浪生活。他經由青海省的大都市西寧府，輾轉於甘肅省省會蘭州市和陝西省西安市等地。陝西省和甘肅省都在「建設幸福的社會主義」，並非流浪青年可去之處。不願被送進強制收容所，所以一路向西藏高原而去。馬正清混入從甘孜和安多湧來的難民中，進入了西藏首都拉薩，時為一九五八年秋末。

馬正清從小除了講母語撒拉語以外，還會講藏語和阿拉伯語。他憑藉著聰明才智和流浪各地時練就的隨機應變能力，在達賴喇嘛法王廳獲得了一份打雜的工作。當時有很多撒拉人早已在法王廳工作，同胞們向他伸出了援助之手。

中國共產黨敵視伊斯蘭的原由

藏人和撒拉人已無安身之所，無力再繼續抵抗中國政府的鎮壓和殺戮，法王也逃往了印度。二十四歲的馬正清手握來福槍，一直和藏人戰士共進退。他的右腿被人民解放軍的子彈擊中，流著鮮血。即使如此，他在零下十幾度的喜馬拉雅山裡繼續前進」。

馬正清回憶當時的情景：「達賴喇嘛法王的起義軍中，有很多穆斯林軍人。他們都曾經是馬步芳騎兵隊中的撒拉人和回族。正如當時流行的一句話『師長是循化縣的撒拉人好，營長是化隆縣的穆斯林好』，馬步芳將軍對撒拉人的戰鬥力評價很高。一九四〇年代，在河南省開封市近郊與日軍的一個騎兵營對峙的，也是馬步芳將軍的騎兵部隊」。

馬步芳將軍的穆斯林騎兵部隊，在中國西北赫赫有名。一九三五年，中國共產黨紅軍的西路軍計畫途經甘肅和青海，並穿越新疆省進而逃往蘇聯境內，然而在祁連山麓被馬步芳騎兵部隊全部殲滅。因為穆斯林厭惡遭到共產主義的改造。此次共產黨紅軍西路軍的數萬人被殲滅而結下的仇恨，也成為原由之一，中國政府對西北的穆斯林一直採取極其殘忍的非人道態度。

馬正清在印度東北部的卡林邦滯留時，被錫克教徒的警官誤認為中國人而遭逮捕。印度的穆斯林看到他即使在監獄裡，身邊也一直帶著伊斯蘭聖典《古蘭經》，於是營救他出獄。馬正清前往沙烏地阿拉伯巡禮之後，於一九六〇年末去了台灣，成為國民黨的一員，準備對抗人民解放軍的攻擊。

馬正清憶起回鄉探望的情景：「以前，我家附近有很多胡桃樹，是父親和母親種下的。村落也是典型的中亞田園風景。中國大陸的渡航禁令解禁後，我只在一九八八年回過一次家鄉。胡桃樹一棵也沒有了。原來的家已面目全非，變成了空地。村裡相識的也只剩下一、兩個人。我再次深深地感受到，失去了祖輩代代創造的所有財富和七個親人的苦痛」。

可見，同中國政府和中國人交惡的不只是藏人。馬正清的人生歷程表明，西北各民族跨越了不同宗教間的差異，聯合起來共同反抗共產主義惡魔。

「叛亂」的導火線

學者們將一九五八年春發生在撒拉人馬正清故鄉的反中國共產黨的政治運動稱作「循化事件」。此次「循化事件」影響深刻，甚至被認為是第二年春達賴喇嘛法王出走印度的先聲[5]。

馬正清的父親等七位親人遭中國共產黨處決的同一時間，中國共產黨以「防叛」，即「預防叛亂」的名義，將青海省各地的藏傳佛教寺院中的高僧監禁在一處，強制他們進行「政治學習」。這種「防叛」措施反而招來了藏人和撒拉人的反感，循化縣爆發了大規模的武裝抵抗。當然，人們對從一九五二年開始的如狂濤般的「和平的民主改革」和「和平的土地改革」的不滿情緒，也一直在鬱積。一九五八年四月十七日，藏人驅逐了中國共產黨的「工作組」，並切斷了用於聯絡的電線。二十四日，約四千名穆斯林撒拉人包圍了縣政府所在地，進行抗議。

人民解放軍認定「反革命分子叛亂了」，並於二十五日派遣兩個團「剿滅土匪」。人民一旦反抗，不去調查研究原因，而是立即實施虐殺，是中國共產黨的常用手段[6]。在短短四小時內，「射殺了四百三十五名『土匪』，俘虜了兩千四百九十九人。其中撒拉人一千五百八十一名，西藏人五百三十七名，穆斯林回族三百四十三名，中國人三十八名」。這些數字清楚地表明，這是一場跨越民族和宗教的差異，一致反對共產主義化的鬥爭。鎮壓結束後，中國共產黨

地圖三　青海省的西藏人和蒙古騎兵。

發出「參加叛亂的宗教相關人員一個不放，判處終身監禁」的嚴厲命令[7]。結果西藏佛教的僧侶和伊斯蘭的聖職者別無選擇，只有繼續抵抗。失去了曾經身為伊斯蘭領導人的父親的馬正清，也背負著這樣悲慘的命運，來到了西藏佛教的聖都拉薩。

數字所顯示的種族滅絕大屠殺的規模

中國人學者李江琳出示了一組數字，證明了中國共產黨所實施的虐殺的規模。

安多地區占中華人民共和國設立的青海省面積的百分之九十七。中國人在安多地區設置了海南、黃南、海北、果洛和玉樹等「藏族自治州」（地圖三）。一九五七年，青海省的藏族人口是五十一萬三千四百一十五人，到一九六四年，減少至四十二萬兩千六百六十二人[8]。李江琳依據的是中國政府的官方統計，即使有人口的自然增減，至少有九萬人被殺害。

我手中雖然沒有能夠表明整個安多地區人口情況的數據，但是有果洛和玉樹兩州的人口統計。其中關於果洛的人口有如下記載：

「一九五六年的人口是五萬六千七百四十七人，因平定叛亂和其他原因，一九五八年減少至五萬四千六百六十人。」

經過簡單的計算可以得知，有兩千零八十七人因「平定叛亂」而消失[9]。此外，還有其他數據。這也是使用中國政府的統計數據進行的研究，有必要在這裡加以引用。從一九五八年到一九六一年期間，「果洛的西藏人口減少了三萬五千三百九十五人，占全人口的百分之三十五點五」[10]。

玉樹的情況如下，一九五三年「解放後的人口是十二萬六千三百八十三人，一九六四年減少至十萬三千六百六十一人」[11]。因「平定」而消失的人有二萬二千七百二十二人。還有其他學者認為，「玉樹的西藏人人口從一九五八年到一九六一年期間，減少了六萬九千四百一十九人。與一九五七年相比，減少了百分之四十四」[12]。這是極其恐怖的種族滅絕。

蒙古人騎兵就是被投入到對果洛和玉樹的鎮壓中的。上述記錄了人口變化的中國政府的文獻中，絲毫沒有提及「叛亂」發生的原因和「平定」的過程。不記錄歷史，其罪惡和虐殺一樣深重，是對文化的滅絕。

作者想再次明確指出，正如達賴喇嘛所主張的那樣，康巴和安多，以及羌塘和衛藏都是西藏的固有領土。然而中國政府在推進「社會主義改造運動」的土地改革時，在一九五五年七月三十日，將康巴和安多分別劃分給了四川省、青海省、雲南省及甘肅省[13]。未將西藏人自古生活的地區劃分為「西藏自治區」，而是分割給了中國人占絕對多數的省分，這源於他們頭腦中自古以來的「分而治之」的思想。所謂共產主義等等只是一個面具而已，事實上，他們實施了比歷史上任何朝代都更為殘酷的專制體制。

註解：

1 楊海英《蒙古和伊斯蘭式的中國》，二〇一四年，文藝春秋。
2 前述郭茲文《西北大事記一九四九—一九五九》，頁一四。章魯〈任何反動勢力都阻擋不了西藏人民的新生〉，《紅旗》，一九五九年第九期，頁一—七。
3 李江琳《一九五九拉薩！》，頁五九，二〇一〇年，聯經出版事業公司。
4 前述《達賴喇嘛自傳》，頁三三—四。
5 李江琳《一九五九拉薩！》，頁五八。
6 李江琳《當鐵鳥在天空飛翔：一九五六—一九六二青藏高原上的祕密戰爭》，聯經出版事業公司，二〇一二年，頁五〇。
7 李江琳《一九五九拉薩！》，頁五八—六一。
8 李江琳《一九五九拉薩！》，頁五六—七。
9 《果洛藏族自治州概況》編寫組《果洛藏族自治州概況》，頁四三，二〇〇九年，民族出版社。
10 李江琳《當鐵鳥在天空飛翔》，頁一一。
11 《玉樹藏族自治州概況》編寫組《玉樹藏族自治州概況》，頁一八，二〇〇八年，民族出版社。
12 李江琳《當鐵鳥在天空飛翔》，頁一一。
13 李江琳《當鐵鳥在天空飛翔》，頁二八—三一。

（三）與中國共生的結局

那狂暴的掌中血腥戰劍已揮舞在空中，
上面閃著新加冕皇帝的狡詐和愚妄；
人間災難突起——一場慘烈的戰爭
很快又放射出恐怖的血光。

——普希金《皇村回憶》

達賴喇嘛法王於一九五九年三月三十一日，逃往擁有相同文明的印度，直至今日。而班禪喇嘛不得不選擇與中國人共生。

發射「毒箭」的大學者

達賴喇嘛逃往印度兩週後的四月十四日，中國人周恩來為班禪喇嘛設宴，並發表了著名的演講：

最近，西藏反動集團背叛祖國，勾結帝國主義，糾集叛匪發動了破壞祖國統一、破壞民族團結的武裝叛亂。這一小撮反動分子的叛亂活動完全違背了西藏一百二十萬人民的利益和全國各族人民的共同利益，因此必然要遭到徹底的失敗……人民解放軍已經基本平定了這次叛亂。西藏絕大多數人民需要從殘酷的黑暗的農奴制度下解放出來[1]。

班禪喇嘛在「叛亂平定後」回到了「從殘酷的農奴制得以解放」的西藏。走訪了青海省和西藏後，接受了甘肅省共產黨書記汪鋒和青海省共產黨書記王昭、青海省省長袁任遠等的情況說明，基本上把握了西藏的受害情況。一九六二年五月十八日，班禪喇嘛向中國政府提交了名為「通過敬愛的周恩來總理向中央彙報關於西藏和其他藏族地區群眾的疾苦和對今後工作的建議」的嚴肅認真的報告書。

這篇長達數十頁的報告也被稱作「七萬言書」。「寬容」的中國人的「偉大」領導人接到報告後憤怒不已，隨即逮捕了班禪喇嘛。他的報告書當然也被批判為「向偉大的中國共產黨和文明的中國人發射的毒箭」。從此，留在中國的西藏領導人全被趕下台。一九六六年，文化大革命爆發後，他遭到北京的「文明人」強行灌餵人糞、毆打，長期受到施暴。這是他未與達賴喇嘛一同出逃而留在中國導致的結果。

曾一度被傳已經死亡的班禪喇嘛終於在一九七八年現身公眾場合[2]。但是，此時的他，與其說是轉生的「大學者」，倒更像是娶了中國女人的俗人。對此，西藏佛教徒雖然萬分無奈，卻不得不接受現實。而中國人則自豪地宣稱，這是將「比歐洲中世紀還要黑暗的西藏農奴主改造成社會主義主人公」的結果。他在一九八九年一月二十八日，為了重建被中國政府破壞的歷代班禪喇嘛佛塔，而回到久違的西藏自治區札什倫布寺後突然逝世。直到現在，西藏的人們認為班禪喇嘛遭到了暗殺[3]。

認為「宗教是鴉片」，沒有信仰也沒有思想的中國人，在班禪喇嘛圓寂後一直沒有尋找其轉世。一九九五年五月，達賴喇嘛認定住在西藏的六歲少年根敦確吉尼瑪為已故班禪喇嘛的轉世。於是，江澤民當局大為憤怒，選擇另一個叫堅贊諾爾布的少年為新的班禪喇嘛，並強行帶走達賴喇嘛認定的少年，該少年從此下落不明[4]。我在安多地區進行了十多年的調查，西藏人將中國政府認定的班禪喇嘛稱為「冒牌貨」。他聽從中國人的指示訪問西藏地區時，中國政府向藏人付錢，讓他們舉辦歡迎儀式，但現場極其慘淡冷落。

班禪喇嘛報告書講述的事實

話題回到一九六二年班禪喇嘛的報告書上。他在那篇報告書中究竟寫了些什麼，因而觸犯了中國人呢？

班禪喇嘛的報告書不僅記錄了「西藏叛亂」的結果，也揭示了中國政府和中國人採用怎樣的卑劣手段侵略西藏的事實，是非常重要的資料。在此，只介紹其一小部分。

班禪喇嘛在開頭寫道：「我們西藏，在中國共產黨和毛澤東的偉大思想的照耀下，於一九五一年獲得解放。避免了淪為帝國主義的半殖民地，回到了祖國大家庭的懷抱中。」

從「祖國」湧入西藏的中國人，首先找到了可以成為「積極分子」的西藏人中遊手好閒不務正業的痞子流氓。他們聲稱這些「積極分子是貧苦人民大眾的代表」，動員他們和西藏同胞做鬥爭。這是因為擅長謀略的中國人，在侵略的最初階段還不願弄髒自己的手。「積極分子」們「回憶在舊社會被欺壓的痛苦，揭發封建領主們的罪行」（照片三十六）。

班禪喇嘛舉實例報告了慘狀：「鬥爭一旦開始，怒號和拳打腳踢如暴風雨般向人們襲來。遭棍棒和金屬器具毆打，全身出血，四肢骨折而死的人相繼不斷」5。具有諷刺意味的是，班禪喇嘛的調查與中國政府的官方記錄《甘孜地區藏族自治州的民主改革史》中的描述是一致的6。

照片三十六　怒斥「剝削階級」的西藏人「農奴」，是中國政府捏造的政治宣傳作品。而今，有著「西藏女性怒斥中國侵略者」的全新詮釋。引自 *Wrath of the Serfs*，一九七六年。

真實的西藏社會絕不是中國政府和中國人所說的「比歐洲中世紀還要黑暗的社會」，而是一個平等的、擁有互助思想的文明社會。一部分「貧窮的積極分子」也只是極端個例。但是，認為革命就是掠奪他人財產的中國共產黨員，將他們從一九二〇年代以來一直在中國積累的暴力經驗搬到了西藏社會7。

藏傳佛教也被完全否定：

政府認定佛教是迷信，給僧侶們貼上了反革命的標籤……年輕的僧侶和尼姑被排成隊列，強迫他們互相選擇，強制他們結婚。政府將這種行為宣傳為解放了僧侶和尼姑，是西藏的進步。大藏經的經典遭到破壞，被拿去餵馬，佛塔和寺院也遭毀壞。

西藏曾有二千五百多座寺院，但經過「和平的民主改革」後銳減到僅剩七十多座。曾有十一萬僧侶和尼姑生活在寺院裡，但在「和平解放」後，只剩下七千人[8]。據詩人唯色講，全藏區原有六千多座寺院，西藏自治區內有二千七百一十三座寺院。一九七六年，西藏自治區境內原有的二千七百一十三座寺院僅只剩下八座，全藏區餘下寺院幾十座。

「地獄西藏」和「天堂中國」

中國政府在一九五九年秋，自豪地宣稱「平定叛亂後的西藏進入了社會主義的天堂」[9]。而班禪喇嘛在報告書裡指出，「社會主義的天堂」裡正在發生大規模的飢荒。「佛教思想普及，有著不問貴賤互相幫助的傳統的西藏，歷史上從未發生過餓死人的事情。但經歷了一九五九年到一九六〇年期間的驟變後，農民無法耕作，牧民無法放牧，不知餓死了多少人」。班禪喇嘛發出了質問[10]。

不僅僅是飢餓。「政府肆意逮捕無數沒有任何罪過的人們，關入監獄，用於強制勞動。其規模占總人口的數個百分比……一九五九年，毛澤東主席曾向我承諾，西藏人口很少，所以不能殺人。如果非殺不可，也只能是少數，但事實並非如此」[11]。

這是二十四歲的年輕領導人鼓起勇氣向「中國人民熱愛的毛澤東和周恩來」提交的請願書的一部分內容。

中國政府的領導人沒有給予西藏領導人以絲毫憐憫之情。周恩來將大量虐殺西藏人的行為解釋為「就像盲腸手術」，以此反駁了班禪喇嘛[12]。

「如果不切除盲腸就會死去。切除的時候一定會出血。如此而已。」

這就是一國總理在毀滅掉一個民族及其文化根基後所做出的公開解釋。過去有觀點認為，鎮壓西藏人的起義，與同時發生的「反右派鬥爭」以及強制推行的人民公社化政策的失敗等一樣，「不過是國內異常事態之一」。也有人歸結為是共產主義國家內部的權力鬥爭。其實，無論哪種解釋都沒有擊中要害。事實上，是中國侵略他國進行的大肆虐殺，是中國政府和中國人毫不猶豫地推進滅絕藏人的種族滅絕行動，是不折不扣的種族大屠殺。周恩來等政治家對這樣的結果應該感到非常滿意。

畢業於興安軍官學校的蒙古人將領和他們率領的騎兵，當然並沒有直接參與破壞寺廟和強制僧侶還俗的事情。他們一心一意地跨著戰馬揮舞著日本刀，從玉樹到崑崙山，一路馳騁追擊「叛亂」的西藏人。他們的這一行為毫無疑問，也是罪過。這是作為隸屬於中國政府和人民解放軍的傭兵的悲哀命運。

註解：

1 前述西藏自治區黨史辦公室編《周恩來與西藏》，頁一八七。
2 石濱裕美子編《西藏概況五十章》，頁二九三，二〇〇四年，明石書店。
3 石濱裕美子編前述書，頁二九四。
4 石濱裕美子編前述書，頁二九五。
5 Tibet Information Network, *A Poisoned Arrow, The Secret Report of the 10th Panchen Lama*, 1997, London, pp2, 20, 24.
6 前述中共甘孜州委黨史研究室編書。
7 李江琳前述書《當鐵鳥在天空飛翔》，頁七〇—一。
8 Tibet Information Network, op, cit, pp47-52.
9 前述，章魯文，頁七。
10 Tibet Information Network, op. cit. pp29.
11 Tibet Information Network, op. cit. pp35-37.
12 前述西藏自治區黨史辦公室編《周恩來與西藏》，頁二三五。

第六章

戰功照耀唐古拉

中國人常用「以夷（蒙古騎兵、回族及其他）制夷（西藏）」的手段——手握日本刀的蒙古騎兵軍隊也未能逃脫成為人民解放軍的「傭兵」而登上「世界屋脊」的命運……

蒙古騎兵的標誌

（一）前哨戰

我們的征衣千瘡百孔，騎兵的馬刀掛滿冰霜
黑暗在刀光裡消失，鮮花在馬蹄下開放

——〈騎兵之歌〉

而今我謂崑崙，不要這高，不要這多雪。
安得倚天抽寶劍，把汝裁為三截？
一截遺歐，一截贈美，一截還東國。

——毛澤東〈念奴嬌・崑崙〉（一九三五年）

未被宣傳的戰爭

在美華人學者李江琳指出：「一九五〇年代中期至一九六〇年代初，在中國西南西北地區發生了一場極為悲慘的戰爭……然而不可思議的是，中國對這場戰爭卻從未做絲毫的宣傳」。

「從未被宣傳的戰爭」是指中國對西藏的侵略戰爭。參加戰爭的一方是曾在朝鮮戰爭中與美軍一決勝負的近代化正規軍，而另一方則是用刀劍、長矛和獵槍武裝起來的普通牧民和農民。當時中國共有十二個軍區，其中的八個軍區參戰。不僅派出了步兵、空軍、坦克部隊和騎兵，甚至還使用了化學武器。中國侵略軍的總數達二十三萬五千人，而西藏方面的死傷者和俘虜總數為三十四萬七千人[1]。

正如李江琳所言，侵略西藏是「中國從未宣傳的戰爭」，所以理所當然的，中國方面直到最近幾乎沒有與此相關的研究成果。根據二〇〇八年出版的《解放西藏史》的記載，一九五八年至一九六一年期間，在「平定叛亂」中「被射殺或俘虜的敵人有二萬三千人，人民解放軍犧牲一千五百五十一名」[2]。這與李江琳的研究有很大的出入。

「打破比歐洲中世紀更為黑暗的西藏農奴制，解放了奴隸」。

中國將此次戰爭稱為正義的戰爭，進行辯護。然而，事實卻是完全相反的。藏人並不是由於去進攻了中國而導致大量的死者，而是在自己的故鄉，在祖國的大地上，遭到中國人的侵略，被殘忍殺害（地圖四）。

那麼，為何會發生這樣違背人道的不義戰爭呢？

資源！資源！

「解放」和「回歸祖國」等等不過是政治宣傳。其目的在於奪取資源。早在一九五六年五

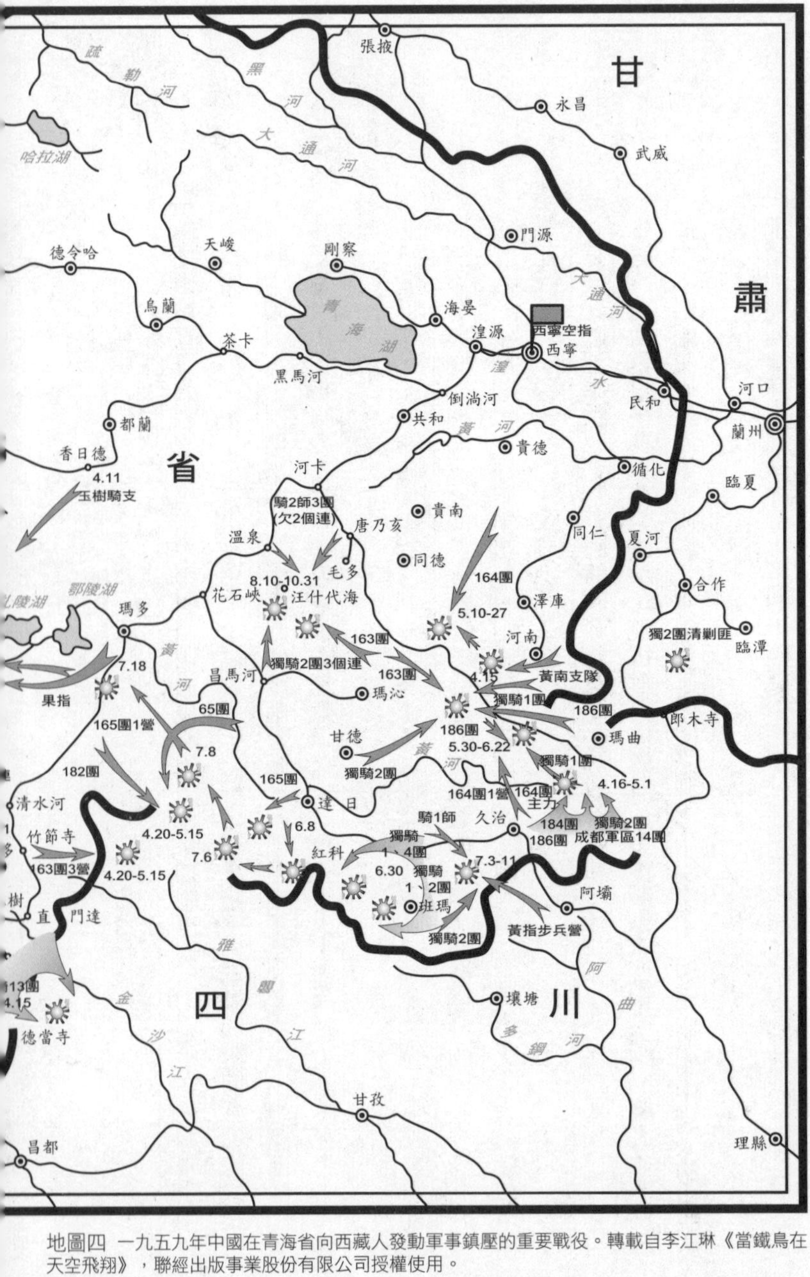

地圖四　一九五九年中國在青海省向西藏人發動軍事鎮壓的重要戰役。轉載自李江琳《當鐵鳥在天空飛翔》，聯經出版事業股份有限公司授權使用。

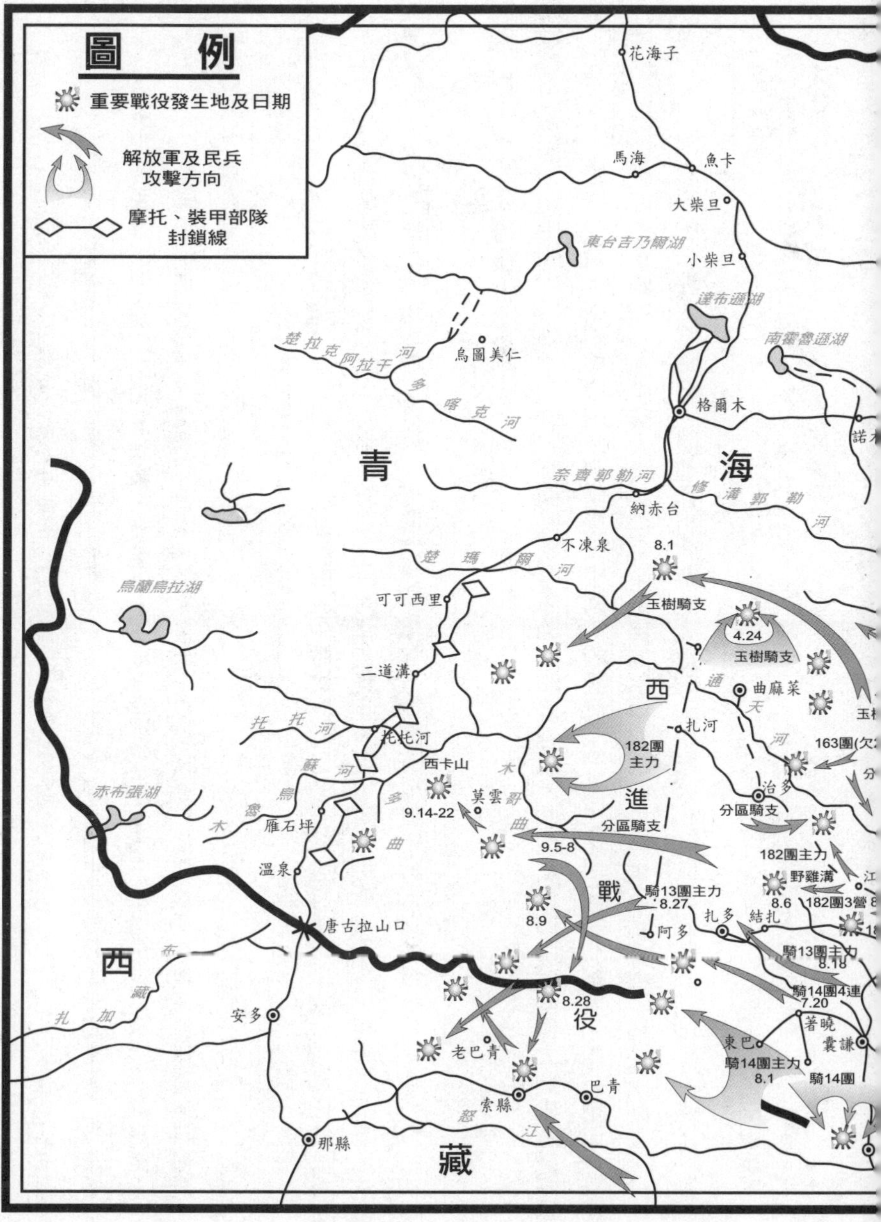
圖 例
重要戰役發生地及日期
解放軍及民兵
攻擊方向
摩托、裝甲部隊
封鎖線
青
海
西
藏
西
進
戰
役
花海子
馬海
魚卡
大柴旦
小柴旦
東台吉乃爾湖
達布遜湖
南霍魯遜湖
烏圖美仁
楚拉克阿拉干河
多喀克河
格爾木
奈齊郭勒河
修溝郭勒河
納赤台
不凍泉
楚瑪爾河
烏蘭烏拉湖
可可西里
二道溝
托托河
托托河
蘇河
烏
木魯
多
曲
西卡山
莫雲
9.14-22
雁石坪
溫泉
赤布張湖
唐古拉山口
布
藏
扎加
安多
那縣
老巴青
索縣
巴青
怒江
8.1
玉樹騎支
4.24
玉樹騎支
通天河
曲麻萊
扎河
182團
主力
163團(欠
治多
分區騎支
分區騎支
木哥曲
9.5-8
182團主力
野雞溝
8.6
182團3營
騎13團主力
8.27
8.9
阿多
扎多
結扎
騎13團主力
8.18
騎14團4連
7.20
8.28
著曉
囊謙
東巴
騎14團主力
8.1
騎14團
諾

月六日，人民解放軍的粟裕將軍就在軍隊動員大會上做了如下演講，明確了發動戰爭的目的：

川康地區、雲南北部、甘肅的南部和青海的南部這些少數民族地區，有很豐富的地下礦藏。已確認有金、銀、銅、鐵、錫和鎢各種各樣的東西都有。從中國的經濟地理來說，礦藏量最多的地方，都在少數民族地區，而漢族最多的沿海地區……現在還沒有發現更多的礦藏……因此，如不把少數民族這數百萬人口解放出來……就沒有辦法開發這個地區的礦產。祖國的工業建設也無從談起[3]。

再沒有比這更直白的表達其「解放少數民族的目的」的發言了。中國政府和中國人直至今日仍然占領其他民族的土地的真正目的就在於此。正如粟裕將軍的預料，西藏和南蒙古，新疆維吾爾自治區的地下資源一直遭到肆意掠奪，從而支撐著中國人安居樂業。

落後！落後！

中國人自古以來就對其他民族有著絕對的優越感。共產黨也把自己當作人類史上最優秀的正義組織。這兩種優越感合體後，中國人的觀念上升到了迷信狂妄的程度，認為自己無論做什麼都是正確的。在中國人看來，「少數民族」這個詞就是「落後和野蠻」的代名詞[4]。於是，必然的、理所當然的，將他們自認為「先進的」中國文化和制度強加到其他民族身上。他們將這種威逼行為稱作「解放農奴，推進和平的民主改革」（照片三十七）。

對中國人的「民族理論」再稍做一些梳理。這不僅有助於理解當時侵略西藏的政治和思想背景，也有助於分析如今對各民族施行苛政，在國際關係中採取霸權主義行動的中國政府和中國人。

中國人對生活在中華周邊的各民族進行了分類解析。這時，他們運用了馬克思的發展階段論。這個理論認為人類從原始社會發展到奴隸社會，然後經過封建社會進入資本主義社會，最後到達理想的共產主義社會。在今天看來，這個理論猶如夢想，純屬空論。但是，對於自古就將嚴格區分中華和夷狄的理念奉為至上的中國人來說，馬克思的空想非常適合他們。因為，這一理論對於中

照片三十七　「載歌載舞慶解放」的西藏人。二〇〇九年在北京舉行的西藏展中的雕塑。

華和「野蠻人」的排序很有利。原本，馬克思的歧視性學說是歐洲的白種人所創造。在西歐列強面前抬不起頭的中國人，卻毫無節操地頂禮膜拜這種「西學」。中國人對「共產主義的思想」進一步做了如下的「發展」。這是奠定了中國共產黨的「少數民族理論」基礎的李維漢的觀點。

李維漢認為「大約有六十萬人的少數民族仍然生活在原始社會末期階段」。這裡所說的少數民族是指和西藏康巴地區相鄰的雲南省各民族，以及台灣的原住民。這些少數民族中，「占絕對多數的民族，例如西藏和蒙古還處於封建社會。其中，西藏社會非常黑暗，是落後而殘酷的農奴社會，是處在封建政府、寺院以及貴族這三大領主統治下的社會」[5]。這就是李維漢的理論。

李維漢進一步分析，原本各民族「生活在比漢民族落後的原始社會和奴隸社會」並不成問題，但是「帝國主義的干涉威脅到了祖國的統一」。他認為，日本「侵略了處在封建社會的蒙古」，俄羅斯「唆使了外蒙古獨立」，英國把手伸向了新疆，而美國則對西藏虎視眈眈。因此，「與帝國主義進行鬥爭的中國共產黨」，必須「鎮壓各民族的與帝國主義勾結的封建領導人和叛亂分子」。「這是為了維護祖國的統一」[6]。

毫無疑問，中國人的言論將各民族的自主性完全矮小化，對其進行了否定。事實上，蒙古人、藏人以及維吾爾人都自主地引入了源於歐洲的民族自決思想，以此覺醒，並為了擺脫中國這個牢籠而發起了革命。中國人污衊地認為其他民族「處在原始社會或封建社會階段」，根本不認同各民族有自決的能力和權利，從而陷入了各民族是「中國人需要解放的對象」的幻覺中。

中國對西藏的侵略也根本不是什麼「國內的解放問題」或「內戰時的混亂」等等。而是中國對西藏的侵略，是對爭取從中國的苛政下獲得獨立的西藏這個國家的扼殺。這一性質，與日本戰敗後中國人對南蒙古境內發生的獨立自決運動所進行的鎮壓，是相同的。中國共產黨宣稱：「驅逐西歐列強，解放了全國人民」，但事實卻與之完全相反。他們把中國人的殖民地統治強加到各民族頭上，比西歐列強更為殘酷[7]。中國共產黨的精明領導人實際上也十分清楚，蒙古人和藏人對中國的武裝起義是具有民族自決性質的鬥爭。正因為清楚，所以才使蒙古人和藏人相鬥，坐收漁翁之利。

解放！解放！

無論他們怎樣宣稱正義，藏人還是非常厭惡中國人。早在一九三四年夏，共產黨紅軍從中國南部逃往北部，途經西藏東部的康巴地區時，大肆搶劫放火[8]。噩夢鮮明地印在了藏人的腦海裡。

歲月變遷，中國人擺出一副勝利者的姿態，在一九五〇年再次來到西藏，並試圖推進「和平的土地改革」，但藏人並不屈服。「當時的中國不斷地強調『自決』和『自治』政策。對我們聲稱，他們是為了教我們藏人自治的方法而來的。並說，只要這個目的一實現，他們就立刻回到自己的國家」[9]。中國人以「援助」的名義發給藏人一些錢。在藏人來領錢時，他們就悄悄地登記，趁機調查這些人的「階級身分」，把他們分成「同夥」和「敵人」[10]。這樣，中國政府找到了他們想利用的藏人「積極分子」，分裂工作也順利地進行。這就是向西藏地區「引入正義的革命」的前哨戰。

註解：

1 李江琳前述書《當鐵鳥在天空飛翔》，頁九－一六、四四一。
2 《解放西藏史》編委會《解放西藏史》，頁四〇一－二，二〇〇八年，中共黨史出版社。
3 李江琳前述書《當鐵鳥在天空飛翔》，頁一六〇－六一。
4 李江琳前述書《當鐵鳥在空中飛翔》，頁四二。
5 李維漢〈中國各少數民族和民族關係〉，《民族團結》一九七九年第三期，頁八－一九。
6 李維漢〈中國民主革命中的民族問題〉，《民族團結》一九七九年第四期，頁一五－二三。官方的《人民日報》編輯的《關於西藏問題文選》（一九五九年）也處處強調西藏社會的「落後性」，惡意歪曲攻擊西藏人。
7 楊海英前述《作為殖民地的蒙古》，頁一六八－九四。
8 吳法憲《吳法憲回憶錄》上，頁七七－八七，二〇〇六年，香港北星出版社。黃正《軍人永勝》，頁一五〇－五五，二〇一一年，香港新世紀出版社。
9 前述諾爾布編著《與中國戰鬥的西藏人》，頁一〇三。
10 李江琳前述書《當鐵鳥在天空飛翔》，頁五〇－一。

（二）被平定的「叛亂」

在露天裡，他們睡得安穩，
他們的夢就像自由一樣快樂。
他們的大車半圍著壁毯，
就在車輪之間攏起篝火，
一家人圍著火做晚飯。

——普希金〈吉普賽人〉

在敘述蒙古騎兵的參戰之前，先根據李江琳的研究和中國政府的記述，對「叛亂」和「平定」的整個過程做一概述。

獵槍對空軍

「叛亂從以達賴喇嘛為首的上層反動集團開始，逐漸擴散到各個地方。人民解放軍不得已對反革命分子進行了平定」[1]。這是中國政府獨特的官方見解。

另一方面，李江琳的研究表明，西藏武裝起義的第一槍在東部的甘孜地區打響。那是一九五六年二月十五日的事情。此後，起義就以烽火燎原之勢席捲了西北的安多地區和西部的首都拉薩。兩年後的一九五八年春，康區和安多地區已經是全面戰爭狀態。起義的主體是藏人，穆斯林撒拉人以及一部分蒙古人也支持起義並加入了戰爭。而此時，蒙古人騎兵部隊也從內蒙古自治區出發，於一九五八年七月二十八日，渡過玉樹的清水河，在卡那灘草原[2]開始了他們的首次作戰[3]。

在西藏人發起「叛亂」後不久，中國政府立即實施了大規模的空襲。這就是後來傳入達賴喇嘛法王耳中的理塘寺空襲。「中國空軍唯一的遠距離重型空襲機，隸屬於空軍獨立四團。中共中央軍事委員會迅速地投入使用了這個祕密武器。三月二十九日上午，兩架TU4轟炸機從陝西省武功機場起飛，越過秦嶺山脈到達四川盆地上空，並對理塘寺投下了二百五十公斤級別的炸彈。有『公牛』之稱的TU4是史達林從蘇聯贈送給毛澤東的禮物，當時中國只有十架[4]」。「社會主義老大哥」送給「小弟弟」的近代軍用武器，本來是要在朝鮮半島用以對抗「美帝國主義者」的，但是中國人背叛了俄羅斯人的期待，將之用來殺戮「落後」的藏人。理塘寺被徹底毀壞，其中的西藏僧人也全部遭「殲滅」。然而，前文也提到，周恩來總理在印度卻對達賴喇嘛說「是給被叛亂分子包圍的人民解放軍士兵投送食物」。將空襲偷換成了空投。

藏人淨身焚香，向佛祖許願，隨後拿起獵槍和大刀迎戰侵略而來的中國人。各行各業的藏人不分男女老幼都參加了起義，但是占多數的還是農民和牧民，因為權勢者和「上層階級」（照片三十八），在事前就以「防止叛亂」的名義遭到了監禁[5]。

勝敗在戰爭開始之初就已見分曉。

近代化的軍隊和手握獵槍的善良的佛教徒之間的對決，甚至不能稱之為戰爭。勝利的中國人扒掉被殺害的「叛亂分子」的衣服，將其遺體置於眾目睽睽之下曝曬。這是為了威懾其他人。俘虜「按五人，十人排成一列，用繩子綁住被帶走」。消失在中國人的監獄中的男兒們一去不返，再也沒能回到故鄉。失去了丈夫和父親的女人和孩子們被禁止穿民族服飾，被迫穿上不適合他們的難看的中國服裝。沿用了幾個世紀的藏語地名消失，被猶如雨後春筍般的冠有「紅星」、「光明」、「先鋒」、「前進」等名的人民公社所代替[6]。就這樣，「由文明的中國人組成的，代表了先進的政黨」的中國政府和中國人「解放」了西藏，藏人從「比中世紀歐洲還要黑暗的

照片三十八　一九五六年七月，被政府選用的甘孜地區的西藏權威人士。引自《甘孜藏族自治州民主改革史》，二〇〇〇年。

社會」直接成為了「幸福的多民族大家庭的一員」。

威懾作戰

上文提到中國政府投入最新銳的空軍，殺害了大量藏人。一個名叫江達三的人，公開了有關中國空軍作戰的回憶錄[7]。以下是其概要。

青海省的藏人不太穩定，正在試圖舉行暴動。對此有所察覺的人民解放軍首先採取了威懾行動。某日，將西藏的高僧、活佛、千戶長等權威人士一百人綁架到西寧市機場，讓他們「參觀了飛行訓練」。

我們在機場跑道上放置了二十個裝滿汽油的油桶，當作靶子。我們的戰鬥機飛行至千米高空後急速俯衝下來，對著汽油桶掃射。剎那間，那些油桶爆炸火光沖天而起。接著空軍第二十五師的 TU-2 戰鬥機飛行至六百米左右的高空，投下二百五十公斤的炸彈。於是，這些傢伙立刻陷入恐懼，讚不絕口地說「人民解放軍是神兵」。其中還有人因驚恐尿了褲子，大家都高呼「中國共產黨萬歲」，「毛主席萬歲」。

像江達三這樣的中國空軍幹部明顯是在污衊藏人。這樣侮辱他人的文章，直到現在還光明正大地刊登在中國的公開網站上，實在令人驚訝。這雄辯地說明，中國人絲毫沒有意識到自己長期以來一直在壓迫藏人等少數民族。正是因為中國人缺乏對自己歧視他人的自我認識，才阻斷了與世界對話的溝通橋梁。

中國人江達三強調：「對於他們根本不需要教育。只有出動空軍第二十五師」。

一九五八年七月的某天，空軍接到情報，「叛亂的匪賊」正在黃河南岸集合。空軍命令周庭彥的部隊出動。「在清水河一帶的大片草原上，出現了近千餘頂帳篷。有白色的也有黑色的，中心區有一頂特大帳篷。大概是匪首的議事大廳吧。周庭彥的 TU-2 戰鬥機一面散發勸降的傳單，一面用機槍掃射」。就這樣，江達三等人心中完全明白所謂的「叛匪」就是牧民的同時，毫不猶豫地實施著血腥的屠殺。不，對方是不是牧民，這根本就不是問題。原因在於，只要是藏人，就會被中國人定性為「叛匪」並遭到屠殺。

中國的存在是人類的不幸

一九五九年三月末，達賴喇嘛法王逃離拉薩。其後，空襲也一直在繼續。中國空軍在陝西省的臨潼縣經過訓練後，飛往黃河南岸。

六月二十日，指揮部命令我們機組到唐乃亥∞去偵察掃射。那是黃河邊的一個小鎮。我們發現離它不遠的小坡上集合了大概有三百人左右的匪賊。他們可能以前沒有經歷過空襲，沒有一點害怕的樣子。我們在他們的上空盤旋了大約二十分鐘，然後一個俯衝下去開始掃射。當時的射擊員是王守忠，他一直按住機槍按鈕，把三百八十發子彈傾瀉下去，叛匪就像螞蟻群被澆了開水那樣，狼狽地四處逃竄。

中國人很享受這樣冷酷無情的單方面屠殺。嗜好殺戮的心情躍然於江達三的文章裡。這是喜好暴力的人們所具有的特性。中國人每日享受著大量殺戮的樂趣，同時陶醉於藏人壯麗國土的美景中。

玉樹真是太美了，天藍，山綠，水清，雲白，是一個最佳的旅遊目的地……與我們江南人不同，他們只要有鹽、有針、有刀，就能生存下去。吃著牛羊肉，用牛羊的皮毛搭建帳篷製作衣服。所以他們有弱點，他們離不開牛羊。我們在空中首先要發現牛羊。只要發現有數百上千頭的牛羊群，就可以斷定附近一定有叛匪。

某天早上八點，我發現了二十多頂帳篷，匪徒二百至三百人，牛羊千餘隻。我將戰鬥機降低到離地面二百米左右的高度做了確認。那些傢伙們只是呆呆地張望著我們。我再次確定了位置，並按下了按鈕，二百五十二個炸彈瞬間全部傾瀉了下去。從上空望去，一片片帳篷被炸彈掀飛，一群群牛羊倒下。我用無線電向司令部報告了空襲成功。司令部表揚了我們並「祝同志們一路平安」。

自然的力量創造出的偉大壯麗的風景，蘊含著感動人類的神祕力量。中國人也不例外。只是，中國人的眼中只有風景的魅力，卻看不見住在那裡的人們。不，他們要掃除這避世般祕境中的原住民，獨占它的美景和自然資源。中國人把他們自己這骯髒的行為稱作是正義。

我在此重申，TU4和TU2是蘇聯贈予中國用來支援參加韓戰的「志願軍」。雖不知轟炸機中有多少被派遣參加了對抗「美帝國主義軍」的戰爭，但毫無疑問，其主力被用在屠殺只有刀、長矛和獵槍的藏人。西藏的武裝級別，的確可以說是「比中世紀的歐洲還落後」。與此相比，擁有最新戰鬥機的中國政府和中國人無疑是「先進的」。以最先進的武器大量屠殺處於「中世」狀態的牧民和農民，中國人和中國政府卻將這樣的虐殺行為稱作是「正義的解放」。這是人類最大的不幸。

中國人的自傲

侵略西藏、使之「回歸了祖國」的中國人，是如何理解並描述這場「被隱蔽了的戰爭」呢？對此，直至進入二十一世紀初，幾乎沒有可以稱之為資料的資料。直到近幾年，才終於開始在網路上登載當時的人民解放軍士兵和將領的回憶文章。這些人懷著展示自己當年立下的「功績」的心情，其中不乏強硬派，對於西藏人和維吾爾人勇敢抗議中國的壓迫的現狀，強調「政府太懦弱。應該採取當年平定叛亂時的毅然的態度」。他們批評當今政權，充滿驕傲地回憶過去的「平叛偉業」。在這裡，對他們中的一部分做簡單的介紹。

中國人房揚達曾作為五十四集團軍第一三四師的副師長，被派往朝鮮半島的對聯合國軍的戰爭前線，在一九五八年五月奉命回國。他帶領充滿歡喜的士兵一同回到甘肅省蘭州市時，接到新的指示，命令他們「參加平定青海省的叛亂」。

「祖國解放已將近十年，還有叛亂，難以相信」[9]。房揚達感到非常驚訝和憤怒。

就這樣，韓戰中的「志願軍」的精銳部隊「懷著滿腔憤怒，進入了西藏高原」。據當事人回憶，不僅是青海省安多地區的藏人，中國北部的寧夏也有信奉伊斯蘭教的回族發起了「叛亂」。僅憑駐紮在西北的第九集團軍已無法應對，於是從朝鮮半島撤回了房揚達的第一三四師。整個中國西北都在抵抗共產主義的擴散。

房揚達被任命為「玉樹平叛指揮部第一副司令兼參謀長」。這是重視實戰經驗的人事任命。青海省軍區司令孫光任「平叛司令」，另一位副司令則是從內蒙古自治區率騎兵而來的額爾敦倉[10]。

「平叛！」

這是中國人在炫耀他們鎮壓藏人的武裝起義的「偉業」時使用的詞彙，是為了表示正義屬於中國的政治套語。政治套語裡沒有思想。對於身為蒙古人的我來說，所有的中國人根本就不擁有為他人、即為少數民族考慮的思想。

美麗的地名和不殺生的人

房揚達司令認識到：「這次的平叛和打敗日本，戰勝國民黨軍是完全不同的。這是一場特殊的戰爭」。

政府向人民解放軍傳達，這是一場「國內的民族問題激化，演變成了叛亂的戰爭」，並鼓舞士兵們，這是一場平定叛亂分子，解放西藏人民，維持祖國統一的正義之戰。

一九五八年七月一日晚，第一三四師的士兵搭乘一百八十六台卡車進入了青海省首府西寧市。青海省的共產黨書記集合三萬名群眾，舉行了歡迎儀式。第二天，軍隊繼續南下。海拔三千米以上的高原，氣候瞬息萬變。剛剛還是晴天，轉瞬間就會有暴風雨襲來。士兵們因為高原病，無法如預期作戰。

最初的衝突發生在作幹納哇[11]。作幹納哇在藏語中的意思是「雄犛牛的角」，是一個被險峰環繞的要衝地帶。中國人稱此處為花石峽[12]。中國人為藏人的土地取了好聽的名字，卻毫不猶豫地進行了血腥的大屠殺。房揚達對戰鬥有如下描述：

他們的士兵很勇敢。特別是喇嘛有組織和信念，戰鬥力很強。但是，牧民一聽到槍聲，就慌張地騎馬而逃。藏身在堅固的寺院中的僧兵是棘手的敵人。我命令炸毀存續了幾百年的寺院。雖然不忍心破壞中華民族寶貴的文化財產，但匪徒藏身其中，沒有辦法。我是中國的軍人，必須忠實地執行國家的命令。

我親手攻陷了四座寺院。先用炸彈引爆進行突襲。盲目信奉了藏傳佛教千百年的僧人們不懼死亡，手持長矛和大刀頑固抵抗。他們非常兇猛。沒有食物的時候，我們就打西藏野驢充飢。西藏人不殺生，野驢等野生動物很多。

這就是人民解放軍副司令的回憶文，是與世界最強的「美帝國軍隊」在朝鮮半島戰成平手的近代中國軍隊，和「手握長矛大刀的殘暴僧人」之間發生的「正義的戰爭」。佛教寺院不是「中華民族的文化財產」，而是藏民族的象徵。從寺院傳來的誦經聲撫慰人心，釀造出充滿幸福感的氛圍。他們誦讀的經典起源於印度，是人類共同的財產。以研究哲學和誦經作為人生價值的藏人，與嗜好殺戮的中國人，究竟哪個更野蠻？很顯然，在這段歷史中受難的不僅僅是人，與藏人一同受難的還有生息在不殺生環境中的西藏野驢。

「佩戴日本刀」的蒙古騎兵的兩個團，參與了中國人稱之為花石峽的要塞的戰鬥。對此後文將做敘述。

「叛匪」在佛寺裡

再來看另一個人的「軍功」。

彭治耀是人民解放軍的幹部，因為被命令參加「平叛」，從朝鮮半島召回。他在網路上公開了「老兵的平叛日記」的文章[13]。

彭治耀的部隊從朝鮮半島回國後，在黃河上反覆進行了渡河作戰的訓練。此後，工程兵彭治耀所在的第四〇一部隊，在一九五八年六月二十九日，到達青海省民和縣的政府所在地享堂。

士兵們在進入戰地前宣誓：「為了解放在封建農奴制下受苦受難的西藏人同胞，為了建立幸福的社會主義，必須早一天徹底消滅叛亂匪賊」。

七月一日，他們從西寧市向西出兵，越過日月山。七月三日，包圍了興海縣城，「將匪賊全員射殺」。十七日，他們穿過海拔四千四百米的花石峽，向五千米的巴顏喀拉山脈進軍。或許彭治耀並不知道，巴顏喀拉是蒙古語，意為「富饒的黑山」。第二日即十八日，蒙古騎兵在位於玉樹藏族自治州清水河畔的稱多縣與彭治耀的部隊會合。

彭治耀繼續描寫：「在稱多縣的竹節寺[14]內藏著三百多個匪賊，經過激戰三個多小時，終於全部了結了他們。在稱多縣內共平定了二千多名叛亂匪賊，使無數的西藏人同胞從苦難中得以解放。獲得自由的西藏人，稱讚毛澤東主席和人民解放軍是恩人」。

工程兵彭治耀抓捕了五百名西藏人用來建設軍用道路。這是為了後續部隊能夠順利前進而實施的工程。在此期間，於一九五八年十月十日，彭治耀的部隊和蒙古騎兵第十四團，一同在玉樹藏族自治州的雜多縣[15]的一處名為達日瑪灘的草原上，殲滅了一群以寺院為據點的「叛亂匪賊」，「繳獲了戰利品一萬頭犛牛以及二十幾名女人和孩子」。此後又在囊謙縣的拉秀寺[16]「殲滅」了六百名，在另外一個寺院「殲滅」了七百名「叛匪」。

一九五八年十二月三十日，平定玉樹叛亂的作戰以勝利告終。西藏人從野蠻的封建農奴制中得以解放，他們不必再做奴隸，成為了自由之身。我們也回到青海省的首府西寧市，在國營的澡堂泡了熱水澡。我們已經有半年沒有洗過熱水澡了，真的很舒服愉快。隨後，去中蘇友好大廳看了場電影。直到今日，我仍對為祖國浴血奮戰而感到驕傲。

從彭治耀「為祖國浴血奮戰」的文章，至少可以得出以下兩點。第一，無論是哪裡的戰爭都伴隨著毀壞寺院和屠殺僧侶這一事實。第二，男人們全部「被徹底剿滅」，只剩下女人和孩子。女人和孩子「如果不感激恩人毛澤東和人民解放軍」，便沒有活路。失去了主人的大量家畜也遭到掠奪，成為了「中國的國有財產」。這就是「平定叛亂」的真相。

為了「解放人民」而屠殺

話題暫且離開西藏。

二〇〇九年七月五日，新疆維吾爾自治區首府烏魯木齊市發生大規模抗議遊行，維吾爾人和侵略者中國人雙方都出現傷亡，震驚了世界。這就是「烏魯木齊七五事件」。此次「烏魯木齊七五事件」，讓老李回想起了中國人在玉樹的「平定叛亂」。

老李主張：「『烏魯木齊七五事件』讓我想起了玉樹平叛。對反革命叛亂分子絕不能手軟。必須予以徹底制裁」。他回想起對藏人的屠殺：「毛澤東主席下達了命令，解放西藏的時候終於到來了」。

於是，中央軍事委員會命令人民解放軍向西藏進軍。老李也是從朝鮮戰場轉來的第一三四師四〇〇部隊的一員。四〇〇部隊在花石峽與蒙古騎兵會合後，被納入了「玉指」的麾下。「玉指」是「玉樹平叛指揮部」的簡稱。中國共產黨將兵力分為左中右三路。

卡那灘是一片廣闊的草原。幾百頂帳篷密集在一起，數百個敵人手持獵槍。這些帳篷的正中央是一座佛教寺院。

接到玉指指令的蒙古騎兵第十四團作為左翼軍，我們四〇〇部隊則形成右翼軍，包圍了敵人。傍晚時分，戰鬥開始了。先發射照明彈，加以炮擊。射殺了一百多個敵人，其中還有他們的首領百戶長。黎明時分，騎兵第十四團剿滅了盤據在嘎藏寺和上莊、下莊、白龍溝等地的二百餘敵人，解放了玉樹縣。此後，我們的部隊遠征到通天河。

我們將西藏人集合在廣場上。在他們面前演示了大炮和火焰噴射炮的威力。於是，這些傢伙讚揚道：「人民解放軍太厲害了」，大呼「中國共產黨萬歲，毛主席萬歲」。

達賴喇嘛的反革命集團的追隨者，也在玉樹平叛中被消滅。廢除延續了千百年的封建農奴制，確立了人民民主主義制度，人們成為了真正意義上的主人公[17]。

就這樣，他們讓被征服的人民三呼萬歲，表演了一齣正義解放的戲碼。即使進入二十一世紀後，維吾爾人和西藏人只要稍微主張自己與生俱來的權利，中國人依舊會立即發動武力予以制裁。充分體現了中國人嗜好暴力的民族性。

連動物都不如的少數民族

中國人在其所到之處大行屠殺大開殺戒。曾在一三四師四〇〇部隊的第一營第三連任機槍手的梁南和，出身廣東省河源。他也向子女們講述了「玉樹平叛」的歷史[18]。

解放稱多縣後，俘虜過多，無處收容。如果將匪賊釋放，他們會再次叛亂。他們殺人放火，襲擊中國共產黨員和革命幹部。於是公安機關和玉樹平叛指揮部經過討論，決定對其實行槍決。處決是祕密進行的。每個連都執行過同樣的處決。我們連決定在深夜處決那些西藏人。我們用卡車將八十多個西藏人拉到山間。四排負責警戒，第一、二、三排挖洞並處理了他們。我們挨個靜靜地處死了他們。在我們掩埋屍體時，不知是誰喊了聲「還有人活著」。於是營長一把奪過士兵手裡的鐵鍬，朝著那個西藏人的頭砸了下去。

我們殺了西藏牧民的犛牛和羊來吃。吃多了會便祕。但是西藏人就不會便祕。因為西藏人喝放了黃油的茶。

上述就是廣東人梁南和，一個人民解放軍士兵對自己的子孫講述的「西藏和平解放」時期的屠殺經歷，而不是受害者藏人的記錄。我試著想像這一家中國人的家庭裡的對話情景。他們或許從未將藏人等少數民族當作是和他們一樣的人。對待藏人甚至不如動物，並堅信自己的行為是正義的，這就是當時參戰的所有中國人士兵的普遍特徵。

註解：

1 前述《解放西藏史》。
2 清水河（藏語：རྫ་ཆུ།，藏語拼音：rdza chu）。藏語中的མཁའ་དམར།（藏語拼音：mkha' dmar）卓原，漢字寫作「卡那灘」。另外，關於本書中的藏語地名，得到了國立民族學博物館．綜合研究大學院大學博士課程的喬丹加布和居住東京的杜古爾扎的幫助。採用了日本學界普遍使用的Wylie形式轉寫藏語，並以片假名表音。在此，對兩位深表謝意。
3 李江琳前述書《當鐵鳥在天空飛翔》，頁五六－八、一七六、二二九。中國政府的《甘孜藏族自治州民主改革史》也記載，起義是從甘孜地區開始的。同書，頁九八。
4 李江琳前述書《當鐵鳥在天空飛翔》，頁七九－八〇。另，關於理塘寺的空襲，邁克爾．達納姆在《中國是如何侵略西藏的》（二〇〇六年，講談社）中也有記載，這是侵略西藏時典型的破壞和殺戮行為之一。
5 李江琳前述書《當鐵鳥在天空飛翔》，頁五七－六九。
6 李江琳前述書《當鐵鳥在天空飛翔》，頁一八七－八八、四三三－三五。
7 江達三「七十四歲老飛行人員的博客──西藏平叛」，blog.sina.com.cn/s/blog_4bf583040ˇ000ajh.html。
8 唐乃亥，藏語：ཐང་ནག，藏語拼音：thang nag。
9 房揚達「擊楫中流．第五章．青藏平叛」，blog.sina.com.cn/s/blog_4b50a1d30100gahr.html。
10 據李江琳所述，玉樹平叛指揮部下屬的主力部隊有一三四師的四〇〇團和四〇一團，兩個炮兵營，獨立工兵營，偵察營，空軍第十三師和二十三師，空軍第二十五師。還有山東省濟南軍區和東北瀋陽軍區的機械化部隊，也參加了戰爭。李江琳前述書《當鐵鳥在天空飛翔》，頁二一二。
11 幹納哇，藏語：མཛོ་རྒན་ན་བ།，藏語拼音：mdzo rgan na ba。
12 花石峽，藏語：མཛོ་རྒན་རྭ་བ།，藏語拼音：mdzo rgan rwa ba。
13 彭治耀「一個老兵的平叛日記」。
14 竹節寺，藏語：སྒྲུབ་བརྒྱུད་དགོན་པ། sgrub brgyud dgon pa。
15 雜多縣，藏語：རྫ་སྟོད།（རྫོང），藏語拼音：rdza stod rdzong。
16 囊謙縣，藏語：ནང་ཆེན།（རྫོང），藏語拼音：nag chen rdzong。拉秀寺，藏語：རབ་ཤིས་དགོན་པ།，藏語拼音：rab shis dgon pa。
17 老李「回憶玉樹平叛鬥爭」。
18 鐵血社區「老爸的記憶──祕密入朝作戰、玉樹平叛剿匪、中印自衛反擊戰」，bbs.tiexue.net/post2_7029761_1.html。

（三）眾生的劫難

我一生下來就在解放軍的號聲中成長，
　適合做共產主義的接班人。
紅旗下的蛋，卻突然被擊破。
——茨仁．唯色〈西藏的祕密〉

團結一致的農民和牧民

扎木彥．諾爾布，一個在「先進的中國政府和文明的中國人」發動的空襲中僥倖逃命生存下來的男人[1]。他出身於安多南部，接近四川省一個叫新龍的地方，早在一九五六年就遭到中國政府的壓迫，逃往北部。他家過著半農半牧的生活。如樂園般平靜的小村，因為中國人的到來而變得面目全非。西藏人用歌曲訴說了那種慘狀：

起初用甜言蜜語和閃閃發光的銀子，
後來用槍和死亡，

他們掠走了我的田地和家畜。
對我虔誠地信奉著的神聖的寺院放火，掠奪，破壞。
他們殺人如同碾死螻蟻。
殺害了我的朋友、親人、喇嘛，和我深愛的人們……

扎木彥・諾爾布唱著這首悲歌一路逃亡。

他逃入了康區的玉樹附近，那裡是純粹的遊牧民的世界。在被迫逃亡到這裡的扎木彥・諾爾布眼裡，遊牧民的生活充滿了新鮮感。

扎木彥・諾爾布回憶道：「所有的遊牧民皆屬於不同的部族，部族由各自的世襲族長率領」。

「遊牧民的生活完全依賴羊和犛牛。遊牧民平均擁有的家畜頭數是དཀར་ཁྲི་ནག་སྟོང（dkar khri nag stong，白色一萬、黑色一千）。也就是說，（白色）羊有一萬隻，（黑色）犛牛有一千頭」。

犛牛是西藏高原特有的一種牛（照片三十九），分為野生和家養兩種。母牛奶量很大，可以提煉出黃油等奶製品。

照片三十九　被圍困在中國政府的鐵柵欄內的西藏犛牛。家畜與其主人一樣，不能自由移動。

各種各樣的奶酪、酸奶和黃油是遊牧民的日常食品。他們還養馬，可以騎馬狩獵[2]。

「長江流域的藏人牧民，一年更換三次牧營地和草場。滯留時間最長的是冬營地，從十月待到第二年五月。這段時間是家畜繁殖的時期。六月到八月期間遷到夏營地。從九月到十月初在秋營地度過」[3]。

上述是一九八五年到青藏高原進行實地調查的國立民族學博物館松原正毅教授的記錄。此時的生活與一九五八年沒什麼區別。

但是，在遊牧民中避難，很容易被中國軍隊發現。

巨大的飛機出現在正在逃亡的我們的上空。像我們這樣如果只有馬和人，並不怎麼顯眼，但帶著成群家畜的遊牧民則很容易被發現。飛機投下了數枚炸彈，大量的犛牛和羊被炸死。飛機盤旋了五次，隨後下降到最低空，水平飛行時，用機槍向家畜發起掃射[4]。

這並不是受害者的誇張描述。扎木彥．諾爾布的經歷，和中國空軍的江達三的回憶完全一致；拚死逃生的藏人，和炫耀自己的戰功侃侃而談的中國人的記錄完全一致。在此一致中包含了事實和真相。那就是「對叛亂分子的和平鎮壓」事實上是一場種族滅絕行動。不只是人，無數的家畜也遭受了劫難。中國政府和中國人嘴上說著漂亮的話，卻以正義之名做著最骯髒的勾當，給所有生物——按佛教用語來說，就是給眾生帶來了災難。

以夷制夷

藏人在力量上遠不如手握近代武器的中國人。扎木彥・諾爾布對其原因做了如下的分析[5]：

我們大都是勇敢而深信佛教的人，對中國人經常施以的拷問和殘忍的行為完全無法適應。在我們的戰鬥中，男人們會被子彈打死，或被劍砍死。在女人和孩子們看來，僅是這樣尚且太過悲慘。而這一點，對中國來說則變得非常有利。

弱小而勇敢的扎木彥・諾爾布一行人一路向西，卻始終處在人民解放軍的追迫之下。

那是一九五九年陰曆六月的一天，他們一行人來到瑪曲河流域時，扎木彥・諾爾布聽到了大地的轟鳴聲。原來是騎兵追了上來。

「有馬蹄聲！」

扎木彥・諾爾布回憶道，「他們至少有兩千騎兵，給我們來了場突襲」[6]。

此時的騎兵，是原馬步芳部隊的士兵，已被編入人民解放軍裡。這是一支信奉伊斯蘭教的部隊，擁有非常優秀的戰鬥力。信奉伊斯蘭教的馬步芳一九四九年去了台灣，據前述馬正清講，其部下的一部分追隨了達賴喇嘛法王，一部分向人民解放軍投降。而這支伊斯蘭騎兵軍隊，也被派遣去鎮壓西藏人。

中共將「以夷制夷」的傳統帝王術發展到極致，不僅利用藏人內部的原有矛盾，派不同部落的民兵自相殘殺，還派穆斯林回族和蒙古人騎兵攻打西藏人。回族騎兵適應氣候和海拔，精於騎射，他們的座騎是俗稱「西寧馬」的高大戰馬，與藏人作戰時，回、蒙騎兵占盡先機優勢[7]。

不只是穆斯林的騎兵。手握日本刀的蒙古騎兵也已經來到了「世界屋脊」。率領他們的是曾在日本習志野留學陸軍士官學校，以及畢業於滿洲國興安軍官學校的將領們。此後，蒙古人騎兵將成為本書的主人公。

註解：

1 前述諾爾布編著《與中國戰鬥的西藏人》，頁一〇。
2 前述諾爾布編著《與中國戰鬥的西藏人》，頁七四—六。
3 松原正毅《青藏紀行——走在長江流域》，頁一六一，一九八八年，中央公論社。
4 前述諾爾布編著《與中國戰鬥的西藏人》，頁一七九。
5 前述諾爾布編著《與中國戰鬥的西藏人》，頁四〇。
6 前述諾爾布編著《與中國戰鬥的西藏人》，頁一八六。
7 李江琳前述書《當鐵鳥在天空飛翔》，頁四二二。

第七章

血潮滾滾玉樹

蒙古人沒能拒絕中國對於西藏的大逆不道的侵略。西藏人堅信「蒙古騎兵與人民解放軍不同，不會殺害俘虜」。然而悲劇仍然發生了……

《內蒙古騎士》（一九六四年十一月號封面）

（一）傭兵軍營

鐵騎征踏烏拉爾，高山朝陽暴風雪
威武挺進數千里，此為熱血健兒團

——近藤新治作詞，〈騎兵第二十九聯隊歌〉

背負著悲劇命運的軍隊

戰爭，是與思想有關的課題。中國侵略西藏的戰爭也不例外。中國在侵略西藏時，發動了蒙古騎兵作為其傭兵。這也屬於思想問題。

中華人民共和國一直被某種歷史觀所裝飾，即：「中國是各族人民在中國共產黨領導的抗日運動勝利後創建的國家」。抗日，是其表示正統性的永不變的意識形態。日本，或與日本有關的對象，全部必須是絕對的惡。在這樣的意識形態下，最受折磨、最為痛苦的是蒙古人。這是因為蒙古人在日本統治時代，不僅與日本有著良好的關係，而且從中國獨立是其最大的政治目標。但是，一旦被編入中國人的統治之下，蒙古人就不得不修正原本的政治鬥爭目標。「蒙古人也進行過抗日鬥爭」。

即使蒙古人如此主張，中國共產黨的幹部也未予以信任。未能得到信任，便需要重新表現自己的忠心，也就是要表現出蒙古人也是中華人民共和國堅強衛士的態度。就是在這樣的情況下，共產黨中央對蒙古騎兵下達了出兵西藏的命令。這是一道讓蒙古人作為北京政府的忠犬，向共產黨中央搖尾討好的命令。

當然，蒙古人的領導者最初是拒絕的。「對少數民族發動戰爭是下策」，內蒙古自治區政府主席兼共產黨書記的烏蘭夫早在一九五五年九月甘孜地區的西藏人起義時，就對毛澤東的武力鎮壓提出了異議。當在「世界屋脊」戰鬥的中國士兵提出發動蒙古騎兵的要求時，他也一直在抵抗[1]。

因為在蒙古人政治家看來，「這是大逆不道」。中國共產黨在建黨之初，曾高調宣稱，給予各民族的不是自治，而是自決權，以此與國民黨形成鮮明對比。他們向蒙古人、西藏人以及信奉伊斯蘭教的維吾爾人承諾：「只要你們也同意，就可以成為中華聯邦的一員」的寬大政策。蒙古人烏蘭夫相信了中國人共產黨員的這一政策，使「挎日本洋刀的將領」放棄了與同胞蒙古人民共和國統一的主張。可是，事實上，後來他們被賦予的卻是毫無實權的「區域自治」，如今內蒙古自治區慘淡的自治狀態，極其具體地體現了「區域自治」的實際情況。

「少數民族被中國人的甜言蜜語欺騙了」。

意識到這一現實情況的蒙古人政治家試圖進行抵抗，對藏人給予了同情和敬意，但最終還是不得已同意了武力鎮壓。如果明顯地表示反對中國侵略西藏，那麼自己的歷史問題很可能也會因此遭到鎮壓。蒙古人政治家在如此沉痛的苦惱中派出了兩個騎兵團。中國共產黨在當初也露出了滿意的笑容。但是，八年後烏蘭夫等人卻因為「你們蒙古人同情西藏人的叛亂，沒有贊成鎮壓反革命」，而遭肅清。肅清不僅限於自治區的高官，還為抹殺所有蒙古人開始了大屠殺[2]。蒙古人騎兵從西藏作戰回歸後遭中國政府的肅清，蒙古人對此命運做出了藏傳佛教信徒特有的解釋：「遭受了天罰」。後文還將對此做詳細敘述。這都是因為蒙古人沒有參與「抗日」，而必然導致的悲慘命運。

結合國際形勢而練就的成熟謀略

毛澤東早就在靜待著時機打擊西藏。一九五五年冬，他對駐紮在西藏的張國華司令下達了準備戰爭的指示。毛澤東對人民解放軍司令發出了絕密電報，稱「西藏的民主改革，必須以戰爭為前提。貴族們為反抗而逃走也沒關係」[3]。青海省安多的西藏人奮起反抗時，毛澤東非常高興，這是因為萬事正如他所預期地進行著。此次，不僅可以殲滅西藏人，同時可以消耗掉一直打算肅清卻找不到理由的蒙古人精銳部隊。「以夷制夷」的政策，是對漢文古典爛熟於心的毛澤東的謀略。

掃除少數民族的其他準備工作也在穩步地進行。中國共產黨在一九五七年夏，在位於東海沿岸的山東省青島，召開了關於「少數民族未來」的強權會議。會議否決了少數民族的自決權。列寧與史達林提倡的是任何民族都享有從高壓政治國家分離獨立的自決權，而中國則在理論上和法律上確立了僅限於一定地區實行文化自治的「區域自治」政策[4]。因此，形成了西藏人的武裝起義可以被解釋為「違法行動」的環境。

國際形勢的變化，給了他們必須盡快行動的理由。一九五六年十月，匈牙利發生動亂，反獨裁的抗爭招致了蘇聯的軍事介入。東歐的社會主義陣營發生動搖時，中國國內的知識分子之間也出現了與之相呼應的徵兆。於是，毛澤東決定掃除知識分子，在一九五七年發動了「反右派鬥爭」，打倒的「反革命分子」達一百八十萬人之多[5]。

接到「平叛指令」的「學生隊」

在日本人將領離開後，蒙古人的騎兵部隊並未改變其訓練方法。在草原上開展圍獵，也絲毫沒有懈怠泳渡大河的練習（照片四十）[6]，這是複習和發展了日系軍官在興安軍官學校所實施的演習，遙遠的習志野的傳統依然得到了活用。

本巴於一九三二年出生在遼寧省彰武縣，這裡是為了從中國獨立而英勇奮戰的巴布扎布將軍的故鄉。本巴出生時正是滿洲國誕生之年。雖然他未能趕上就讀日本統治時

照片四十　渡河訓練中的蒙古騎兵。引自《內蒙古戰士》一九六六年八月號。

代的興安軍官學校，但他在一九四八年七月加入了嚮往已久的騎兵第三師。這是他不惜將戀人留在故鄉而做出的決定。他所在的第三師經過多次改編，於一九五二年成為了騎兵第五師第十四團。本巴在綏遠軍區陸軍軍官學校學習後，在一九五五年擔任了排長。

一九五八年六月二十四日。駐紮在烏蘭哈達市（即如今的赤峰市）的騎兵第十四團排長以上的幹部被緊急召集。此處是興安軍官學校第十四期生部喜德擔任副團長時，率領騎兵們威風凜凜地行軍到此後一直駐紮的地方（參照第四章）。

他們接到命令：「進入西藏，平定叛亂」。

本巴從此時開始，成為了騎兵第十四團第二機槍排排長[7]。騎兵部隊配備機槍排，是留學習志野的士官學校畢業生從日本帶回的戰術。一週後的七月一日，第十四團乘上了駛向西部甘肅省蘭州的列車，武器彈藥和戰馬也在同一列車上。此時的團長是陶克陶，副團長是巴達榮貴，政治委員是布和。陶克陶是興安軍官學校第十期生，布和是十一期生。一年後，陶克陶回到了內蒙古，吉爾嘎朗接任團長。吉爾嘎朗是興安軍官學校的第十二期生。這支蒙古騎兵隊的指揮官成員，幾乎全部由興安軍官學校的學生組成。

軍人的天職是服從命令

當時的蒙古人騎兵團的編制在此稍做敘述。我的父親直到一九五七年末一直是騎兵第十四團的士兵，是當時團長鮑琦的衛兵兼連部祕書（照片四十一）。父親向我講述了當時蒙古騎兵隊的

照片四十一　一九五四年的騎兵第十四團。大多數人出自南蒙古東部，即舊滿洲國的蒙古人。前排左二是作者的父親。
照片四十二　在西藏渡河中的蒙古騎兵。一人牽引數匹馬行軍是十三世紀以來的傳統。引自《戰鬥在高原》。

氛圍：

團長鮑琦也是「挎過日本洋刀的」，訓練時猶如魔鬼般嚴厲。如果馬上射擊和日本刀訓練時技術不好，他就會毫不猶豫地用鞭子懲罰。我也曾由於在馬背上搖晃得厲害，沒打中靶子，於是團長來到我身邊，用鞭子撐起我的槍，告訴我：「在馬上射擊時，要瞄得比靶心低一些進行射擊」。緊急時刻，一般士兵只需要給自己的馬裝上馬鞍即可，但我需要給團長的馬和自己的馬都套上馬鞍。如果馬鞍裝得不如意，鮑琦的心情馬上就會變得很差。因為馬騎得不舒服，是無法進行長距離行軍的。他雖然總是空著手，但日本刀和雙筒望遠鏡卻是片刻不離身。

據我父親講，一個團由四個連組成，每個連一般有一百二十名戰士和一百二十頭戰馬。待到作戰時，會補給更多戰馬。這是蒙古軍自古以來的傳統。在長距離行軍時，為了節約時間，換乘戰馬的時候就從馬背上直接跳到另一匹馬背上（照片四十二）。此外，加上衛生連和團本部，一個團大概是一千人的編制。士兵們也配著日本刀，手中握著日本的「三八式」手槍。一個班配備一挺機關槍，由兩名戰士使用。

「沒能夠去西藏打仗您覺得怎麼樣？」我曾多次這樣問過父親。父親是「剝削階級出身」，在「整理部隊的精神狀態的運動」中，被除隊回到了家鄉。

「我無法忍受殺害同為少數民族的西藏人。然而，服從命令是軍人的天職。如果沒有被除隊，我應該也會去完成任務吧」。父親每次都是同樣的答案。大多數騎兵或許也是這樣的心情吧。

軍功被抹消的原因

比少尉本巴早一步接到作戰命令的是額爾敦倉。上文交代過，在進軍西藏後，額爾敦倉被任命為「玉樹平叛指揮部」（玉指）的副司令。額爾敦倉在一九五八年六月中旬接到命令，「騎兵第十三團和第十四團，分別更名為三十一部隊和四十一部隊，參加平叛戰爭」[8]。

蒙古人騎兵部隊為鎮壓西藏人的武裝起義，使西藏「回到祖國的懷抱」而做出了貢獻。但是在中國官方公開的記載，人民解放軍軍功的所有書籍資料裡，絲毫找不到這件「大功績」的蛛絲馬跡。我認為有兩個理由：

第一，將生活在「世界屋脊」的藏人從「比中世紀的歐洲更為黑暗的封建農奴制」中「解放」出來，使他們成為「幸福的社會主義大家庭」的一員，是中國的「正義」之舉。他們不願將「正義的軍功」讓給與西藏同樣的「野蠻人北狄」蒙古人。加之虛榮心也在作祟。中國人步兵在面對藏人遊牧民時，陷入了相當艱難的戰爭中，迫於無奈出動了蒙古人騎兵。隱瞞自己在戰場上的無能之舉，也是人之常情。

「支那兵除了骯髒的人海戰術以外，毫無其他戰術可言」。

「支那人雖然擅長謀略，卻不會作戰打仗」。

這幾乎是所有蒙古軍人的共識，也可以說是民族共識。我自孩童時期起，就是聽著蒙古人在日常生活中談論著這樣的話題長大的。順便做一說明，蒙古人在日常中所使用的支那（Janagh）一詞並沒有歧視性質。並且，正如歷史學家岡田英弘所指出的，西洋對東亞歷史上存在過的歷代王朝，均使用支那（China）一詞予以表現；「中國」這一概念，不過是進入近代以後的產物[9]。歷史學家的觀點和我們草原人民的認識是一致的。

第二，是善意的解釋。中國人害怕，如果暴露了「使少數民族互相殘殺」的陰謀，會使持續至今的民族問題變得更加激烈。當局者也很清楚，中國共產黨員利用了支那歷代王朝使用的「以夷制夷」的手段，絕不是一件光彩的事。因此，蒙古人的「軍功」被抹消，至今遭受著「不公平」的對待。

註解：

1 楊海英《在中國與蒙古的夾縫間——烏蘭夫民族自決未竟之夢》，頁一一六，二〇一三年，岩波書店。
2 楊海英前述《在中國與蒙古的夾縫間》，頁一一四—一六、二三六。
3 范明《西藏內部之爭》，頁三七〇—七一，二〇〇九年，香港明鏡出版社。
4 楊海英前述《在中國與蒙古的夾縫間》，頁一〇八。
5 丁抒前述《陽謀——反右派運動始末》。
6 阿木蘭編《孔飛——百年誕辰紀念文集》，頁九〇—三，二〇一二年，內蒙古人民出版社。前述圖克斯白乙爾、鄭竹青《科爾沁鐵騎》，頁四二。
7 前述《戰士的本色》，頁一一四—一五。
8 額爾敦倉〈戰鬥在召喚〉，內蒙古軍區政治部《戰鬥在高原》，頁一，一九六五年。
9 岡田英弘《岡田英弘著作集 何為歷史》，二〇一三年，藤原書店。楊海英〈維吾爾人的抵抗運動說明了什麼？〉，《世界》八五一號，頁二六一—六二，二〇一四年，岩波書店。

（二）騎兵的天上作戰

長風獵獵，從不止息
一如心中不滅的記憶
看哪，祖先創建的帝國舉世無雙
何等遼闊啊，何等輝煌

——席慕蓉〈頌歌〉，《我摺疊著我的愛》

照片四十三　《戰鬥在高原》的內蒙古騎兵標誌。

禁書的讀法

軍功被中國抹消了，卻留下了一個例外。那就是在一九六五年由內蒙古軍區政治部編集出版，並計畫發行的《戰鬥在高原》這本非賣品。或許是為了讚揚軍功，表示其存在感，這本書的扉頁上印著蒙古騎兵的標誌（照片四十三）。但是，此書在印刷後，被嚴令禁止發行，堆在內蒙古軍區的倉庫中。我經過多年的努力，終於得到了一本。

禁書《戰鬥在高原》中，沒有任何關於騎兵的編制和武器彈藥的記載，也沒有作戰對手的部族名稱和規模等詳細情況的內容。只是按時間順序羅列了蒙古騎兵忠實於當時的意識形態的、在各地「勇猛作戰」的狀況。

即便如此，只要改變一下閱讀的方法或解讀的視角，就可以得到非常重要的信息和隱藏的真相。下面根據禁書《戰鬥在高原》的記載，追溯蒙古騎兵在西藏的足跡。另外，在本章最後，將他們的戰鬥過程歸納為「官方記錄《戰鬥在高原》（一九六五）中的蒙古騎兵作戰」表（表三）。

話題回到玉樹平叛指揮部副司令額爾敦倉。禁書《戰鬥在高原》中刊載了他的文章：

「士兵們聽了戰前的思想動員報告後，一個個摩拳擦掌，怒火沖天。彷彿看見了農奴主揮動著罪惡的皮鞭，在鞭打著無辜的藏族同胞……全體指戰員如箭在弦，待命出發」。額爾敦倉如此描述士兵動員思想大會的情形。

「西藏的反動貴族將奴隸的眼睛活生生地挖出來，割掉他們的鼻子，砍斷他們的手足」。中國政府透過國家媒體，這樣大肆宣傳[1]。而事實卻正相反，是中國人和中國政府對西藏人實施了上述刑罰。這一事實，後來才被世人所知。

六月二十八日傍晚，內蒙古軍區的領導將額爾敦倉叫來，下達了詳細的指示。他們受到激勵，「黨中央下達了讓蒙古騎兵出動的命令。這是因為黨相信我們。抵達西藏後要聽從蘭州軍區的指揮。刺刀見紅，馬刀見血！」

額爾敦倉回憶道：「我們心中燃燒著對叛匪強烈憎恨的怒火，懷著對西藏農奴深厚的階級感情，記著首長們的重要指示」，踏上了向西而去的列車[2]。

據興安軍官學校第十三期生，後來擔任第十三團政委的圖們昌的回憶，部隊是為了「完成祕密任務」而出發，對家人也不可透露行蹤。直到一年後，達賴喇嘛法王出走印度被報導後，蒙古軍在西藏作戰的事實才被公之於眾[3]。

青藏高原

蒙古騎兵是在哪裡，如何開展作戰的呢？

日本人也很熟知的青海地區，是「青藏高原」的一部分。我的恩師松原正毅在一九八五年七月曾到訪此地。那時，二十歲的我也正在西藏的首都拉薩流浪。雖略顯稍長，但請允許我在這裡引用松原正毅先生著作中，關於「青藏高原」的部分內容：

青藏高原是世界上最高、最大的高原。其平均高度為四千五百米。東西約二千公里，南北約一千二百公里，面積達到二百二十萬平方公里。是日本面積的大約六倍。

青藏高原的周圍和內部，有數條東西方向並行的大山脈。青藏高原的北部和南部各聳立著崑崙山脈和喜馬拉雅山脈，形成了巨大的屏障。其眾多山峰高達七、八千米。而高原內部的山脈也高達六、七千米，這些山脈分別是由西向東的祁曼塔格、可可西里、唐古拉、念青唐古拉、巴顏喀拉、阿尼瑪卿和岡底斯山脈[4]。

「世界屋脊」的生態學的基本條件為寒冷和乾燥。松原正毅探查時的氣溫狀況為：高原中央部四千五百米處從六月到八月的三個月間，月平均溫度在零度以上。即使是溫度最高的七月，平均溫度也只有攝氏三度。年降水量大約在一百至四百毫米之間。「青藏高原的氣候特徵的要素除了寒冷和乾燥，還有強風……每年大約有一百天風速達到每秒十七米以上，相當於颱風的強風天氣」[5]。

一九八五年我也在西藏自治區的西部，從二〇〇〇年開始幾乎每年都在青藏高原的寒冷、乾燥和強風的洗禮中，繼續著自己的調查研究。我渴望能追溯蒙古騎兵的征程，與蒙古騎兵和西藏人呼吸同樣的空氣。

初戰和日後的「天罰」

上文提到的本巴等騎兵們抵達甘肅省省會蘭州市後，換乘軍用卡車，向青海省的首府西寧市出發。到達西寧市後，騎兵們沒有時間休整，接到命令第二天即前往玉樹，情勢緊迫。

本巴回憶道：「抵達巴顏喀拉山脈花石峽後，卡車無法前行，部隊就地進行一週的軍訓，戰士和戰馬當時都已因高山反應，出現呼吸困難、乏力，戰馬的馬蹄鐵都掉了下來，馬蹄一直在出血，行進非常困難。」

一九五八年八月一日，蒙古軍人終於扣動了扳機。他們在渡過湍急的花石峽河時，遭到對岸「叛亂分子」的掃射，於是進行了反擊。這大概是中華人民共和國成立後，蒙古騎兵的第一場戰鬥。

不到幾分鐘，武器簡陋的叛匪騎著馬四散而去。我和隨團政治部副主任吉日木圖來到叛軍的駐地帳篷，看見裡面有一個舉著白旗的老喇嘛，身後還有四名年輕西藏人也雙手放下獵槍，表示投降。吉日木圖副主任下馬走近他們時，那位老喇嘛突然從懷中掏出小手槍，朝翻譯胸口連開三槍將其打中，隨後飛身騎上吉日木圖副主任的戰馬飛奔而去。投降的四名年輕藏人中的一個黑臉男子，也突然從長靴裡掏出一把短刀，以驚人的速度刺向了另一名翻譯的胸部。這時，副團長巴達榮貴趕來，向西藏人說明了俘虜的優待政策，並希望他們做我們的嚮導翻譯，但遭到了拒絕[6]。

本巴對俘虜的結局沒有留下隻字片語。被俘的西藏人對翻譯的激烈反應，或許是出於對叛徒的憎恨。在西藏人看來，將中國共產黨軍隊帶來的叛徒，可恥可惡之極。

在西藏榮立了「二等功」的本巴，於一九六〇年回到內蒙古。雖然他被任命為自治區政府黨委警衛排排長，但他選擇了回到哲里木草原，與妻子共同生活。一九六六年文化大革命爆發後，他很快被當作「民族分裂主義分子內蒙古人民革命黨黨員」遭到逮捕入獄。包括昔日的戰友在內的共一百二十名蒙古人被關押在一起，幾乎每日都遭受中國人的暴力，忍受用火爐烤、電擊等，難以言盡的野蠻殘忍的虐待。騎兵第十四團副團長巴達榮貴被漢人將釘子釘入頭部而遭殘殺（照片四十四）。機關槍排的排長包峰赤（也寫作包鳳池）、軍械處排長金寶、女幹部白素蘭和徐桂蘭等，皆遭暴力虐待而死。一九七二年終於得以出獄的本巴向政府請願，希望澄清問題，卻被命令「別鬧了，回去！」[7]。

這就是蒙古人所理解的、蒙古人因屠殺了西藏人而遭到長生天的「天罰」。

畜群和日本刀

話題重新回到西藏高原的玉樹。

蒙古騎兵在從未曾遇到過的困難中繼續行軍。花石峽是海拔四千三百七十米的高山地帶。他們紮營後，生火。戰士們都疲憊不堪，希望能喝點暖和的東西（照片四十五）。

「我們把皮造匣扇得噗哧噗哧響，可是牛糞光冒煙不起火苗。好不容易把水燒得翻滾起白花，但喝到嘴裡卻覺得不太燙。飯也是半生不熟」。原因是空氣中的氧氣不足[8]。

蒙古人親眼目睹了玉樹的藏人對中國人的強烈反感。但是，他們將此事實理解為「是反動的剝削階級的觀念」，迫使自己接受這一事實。

「一九五八年八月三日黎明。東方的朝霞放出了道道金光，照耀在卡那灘草原上，炊煙裊裊，牛羊滾動，一片歡騰」。

這是某騎兵觀察到的景象。這一景象喚起了他的回憶，使他產生了猶如回到蒙古大草原般的錯覺。然而，對手是「以才仁文江為頭目的叛匪」集團。過著恬靜生活的西藏牧民並不知道自己已被蒙古人騎兵三十一部隊（第十三團）包圍。下午一點，騎兵的機關槍開火了。蒙古人騎兵猶如狼一般，揮舞著日本刀衝進了陷入混亂四散而逃的牧民中。

「解放西藏同胞！」

他們吶喊著。日落時，「叛匪集團」的一半以上被殺害。隱藏了軍事作戰細節的《戰鬥在高原》中，沒有透露具體的死亡人數9。這是最初的屠殺。

卡那灘的激戰結束後，三十一部隊的副團長，與安軍官學校第十三期生虎日樂巴根發現了一名叫嘎桑的西藏女性。她帶著四個孩子，躲在岩石後面。虎日樂巴根副團長和戰士們在傾盆大雨中，讓孩子們騎著馬，帶他們回到了軍營。他們能做到的，就只有這些。

我開始想像。卡那灘呈現著與蒙古草原完全相同的風景，在帳篷周圍吃著水草的牛羊群，

照片四十四　騎兵第十三團政委圖們昌（左）和第十四團副團長巴達榮貴（右）。圖片提供：吉普呼蘭。
照片四十五　在青藏高原野外就餐的蒙古騎兵。引自《戰鬥在高原》。

空氣中飄逸著奶香。粗糙的獵槍和刀，以及手裡僅握著長矛的「叛匪們」的屍體。和蒙古草原的遊牧民過著同樣的生活，同樣信奉藏傳佛教的人們，無法與鋒利的日本刀相抗衡。

西藏的蒙古語地名

虎日樂巴根率領的三十一部隊（即騎兵第十三團）在一九五八年秋渡過了通天河。自此，他們進入唐古拉山脈，追捕逃往西藏首都拉薩的「叛匪」。

「通向天空的河」，是中國人自古以來對此河的稱呼。意思是與刺穿天際的山峰相通。通天河從五千米的高山上流下，成為金沙江。金沙江又稱為長江。一九八五年，在青藏高原進行探險活動的松原正毅對此有以下描述：「長江的主要源流，是北部的楚瑪爾河、沱沱河、尕爾曲、布曲、當曲等。楚瑪爾河在這些河中處於最下游，與通天河相連。」10

在此，需要對地名做一些解釋。

當地人將通天河稱作穆如蘇・郭勒或穆希拉嘎・郭勒。在蒙古語中意為「錯綜複雜的大河」或「多彎曲的大河」。唐古拉也是蒙古語「騰格爾・烏拉」的藏語音變。騰格爾・烏拉意為「蒼天一樣的大山」。安多（即青海省地區）的地名大都來源於蒙古語，與十三世紀蒙古人進入「世界屋脊」，同西藏人結成了特殊同盟的歷史有關。面對當地的地名為蒙古語這一事實，或許蒙古騎兵也不禁認為自己並非是外來者。

「君不見，黃河之水天上來，奔流到海不復回」。

賦此豪邁之詩，是出身中亞、擁有突厥血統的唐代詩人李白。無論是長江、黃河還是怒江[11]，都起源於西藏大地。如今這三大河的發源地被稱作「三江源」。

中國人的謊言催動日本刀

騎兵們在十月九日清晨，渡過了蒙古人稱作當郭勒（意為「單獨的河」），西藏人稱作當曲的河流。他們打算殲滅因遭受長距離快速襲擊而不斷逃亡的藏人。長距離快速奔襲，是自匈奴時代就如遺傳基因般發揮著作用的、蒙古人最擅長的戰術。此戰術的特點是，不斷換乘多匹馬，毫不停歇地追逐對手，在對方疲憊不堪時，進行快速攻擊。中國人絕對無法做到這一戰術，便將作戰強加給了蒙古人。就此而言，毛澤東等中國政府的領導人在西藏使用蒙古軍，毫無疑問是「偉大而正確」的。

十日清晨，「玉樹的結古寺[12]的活佛」們在睡夢中被悄悄包圍。

蒙古鐵騎包圍了「七頂白色的帳篷和多個黑色的帳篷」。虎日樂巴根雖未加說明，但我們知道，青海省的西藏人並用兩種帳篷。白色的帳篷是圓形的、像蒙古的 ger（蒙古包）一樣的住所。而用犛牛的毛編織而成的黑色帳篷，是藏人所獨有。住在用羊毛編製而成的白色帳篷中，是已經西藏化的蒙古人。從內蒙古來的騎兵當時還不知道當地的蒙古人也在和藏人一塊奮起反抗。手足間的自相殘殺就這樣開始了，而導致這一自相殘殺的仍然是中國人。

虎日樂巴根寫道：「一顆子彈命中了他的胸口，不左不右正好擊中他的護身佛中央。那傢伙是個活佛。他想投奔西藏反動上層和印度反動派，捲土重來的夢想也就破滅了」[13]。

藏人無論男女，身上都穿著自己用羊或犛牛的毛和皮革製成的衣服。他們在身上裝飾各種各樣的首飾和器具，佛像和香木製成的佛珠，在脖子上戴著針線包和打火石[14]——就是這樣的人們遭到了襲擊。

擅長夜襲和拂曉前襲擊的蒙古騎兵第十四團，也於十月十九日，在莫雲灘[15]的巴嘎拉山中殲滅了熟睡中的仁欽才仁和白馬當州部。他們都是玉樹的西藏牧民部落。

戰士們寫道：「在月光下先用機關槍掃射，然後用日本刀砍殺」。中國共產黨的政治宣傳大大地奏效了。中國人的謊言是（蒙古騎兵）揮舞日本刀的原動力。

「西藏的活佛、喇嘛和農奴主都是惡魔。他們殺死十五歲的少女，用其腿骨做笛子。用孩子們的頭蓋骨做飯碗」。士兵們道出了在攻陷昂謙縣[16]的保日寺[17]，殲滅了「一千餘叛匪」時的心情。

用少女的腿骨做成的笛子和用頭蓋骨做的飯碗，在蒙古和西藏的佛教寺廟裡是必備的，我也是從小看著這樣的法器長大。這些不過是被施以了宗教法力的佛具。大腿骨取自夭折的少女，祈禱生命的再生。頭蓋骨有些是戰死的敵方戰士的，也有些是取自祖先。這是自公元前的匈奴時代就有的傳統，司馬遷的《史記》和十三世紀的《元朝祕史》中都有記錄。但是，為了做碗而故意殺人的情況幾乎從未有過。令人悲哀的是，蒙古人和藏人的這種古老文化，全都變成了中國人為宣揚階級鬥爭而故意歪曲、惡意使用的工具。

十一月二十一日傍晚，「喜歡使用由少女腿骨做成的笛子的保日寺的活佛」們，一人不留，全被日本刀砍殺。

副團長蘇日和木寫道：「我環視了一下陣地，只見遍地是敵人的屍體，像砍倒的高粱稈一樣……落日的餘暉染紅了保日寺」18。

註解：

1 前述章魯文，頁五。
2 前述額爾敦倉文，頁一一三。
3 前述阿木蘭編著，頁一二二一一二三。
4 松原正毅前述《青藏紀行》，頁八三。
5 松原正毅前述《青藏紀行》，頁八六一七。
6 前述《戰士的本色》，頁一一五。
7 前述《戰士的本色》，頁一一七。圖門和祝東力著《康生與「內人黨」冤案》中也有同樣的記錄。據記載，被中國人殺害的包鳳池是司令部動員科科長，金寶是後勤部軍需科助理員，白素蘭是後勤部色布金噶的妻子，徐桂蘭是後勤部哈日夫的妻子（頁二六〇，一九九五年）。
8 前述《戰鬥在高原》，頁五。
9 前述《戰鬥在高原》，頁一九一二六。
10 松原正毅前述《青藏紀行》，頁一一一。
11 怒江，藏語：རྒྱལ་མོ་རྔུལ་ཆུ།，藏語拼音：rgyal mo rngul chu。
12 蒙古人稱為潔爾格寺的寺院，西藏人稱作སྐྱེ་རྒུ།（藏語拼音：skye rgu）。
13 虎日樂巴根〈查當松多渡口伏擊戰〉，前述《戰鬥在高原》，頁三六一四三。
14 松原正毅前述《青藏紀行》，頁一五六一五七。
15 莫雲灘，藏語：སྨུག་གཞུང་།，藏語拼音：smug gzhung。
16 昂謙縣，藏語：ནང་ཆེན།（རྫོང），藏語拼音：nag chen rdzong。
17 保日寺（布日寺），藏語：སྤའུ་རི་དགོན་པ།，藏語拼音：spau ri dgon pa。
18 蘇日和木《保日寺肉搏戰》，前述《戰鬥在高原》，頁四九一五八。

（三）崑崙的震撼

將軍弓角不得控，都護鐵衣冷猶著。
山回路轉不見君，雪上空留馬行處。

——唐代岑參〈白雪歌送武判官歸京〉

從怒江上游開始的凱旋掃蕩

「追兵並不是中國人」。

藏人也漸漸開始明白。因為這些追兵很熟悉戰鬥，戰爭瞬間就能結束。一旦投降，絕不會殺害俘虜。這些皆與中國士兵有著根本的區別。原本，中國士兵是徒步移動，無法攀登山岳地帶。只要遇到藏人，無論男女老少，必定會全部殺死。西藏「叛匪」也意識到這一區別，於是向蒙古軍隊投降的人越來越多[1]。

到了一九五九年一月。制服了玉樹的雜多縣、稱多縣和昂謙縣的蒙古軍，慢慢向州政府所在地開始了「凱旋掃蕩」作戰。這一作戰在漢語裡叫作「回剿」。十三團和十四團在稍做休養後，這次被命令前往位於南部的怒江上游。那是平均海拔在五千米以上的高山地帶（照片四十六）。中國人在這片聖地任憑思緒浪漫馳騁，卻把殺人的骯髒事交給了蒙古人。

怒江發源於西藏自治區東北部的念青唐古拉山脈，流過康巴和雲南省的原始森林，經由緬甸後匯入安達曼灣。在中國以外的地區被稱作薩爾溫江。

興安軍官學校第十二期生嘎爾迪寫道：「四月十九日夜裡，藉著淡淡的月光，我們沿著治曲河行軍，剿滅了盤據在丁青縣[2]額日蓋的拉布桑阿寶的叛匪」。

爆破了用石頭鑄成的堅固堡壘，用日本刀砍殺慌亂不已的人們。戰鬥結束時，高原上的太陽也冉冉升起[3]。五千米的高山地帶，無法騎乘戰馬的地段很多。一旦踏空，就會連人帶馬摔下數百米深的峽谷，丟掉性命。並且，一天中會遭遇數次冰雹和大雪。軍衣無法曬乾，漸漸附上猶如鐵甲一樣的冰層。這就是中國發動的侵略戰爭中蒙古軍隊的狀況。

怒江上游的丁青縣和聶榮縣[4]，以及索宗縣[5]等地的追擊戰持續到了一九五九年十月。蒙古軍在此地彷彿又回到了十三世紀般英勇地戰鬥著。

興安軍官學校學生虎日樂巴根回憶道：「九月二日清早，我帶著二十二人要到查干午拉山的東面，去集結部隊。突然，我們發現了一股約

照片四十六　跨越高山地帶的蒙古騎兵。每個戰士牽引著幾匹馬行進。引自《戰鬥在高原》。

一百五十人左右的叛匪」。即使遇到比自己多數倍的敵人，蒙古騎兵也不會慌亂。他們先用機關槍猛烈掃射，然後分成兩個小隊，形成扇形，手握日本刀衝向敵人。他們「猶如衝入牛羊群的猛虎」，很快收拾了對手[6]。這也是自古以來頗為傳統的遊牧戰士的戰術。在這裡，對歐亞史學家杉山正明的研究稍做介紹。杉山正明寫道：

擁有出眾的騎射能力的戰士，可以快速移動和分散戰馬。這種人馬組合，相當於現代的最高性能超音速轟炸機和飛行員……

北宋年間，與新興的女真族的金朝合作打敗了宿敵契丹遼國後，金朝的議和使節團，共十七騎兵馬為了與本國聯絡，疾馳於今日河北省北部。途中，北宋的軍事指揮官帶領二千名步兵對其發起了攻擊。他們試圖殺死女真人，以立軍功。

然而，全副武裝的十七人，立刻分為左、中、右三個小隊。中央七騎，左右各五騎人馬。這是他們最為熟悉的戰鬥隊形。這三支小隊，策馬射箭，擾亂敵軍，縱橫奔馳。二千人被玩弄得狼狽不堪，毫無辦法可施，四散潰逃。十七騎人馬毫髮無損。這是北宋方面記錄的真實事例[7]。

古代的傳統，在二十世紀蒙古騎兵的身體中重新復活。蒙古人是與生俱來的優秀戰士，又經歷了日本軍式近代化的一流訓練。在這樣的騎兵面前，沒有任何軍事經驗的藏人猶如待宰的羔羊一般。這又是一個悲劇。

二號地區戰役

中國政府將一九六〇年作為「平叛的重要一年」。北京當局稱一九五九年的侵略為「一號地區戰役」。一號地區是指位於首都拉薩東北方向的以丁青縣和邊壩縣[8]為中心的地區。一九五九年秋，貢保扎西指揮的被稱為「四水六崗（四條河流和六座山脈）」的西藏人解放戰士們，約五千人將此地作為據點。中國政府先後投入丁盛將軍指揮的第一三〇師和一三四師、一五七團等精銳部隊，對其進行鎮壓[9]。據李江琳的研究，丁盛將軍率領的第五十四集團軍，是中國人民解放軍的頂尖精銳。擁有「鐵軍」稱號的第五十四集團軍，也是曾在朝鮮戰場上與美軍作戰的精銳部隊[10]。根據實際指揮作戰的丁盛的個人回憶，在「一號地區戰役」中，共「殲滅」了一萬二千二百人[11]。從毫不猶豫地投入最精銳部隊這一事實，可見中國政府對侵略西藏的重視程度之一斑。

藏語中被稱作ཆུ་བཞི་སྒང་དྲུག（chu bzhi sgang drug，四水六崗）的「四條河流和六座山脈」，是代表了西藏這個國家的具有象徵意義的概念。西藏人只要聽到「ཆུ་བཞི་སྒང་དྲུག」這個詞，就會滿懷激動，湧起無限的感激之情。以ཆུ་བཞི་སྒང་དྲུག為名的解放勢力興起於首都拉薩以南，今中國行政區劃的山南地區雅礱河谷[12]。

中國政府名義上聲稱「一邊平定叛亂，一邊推進民主改革（邊平邊改）」，而事實上推進的是種族滅絕活動，並於第二年的一九六〇年春開始，果斷實施了「二號地區戰役」。與安軍官學校第十三期生虎日樂巴根也對蒙古騎兵參與「二號地區戰役」的情景，做了敘述[13]：

一九五九年平定了拉薩周邊的叛匪後……青藏高原發生了翻天覆地的變化。反動上層分子的專制統治被推翻了，殘酷的封建農奴制度被消滅了，反動上層分子的分裂民族團結和破壞祖國統一、反對中國共產黨、反對社會主義的陰謀被粉碎了，千百萬農奴從水深火熱之中解放了出來……但是，西藏的羅布才仁和青海的老哇喇嘛，收羅了頑固的叛首和叛亂骨幹五千餘人，裹挾了二萬多群眾，逃竄到青藏交界的唐古拉山以北，當曲河以南，錯龍山[14]以東、尕爾紅[15]以西的地區，重結巢穴，聚集殘匪。

這就是發動「二號地區戰役」的大義名分。虎日樂巴根寫這篇回憶文是一九六五年。此時的他，當然沒有預料到一年後，他自己也將以同樣的「破壞民族團結和祖國統一，反對中國共產黨和社會主義」的罪名，遭到肅清。

毛澤東的命令

中國政府和中央軍事委員會下令，西藏軍區和蘭州軍區共同組織部隊，新結成的部隊由西藏軍區九八三七部隊指揮。蒙古騎兵於一九六〇年四月八日在玉樹的結扎[16]集合後，便再次向唐古拉山脈的北麓進軍。

虎日樂巴根寫道：「唐古拉山脈對我們來說，並不陌生，去年……在那裡的江河湖泊飲過我們的戰馬，那裡的山崗上還沉睡著我的戰友」。

一年前，騎兵三十一部隊的一部分，曾追擊「叛匪」至唐古拉山脈，「凱旋掃蕩」（即「回剿」）後歸來。四月十六日，騎兵到達結古寺，參加了由九八三七部隊的中國人參謀長張進主持的會議。會議傳達了毛澤東的指令：「以絕對優勢的兵力殲滅敵人」。從內蒙古自治區新到任的政治委員圖們昌也出席了此次會議。圖們昌是興安軍官學校的第十二期生，比虎日樂巴根早一級。因騎兵第十三團的政治委員照納格圖從馬上摔下，腿部骨折，所以委派圖們昌接任。「我只會講蒙古語，也未曾離開過蒙古，不想去西藏」。圖們昌雖然從一開始就提出反抗，但必須服從命令[17]。這是他作為軍人的義務。

證明侵略者的事實

需要注意人民解放軍在這裡以編號來標識作戰區域的事實。

外來侵略者對當地的地名非常陌生。所以，只能用編號來標明地形和山川。另一方面，當地的戰士們為了防止外敵的入侵，為了保護祖輩代代生活的故土，所組織的軍隊也使用傳統地名或與之有關的名稱。上文提到的「四水六崗」就是其代表。一方是使用「一號地區戰役」、「二號地區戰役」的侵略軍，另一方使用的則是祖國的代名詞ཆུ་བཞི་སྒང་དྲུག。這種鮮明的區別，充分表明了戰爭的性質。中國政府和中國人發動的是不義的侵略戰爭，而藏人則被迫發起堅守保護祖國的正義之戰。蒙古騎兵，則不過是中國政府和中國人的傭兵。

「叛匪熟悉地形」。

以此判斷為前提，騎兵又開始了作戰。沿著當曲河兩岸，騎兵四十一部隊充當右翼，騎兵〇七二二部隊充當左翼，同時展開作戰。五月五日早上七點，侵略者點燃了「二號地區戰役」的戰火。在前夜的二十二點，騎兵已經布置完成了從卡賽渡口[18]到郭當松多的包圍網。藏人有美國製造的武器彈藥補給。因為中情局一直持續著支援活動。人民解放軍首先用蘇聯贈送的TU-2戰鬥機實施了輪番轟炸。隨後蒙古騎兵揮著日本刀，衝進陷入混亂慌作一團的西藏人群中砍殺。他們事先用望遠鏡觀察，選擇藏人的防守薄弱地點，作為突破口。

虎日樂巴根的回憶文章指出：「叛匪看到揮著日本刀的蒙古騎兵，便一哄而散」。激烈的戰鬥持續了一個多月，六月二十五日戰火得以平息。沒有食物時，騎兵們獵捕藏羚羊來充飢[19]。作為戰利品也有美國的罐頭和香菸[20]。據李江琳的研究，在「二號地區戰役」中被包圍的西藏人全部被殲滅。人民解放軍的空軍共計派出一百三十三架次轟炸機，轟炸掃射共三十七回。從包圍圈中幸運逃出的一兩戶牧民，也不放過，將他們統統「殲滅」[21]。如果這是事實，那麼結合上文虎日樂巴根「叛匪五千人和二萬左右群眾一起行動」的講述，可以推斷此次屠殺規模之巨大。

空想表現了中國的不義

「二號地區戰役」結束後，人民解放軍的「玉樹平叛指揮部」在沱沱河畔召開了會議。沱沱河在蒙古語中意為「寧靜的河」，海拔高達四千五百米。會議中，給蒙古騎兵下達了新的任務。他們渡過通天河，圍殲逃入四八〇四湖和四八八二湖地區的「零散叛匪」。其內容是通過無盡的泥漿濕地，從西面沿崑崙山脈的南麓和可可西里山脈的北部進行「凱旋掃蕩」（照片四十七）。

崑崙，是古代支那人想像中的、位於遙遠西方的神話中的聖山。進入近代以後，中國人以他們假想世界中的名稱，命名了可可西里山脈北部和巴顏喀拉山脈西北的一段山脈。古代支那人和近代中國人，沒有基於科學的探險活動而進行合理的命名。侵略者中國人在西藏沒有創造哪怕一處包含著社會性的、文化性的意義的地名。他們除了使用號碼填補腦海中的空白領域以外無計可施。「四八〇四號湖」和「四八八二號湖」，這樣的稱呼本身就證明了其毫無正義可言的事實。

話題回到崑崙。

西藏高原的西藏人稱崑崙山作[illegible][22]，蒙

照片四十七　一九六一年五月二日，蒙古騎兵在通天河集結。圖片提供：吉普呼蘭。

古人稱作「闊日昆」。近代的中國人在看到這座山後，聯想到古代的崑崙，便以此命名。可可西里山脈也是如此。可可西里在蒙古語裡意為「青色的山」。另一方面，西藏人則堅持認為是藏語中的「美麗少女」之意。無論是「青色的山」還是「美麗少女」，毫無疑問地都比古代支那人夢想中的崑崙，更美麗、更富有正義感。

在此指出一點，中國政府從一九八四年開始了對長江源流和黃河源流的探險。那時，我在北京讀大學，對於中國愛國者挑戰魯莽的探險活動的蠻幹，毫無興趣。進入二十一世紀後，中國政府終於開始了對包括東部的康巴和安多，西部的羌塘等整個西藏的地名調查活動。這表明了他們的正義至今尚未得以確立的現狀。

在陸空禁區行走的騎兵

被送到沒有正義的高山地區的蒙古騎兵，必須走過「陸空禁區」[23]。「陸空禁區」指的是陸軍和空軍都無法進入的區域。陸軍當然是由中國人的步兵組成。作為「文明人」的他們，一旦進入被編號的無人地帶，就會迷失方向，在原地彷徨無法走出。海拔超過五千米的高山地帶，氣候瞬息萬變，即使是蘇聯製造的 TU-2，能否通過，亦完全沒有把握。但對西藏人來說，這是祖國的懷抱，是他們感到熟悉和親近的家鄉。那麼，能夠進入的只有可以忍受高山和寒冷的「野蠻的北狄」蒙古人了。蒙古人騎兵不得不為了中國政府和中國人將骯髒的殺人行為做到極致。

興安軍官學校第十二期生圖們昌所率領的三十一部隊，在七月六日集結於通天河畔的亂石灘，休整到八月九日。出發後首先必須通過泥漿千里的濕地。這裡是長江的源流地區，被稱作祖爾肯．烏蘭．烏拉的地方。蒙古語意為「猶如心臟般的赤色山脈」。行走在寸草不生的紅色岩石上的感覺，就好像走在巨人跳動的心臟中一樣。

圖們昌寫道：「在泥漿濕地中連續行走了一週後，戰馬的馬蹄被泡軟腐爛，不能走了，戰士們就脫下自己的解放鞋，改造成馬蹄形，給戰馬穿上，繼續行軍」[24]。

被編號的湖水是不能喝的，因為那是鹽水湖。松原正毅描寫道：「這片區域，直到侏羅紀（一億九千萬年前至一億三千六百萬年前的地質時代）中期都位於蒂錫斯海海底。從侏羅紀末期開始變成陸地，在古代第三紀（六千五百萬年前）除了極少一部分湖和淺海以外，青藏高原成為了陸地」[25]。

就這樣，在喜馬拉雅山北側的內陸地區，從地質時代開始，被陸地封鎖的湖泊在蒸發中也依然一直存在著。這裡幾乎所有的湖泊都含有濃厚的鹽分。當地人知道哪個湖水可以喝、哪個有毒。蒙古騎兵在這裡發揮了自十三世紀以來的地理學知識和生存技能，人和馬都不飲不食持續行軍。八月二十八日，在四八〇四號湖的附近，蒙古騎兵發現了「二十幾名叛匪和大量的畜牧民，二萬多頭家畜」，並消滅了全部「敵人」。其中有的士兵是第一次用日本刀殺人。在此次行軍中，蒙古軍多次發現並殲滅了「逃亡中的叛匪集團」。

直到十月二十日，「回剿」結束，他們回到了通天河畔[26]。藏人方面已經沒有任何可以與蒙古騎兵較量的戰鬥力了。這是蒙古騎兵單方面對弱者犯下的罪行。

表三　官方記錄《戰鬥在高原》（一九六五）中的蒙古騎兵作戰表

時間	戰鬥地區	戰鬥狀況
一九五八年八月三日	卡那灘草原	三十一部隊剿滅了才仁文江等牧民
一九五八年八月二十八日	郭雲灘（ཀོ་གཞུང་ཐང་། *go gzhung thang*）	四十一部隊追擊玉樹的仁欽才仁和白馬當州部的千餘人
一九五八年十月九至十日	當曲河附近的查當松多山	三十一部隊殺害玉樹結古寺的活佛以及僧侶
一九五八年十月十九日	莫雲灘的巴嘎拉山	四十一部隊剿滅了玉樹的仁欽才仁和白馬當州部
一九五八年十一月二十一日	位於四川和青海、西藏三省區鄰接地的囊謙縣的保日寺	四十一部隊剿滅了以馬尚三狄和多羅拉為首的千餘名「叛匪」和保日寺的活佛
一九五八年十二月十七日	玉樹結古寺	追擊分散的「叛匪」
一九五九年四月十九日	西藏東北部的丁青縣	四十一部隊追擊額日蓋地區的拉布桑阿寶「叛匪」
一九五九年四月末	丁青縣金尕寺	四十一部隊追擊四散的「叛匪」
一九五九年五月十八日	剿滅盤據在娘美寺的安青喇嘛等「叛匪」	四十一部隊騎兵第二連
一九五九年六月二十五日至七月二日	巴塘的熱水溝	騎兵第三連討伐以希日塔才為首的「叛匪」。昌都和囊謙，雜多等地的「叛匪」基本上全部被鎮壓
一九五九年八月中旬	怒江上游巴青縣南部的聶榮縣、索宗縣	四十一部隊的第四連消滅了三十九族千戶長的永珠加娃的六個部落共二千七百人和龍卡寺（龍卡ལུང་དཀར་ནོར་བུ་གླིང་། lung dkar nor bu gling）的活佛扎西旺加，玉樹縣的百戶長白日羅州等人。
一九五九年九月	怒江綿羊溝，雅木灘	「回剿」開始
一九五九年九月二日	查千午拉山東面的屋日親溝	虎日樂巴根部隊擊滅一百五十名「叛匪」

一九五九年九月下旬	怒江上游的巴青縣南部的聶榮縣，索宗縣	騎兵第二連苦戰
一九五九年九月二十七日	尕曲河兩岸	四十一部隊的第一和第二連在「回剿」中剿滅格勒喇嘛的部隊
一九五九年十月	怒江附近日尕部落的東大寺	消滅日尕部落
一九五九年十月上旬	金沙江上游	第三連追擊以江諾活佛為首的「叛匪」
一九六〇年四月八日	唐古拉山中的結扎	為二號戰役做準備，在結扎集合
一九六〇年五月五日～	查當松多、郭當松多、卡賽渡口	二號戰役開始
一九六〇年五月十五日	莫雲灘的牙占尕草原	同上
一九六〇年五月十六日～	通天河，莫曲河的合流地	同上
一九六〇年五月二十六日	順達地區	同上。二號戰役以勝利告終。騎兵兩個團沿著青藏公路著手準備討伐「殘匪」。
一九六〇年七月六日至八月九日	通天河亂石灘	討伐「殘匪」，苦於應對沼澤地
一九六〇年八月十八日	巴毛多爾松（དཔལ་མོ་རྡོ་བཟང་། dpal mo rdo bzang）	包圍並剿滅「叛匪」
一九六〇年八月二十三日	可可西里的慕士塔格山麓	抓獲二十多名「叛匪」和二萬頭家畜
一九六〇年九月八日	可可西里四八〇四號湖和四八八二號湖	追擊「殘黨」
一九六〇年九月十三日	可可西里	開始回剿
一九六〇年九月二十五日	崑崙山麓以南	回剿殘敵
一九六〇年十月二十日	通天河橋附近	全體部隊集合。作戰結束。

註解：

1 前述《戰鬥在高原》，頁七五。
2 丁青，藏語：སྟེང་ཆེན།，藏語拼音：steng chen。
3 前述《戰鬥在高原》，頁八六—九一。
4 聶榮縣，藏語：སྙན་རོང་།，藏語拼音：snyan rong。
5 索宗縣，藏語：སོ་གསུམ།，藏語拼音：so gsum。
6 前述《戰鬥在高原》，頁一三七—五六。
7 杉山正明《從遊牧民看世界史》，頁二五—六，一九九七年，日本經濟新聞社。
8 邊壩，藏語：དཔལ་འབར།，藏語拼音：dpal 'bar。
9 前述《解放西藏史》，頁三八八—八九。
10 李江琳前述書《一九五九拉薩》，頁三五二。
11 丁盛《落難英雄——丁盛將軍回憶錄》，頁三〇七，二〇〇八年，香港星克爾出版公司。
12 諾爾布前述書，頁一九二。
13 前述《戰鬥在高原》，頁二三四—三五。
14 錯龍，藏語：མཚོ་ལུང་སྨུག་མོ་མདུང་རྩེ།，藏語拼音：mtsho lung smug mo mdung rtse。
15 尕爾紅，藏語：དཀར་ཆེན་རི་བོ།，藏語拼音：dkar chen ri bo。
16 結扎，藏語：སྤྱི་རྫ།，藏語拼音：spyi rdza。
17 阿木蘭前述編著，頁一二一—二二。
18 卡賽渡口，藏語：ཁ་གཟེ་མདོ།，藏語拼音：kha gze mdo。
19 前述《戰鬥在高原》，頁二三六—五二。
20 阿木蘭前述編著，頁一二六。
21 李江琳前述書《當鐵鳥在天空飛翔》，頁三八三。丁盛前述書，頁三〇八—一一。
22 藏語拼音：khu nu ri bo。
23 前述《戰鬥在高原》，頁三七二。
24 圖們昌〈挺進路西〉，前述《戰鬥在高原》，頁三七一—八一。
25 松原正毅前述《青藏紀行》，頁八四。
26 圖們昌前述文，頁三八一。

第八章

武士橫掃崑崙

「日本刀不是任憑蠻力砍殺的武器，要巧妙地配合使用力氣，在刺中對方後輕輕劃過」。這是蒙古騎兵從日本士兵學到的知識。日後，他們挎著日本刀挺進青藏高原，在馬上比日本武士更運用自如地揮動日本刀。

人馬一體的蒙古騎兵

離鄉歲幾何，生死相依與愛馬
征服山川水，氣血相通於韁繩

——〈愛馬進軍歌〉武市銀次郎《富國強馬》

（一）崇尚日本軍隊的成吉思汗後裔

二〇〇六年六月十日。我回到了故鄉鄂爾多斯市烏審旗。在烏審旗西部草原上矗立著一座名為陶里木寺的藏傳佛教寺廟，我拜訪了住在這裡的一位名叫朋斯克的老人（二〇〇六年時六十六歲）。他身高一米七五左右，體格硬朗，頭髮花白，一舉手一投足都散發著軍人特有的凜然氣質。我聽說他曾作為騎兵遠征西藏玉樹，因此希望能記錄下他的這段歷史。

最後的血脈

「你真是對討厭的話題感興趣啊。我們自從被除隊以來，就被下達了嚴格的封口令。如今或許到了可以說出來的時候了。」

朋斯克抽著菸猶豫著。

「其實我的父親也曾在騎兵第五師第十四團」。我不想放棄這個機會。「既然是戰友的兒子，那我就說說吧」。

朋斯克勉強地回應道。此時，位於朋斯克家北面的陶里木寺沐浴在初夏溫暖的晚霞中。

雖然同在騎兵第十四團，嚴格地講，朋斯克和我父親並不是同期。為了「保證軍隊的純潔」，我的父親因「出身剝削階級」，在一九五七年末遭到「掃除」，回到了家鄉，因此，並沒有參加一九五八年的西藏遠征。朋斯克於一九五九年十二月一日加入人民解放軍，第二年一月十五日參加了西藏遠征。雖不是同期，但他們都對騎兵第五師有著特別的情懷。因為不管怎樣，這是近現代蒙古人創建的騎兵最後的血脈。滿洲國亡國後，擁有五個騎兵師的蒙古軍成為鎮守在中國北部的一大勢力。然而，經過一系列的政治肅清，到一九五七年六月時，只剩下了三個團。中國政府將這僅有的三個團中的兩個派往了「世界屋脊」。

在開往西藏之前，騎兵第十三團駐紮在位於自治區首府呼和浩特以南的集寧市，第十四團則在位於北京東北的烏蘭哈達市（即赤峰市）的東大營，第十五團駐紮在接近蒙古人民共和國國境的巴彥諾爾盟。

朋斯克指出：「騎兵三個團被稱為烏蘭夫的親衛部隊，是蒙古軍隊精銳中的精銳。實際上，中央軍委當時要求三個團全部出動，但是內蒙古自治區西部阿拉善地區的蒙古人處於不安定狀態，所以留下了駐紮在巴彥諾爾盟的第十五團」。

中國政府為了將阿拉善地區作為導彈基地，強制蒙古遊牧民移往戈壁沙漠中。蒙古人對此強行占領草原的政策提出了抗議。

蒙古人武士

朋斯克出生於一九四〇年，為 da tayiji 巴圖敖其爾的次子。da 意為「大」，tayiji 是蒙古語中「太子」的發音。即使在成吉思汗的直系子孫中，也只有從權勢家族出身的人才能擁有 da tayiji 的稱號。朋斯克的父親精通蒙古語和藏語，在當地是有名的藏書家。收藏了很多蒙古語的古文獻和藏語的木刻版圖書。

蒙古人的諺語指出：「知識，存在於曬得黝黑的老人的腦海和塗得漆黑的書櫃中」。文化大革命時期，蒙古人黑色書櫃中的古卷和木刻版圖書被批判為「封建社會的殘渣」而遭到燒毀。朋斯克家因為屬於「革命軍人家屬」的身分而幸免於難，但朋斯克的父親非常擔心政府終有一天會來家中搜查，所以還是把一部分藏書拉到沙漠中燒毀了。

朋斯克歎息道：「父親非常喜愛藏語佛經的木刻版圖書，經常把它抄下來送給附近的人。而我卻到西藏去，對藏人僧侶和牧民進行鎮壓。命運對於我們何等殘酷」。

不僅僅是因為人民解放軍高層下達了嚴厲的封口令，還因為每個蒙古人都背負著沉重的歷史，因此，不少蒙古人不願再提及遠征西藏的經歷。

鄂爾多斯地區烏審旗共有八人加入了騎兵隊。其中只有一人是中國人，其餘均為蒙古人。蒙古人自四、五歲起就會騎馬。少年時期便手握獵槍，學習在草原上追蹤動物的足跡和圍獵的技巧。所以，雖說是新兵，但早已具備了應戰能力。

朋斯克回憶入伍後的情形：「在部隊，我只學習了日本刀的使用方法」。「日本刀不是靠蠻力去砍，而是在刺中對方後輕輕劃過」。

朋斯克有著幾乎與我父親完全一樣的感想。這樣的感觸或許與日本人是不同的，但卻是草原騎士的體會。生長於鄂爾多斯草原的朋斯克在十九歲時，第一次接觸了東洋武士留下的武器。身為蒙古人的他，將武士刀帶進西藏高原，在馬背上使其錚錚作響。

軍人要以日本兵為榜樣

蒙古人新兵們乘坐火車從集寧市出發，經過寧夏回族自治區首府銀川市和甘肅省省會蘭州市，到達了青海省西寧市。他們在西寧換乘卡車，前往玉樹。經過大約一個月的高強度特訓，一九六〇年四月，他們和戰馬一起站在了唐古拉山脈山麓的陣地上，參加了「二號地區戰役」。他們的心情不像是新兵，更像是在參加一場狩獵。此時的朋斯克只有二十歲。騎兵的指揮官是第十四團團長陶克陶。

「軍人，就必須像日本士兵那樣」。

這是陶克陶團長的口頭禪。朋斯克從戰友處得知，在玉樹的一個月特訓自始至終都是「日本騎兵式」。在文化大革命中，偏愛日本的陶克陶團長當然被指控為「日本的走狗」，遭到了肅清。

「成吉思汗的騎兵從內蒙古來了」。

中國政府利用投降的西藏人和當地的蒙古人，有意傳播這一奇怪的流言。這是為了給發動起義的藏人牧民造成強烈的心理壓力。

朋斯克回憶起當時的情景：「藏人確實非常英勇。他們對於中國人非常厲害。俘虜們也說『支那士兵並不可怕』。但是，藏人自古就無法應對蒙古兵，面對蒙古人卻很懦弱，與當地青海地區的蒙古人作戰時也處於劣勢。或許是十三世紀以來的記憶一直沒有消失，『成吉思汗的騎兵來了』的宣傳和心理戰術，對藏人造成了不小的動搖。原本，藏人就不是士兵，而只是牧民。自然不是蒙古騎兵的對手。即使如此，俘虜們還是異口同聲地說：『如果不是蒙古騎兵，我們絕不會失敗』」。

蒙古人於十三世紀進入西藏高原，皈依佛教，並將佛教尊為大元王朝的國教。元朝滅亡後，繼承成吉思汗弟弟血統的男人，在一六三六年應西藏佛教格魯派的要求出兵西藏和青海。以蒙古軍隊為後盾，加強統治的五世達賴喇嘛，授予這個男人以「持教法王」的稱號，此人即蒙古的「顧實汗」[1]。十三世紀的事件與顧實汗時代的歷史重疊在一起，「成吉思汗的騎兵很可怕」的印象完全固著在藏人社會中。

「在我們眼裡，凡是藏人全部都是敵人。男人無論老幼，手裡都握著槍」。朋斯克為很難分辨誰是「敵人」而感到極其困惑。

戰鬥的方法很簡單。中國空軍首先實施空襲。投下大量的炸彈，造成藏人的混亂，步兵趁此時機用機關槍向混亂的人群掃射。九死一生果斷突破步兵包圍圈的人們，迎接他們的則是握著日本刀的蒙古騎兵。空軍也時常誤炸友軍。

在須彌山麓犯下的罪行

「二號地區戰役」結束後，騎兵們為了追捕「殘餘敵人」進入了崑崙山。蒙古人把崑崙山稱作闊格日昆或闊日昆山。

「我們的團登上了崑崙神聖的主峰須彌山。唐古拉山脈的陽面和陰面的地名均是蒙古語，我們追剿俘虜了藏人後，才發現藏人和蒙古人一樣過著遊牧生活，無論身上的氣息還是裝扮幾乎完全一樣。說實在的，我感到了困惑，我們到底在和誰作戰。後來，我的親戚在一九九〇年代到青海省參拜寺廟時，受到了指責：『你們蒙古人做了罪孽深重的事情』。確實，我們犯下了罪行。」朋斯克懺悔地回憶道。

佛教徒認為，須彌山是作為宇宙中心的巨山。崑崙的主峰被稱為須彌山，反映了佛教徒對其尊崇的心情。朋斯克等蒙古騎兵在海拔五千米處的山岳湖裡清洗了馬蹄，在唐古拉山中飽經風霜度過漫長歲月，向西北進軍。從青海省到達新疆維吾爾自治區境內後，又馬上轉向了位於東南方向的柴達木盆地。此時，騎兵的團長是興安軍官學校第十二期生吉爾嘎朗，副團長仍是巴達榮貴。

「仰望喜馬拉雅山峰，戰馬多矯健」。

我不禁想像著，吉爾嘎朗團長和士兵們挎著日本刀，口中吟唱著興安軍官學校校歌，一路通過須彌山麓的情景。

一九六〇年八月一日，騎兵第十四團的一支小隊在通天河的支流楚瑪爾河失去了八名戰士。而一起入伍的，烏審旗出身的尼瑪仁欽在受重傷後得以救助（參照後文）。內蒙古軍區副參謀長塔拉的回憶錄指出：「叛匪打冷槍時，專挑那些騎好馬帶手槍的人襲擊。他們知道那是指揮員或幹部，連級幹部嘎布亞圖就是這樣犧牲的。第十三團團長賀希格尼瑪也中彈身亡」[2]。其實，蒙古騎兵在所到之處都遭受了勇敢抵抗，被迫陷入苦戰。

一石三鳥的中國

「二號地區戰役」結束後，朋斯克所在部隊被繼續派往「四號地區戰役」。據中國官方記載，「四號地區」指的是位於東部西藏昌都地區東南部的寧靜[3]和三岩。作戰於一九六〇年秋季十月十六日開始，在十二月二十六日結束。此次作戰是四百九十餘名藏人「叛匪」和五千四百名人民解放軍之間的力量懸殊的搏鬥[4]。朋斯克曾數次目睹，中國軍的步兵把俘虜的耳朵割下來，也因覺得護送藏人麻煩而將他們屠殺了事。

騎兵於一九六一年十一月，從西藏回到內蒙古自治區赤峰市東大營。快滿二十二歲的朋斯克已經變成一個挺拔的小夥子，並且晉升為排長。沒什麼比回到闊別一年十一個月的故鄉更讓他開心的了。

朋斯克證實，「原本內蒙古軍區的最高司令烏蘭夫是不願意派遣蒙古軍的。我們都知道這一事實。烏蘭夫對騎兵第十三團和十四團的司令下達了命令。要求蒙古人軍隊全體成員必須平安回來。即使萬一出現犧牲者，也要將犧牲者的遺體或遺骨帶回來。絕不能讓戰士的孤魂留在西藏」。

我繼續問道：「您怎麼看蒙古騎兵被派遣到西藏的這段歷史呢？」朋斯克一字一句地分析道：

中國藉蒙古人的力量合併了西藏。這是其一。沒什麼能比最優秀的蒙古人戰士手握人類最強武器日本刀時，更能發揮可怕的戰鬥力了。而中國人毛澤東利用了這一驚人的戰鬥力。他的陰謀，確實更可怕。

第二，烏蘭夫一直保存的這支自滿洲國時代以來的武裝勢力，被中國消耗殆盡了。中國政府絲毫不願意看到手握日本刀的蒙古騎兵的存在。

最後，讓蒙古軍隊和西藏人戰鬥，從而在兩個民族之間製造了新的仇恨，離間了少數民族同胞。可謂一石三鳥。

自騎兵兩個團從西藏回來以後，大量的中國幹部被調任到騎兵團，代替了蒙古人將領的位置。他們對我們說，西藏遠征讓你們很疲倦了，回鄉靜養吧。事實上，這是抽去主心骨的一個步驟。一九六六年文化大革命爆發，開始大量屠殺蒙古人時，作為第一步，也是著手解除了騎兵兩個團的武裝。倖存的蒙古人將領，也都被指控為「烏蘭夫的御林軍親衛隊」，遭到殺害。自此，我們蒙古人永遠失去了自己獨有的軍隊。

這就是朋斯克的觀點。當然，他並不知道日本刀是如何製作的，也不像興安軍官學校的學生那樣，直接接觸過日系軍官。但是，「日本刀是人類最強的武器」，熟練使用過日本刀後的這種感觸卻難以忘懷。他毫不客氣地宣稱：「蒙古人生來就是最強的戰士」。雖然沒有經歷過滿洲國時代，卻因為從興安軍官學校的學生那裡學到了日本式的軍事訓練，朋斯克有了這樣的認識。

朋斯克在一九七〇年被除隊回到了鄂爾多斯。在公路建設公司工作一段時間後，轉職當了警察，於一九九七年退休。

註解：

1 宮脇淳子《蒙古歷史》，頁一九四－九六，二〇〇二年，刀水書房。
2 塔拉前述《平凡的人生——塔拉革命回憶錄》，頁三三一。
3 寧靜，藏語：སྨར་ཁམས་རྫོང་，藏語拼音：smar khams rdzong。
4 前述《解放西藏史》，頁三九六－九七。

（二）日本刀割刎西藏人

英明成吉思汗的後裔們：鄙視奢華衣著　捨棄美味佳餚　一心致志武士路！

——《蒙古軍人之歌：我蒙古同胞誓言》

不幸的老兵

告別朋斯克三個月後的二〇〇六年九月二十五日，我拜訪了同樣住在鄂爾多斯市烏審旗旗政府所在地嘎魯圖鎮的尼瑪仁欽（二〇〇六年當時六十六歲）（照片四十八）。一九六〇年八月一日，騎兵第十四團的一支小隊在通天河支流楚瑪爾河犧牲了八名戰士，那場戰鬥的倖存者之一，就是尼瑪仁欽。朋斯克遲遲不願說出和藏人戰鬥的詳細情況，我只能寄望於尼瑪仁欽。順便提一下，「朋斯克」和「尼瑪仁欽」都是藏語名字。朋斯克意為「集大成」，尼瑪仁欽意為「太陽的禮物」。蒙古人和西藏在文化和歷史上都有著特別深厚的聯繫，從蒙古人的名字亦可見一斑。

照片四十八　尼瑪仁欽。

「如今的中國政府徹底腐敗，無論是警察還是軍隊都沒得救了」。

尼瑪仁欽開口第一句就充滿憤怒。一年前，二〇〇五年夏季的一天。尼瑪仁欽看到一個剛剛從草原來鎮上打工的蒙古人少年的手機被中國人小偷掏走時，上前阻止，反過來被那個中國人拿磚頭打傷了手腕。他和周圍的人一同將小偷交給警察時，尼瑪仁欽卻以打人的名義被拘留，中國人流氓被當場釋放。因為警察也都是中國人。

「自治區只是徒有虛名。政府和警察都是支那人，支那人罪犯囂張跋扈，但是祖祖輩輩住在這裡的我們蒙古人卻受到無理的對待」。

尼瑪仁欽怒不可遏。被中國人小偷打傷的右手腕留下了後遺症，到現在還是麻痺的，而且右手大拇指也沒了。我想起了在來拜訪他之前，他的熟人說他是個不幸的老兵。看來的確如此。

拖後腿的支那兵

尼瑪仁欽告訴我：「在騎兵第十四團時，我是機關槍手。大拇指是在西藏戰鬥時被子彈打飛的。」尼瑪仁欽和朋斯克等八人在一九五九年十二月加入騎兵第十四團，其中只有一個中國人，是出身烏審旗霍陶魯蓋地區的張玉龍。他們在昭烏達盟赤峰市經過兩個月的軍事訓練後，到了位於自治區中部的集寧市玫瑰營。意為「玫瑰花園」的玫瑰營，是聚集了信仰聖母瑪利亞的教徒的草原地區。

「解放祖國寶島台灣的戰爭即將開始。為此募集應戰者」。

照片四十九　蒙古軍隊的夜襲場面。引自《內蒙古戰士》一九六六年二月號。

將領們在會議上是如此動員的。尼瑪仁欽認為軍人的天職就是上戰場，於是馬上應召了。蒙古人尚武的基因已經在燃燒。雖然他有一瞬間隱約感到了疑問，在南國的小島台灣，騎兵是否能派上用場，但沒有對此做出深究。然而，兩天後他們得知不是前往台灣，而是要去青海省西藏人的草原。戰士和戰馬都乘上了列車，沿著黃河開始了征途。此時，補充上來的有七百個新兵。一起入伍的張玉龍由於太過緊張，甚至無法走路，兩個蒙古士兵幾乎拖著把他扔進了車廂。

他們的卡車花了三天才走過從青海省省會西寧市到玉樹的囊謙縣的險峻道路。途中，他們親眼目睹了輜重卡車掉到數十米下的山谷中的情景，親身感受了山岳地帶的恐怖。高原上金黃色的陽光，在群山的稜角投下最後的光暈時，他們到達了囊謙縣政府的所在地。將腰間日本刀的刀柄握在手中的尼瑪仁欽也開始緊張起來。時間是一九六〇年二月二十六日。當晚，傳來電報命令他們「夜襲昂索寺」。當他們為戰馬套上馬鞍準備出發時，一個中國人士兵上吊自殺了。因為極度的緊張，與其上前線，不如選擇其他的道路。

「騎兵第十四團的士兵百分之九十八以上都是蒙古人。為數極少的幾個支那兵總是拖我們的後腿」，尼瑪仁欽對中國兵很瞧不起。

西藏人的血染紅了唐古拉山脈的雪

馬蹄聲使西藏大地發出了有節奏的震動（照片四十九）。蒙古騎兵疾馳雪地，包圍了昂索寺。從四川來的中國人步兵部隊也抵達了。中國人步兵團一手握著手榴彈，一手握著手槍衝進了寺裡，卻被僧侶所擊退。深夜，寺廟因炮擊遭到破壞。騎兵鞭策戰馬衝向從寺院跑出來的僧侶。日本刀在星夜中閃著光芒，藏人僧侶們的鮮血將白雪染成了黑色。為了中國政府，他們把日本刀刺進了藏人的胸膛浴血奮戰。此時的指揮官是團長吉爾嘎朗和副團長巴達榮貴，連長是巴修魯。

「叛匪正在唐古拉山北側集結」。

得到消息的騎兵部隊留下一串串馬蹄印離開囊謙縣，向西而去。從海拔五千米高的山間吹來的烈風，穿過蒙古人的戎裝，寒冷直抵心臟。

他們在名叫達木沁灘的地方，發現了藏人「叛匪」大集團。對西藏牧民來說，最為不幸的是帶著家畜群一起行動和追捕者是蒙古人。這是雙重的不幸。蒙古人在看到家畜群的足跡的瞬間就能判斷其規模，因為對方是和自己過著同樣生活的人。清晨，他們看準西藏牧民還未從沉睡中醒來的時間進行襲擊。一旦進入敵營，日本刀會使對方立刻鮮血流淌，唐古拉草原瞬間被牧民的屍體淹沒。

尼瑪仁欽證言道：「我們俘虜了二百人左右的女人和孩子，交給了後來的支那人步兵部隊。但是，幾天後聽說他們把那二百多人全部屠殺了。支那兵雖然非常不擅長戰鬥，卻極其喜好毫無必要的殺戮」。

「太過分了！」對著殺害了二百多名女人和孩子的中國人步兵，蒙古人連長和政治委員二人吼道。當天，此二人即被除隊，經由玉樹回到了故鄉。

鎮魂魔笛

經歷了達木沁灘的「屠殺俘虜」事件後，騎兵們繼續向西，進入了祖爾肯．烏蘭山脈。上文也提到過此山名意為「猶如心臟般的赤色山脈」。幾天後，他們發現了數名疑似「叛匪」的騎馬的人。

「從左面進攻」。

得到巴修魯連長命令的尼瑪仁欽和額爾登陶克陶夫二人，騎著戰馬疾馳而去。戰馬的鬣毛在風中幾近橫倒。他們追到一條小河的岸邊將兩個男人斬殺。擦乾刀上的血跡後，他們才發現那兩人都是年輕的牧民。他們完成任務回到隊伍駐地時，巴修魯連長已經死了。原來，在他們追捕那兩個男子時，巴修魯遭到了其他集團的襲擊。騎兵連停止追剿，將戰友火化。夜晚，他們點起篝火取暖。青藏高原的強風發出猶如惡魔吹笛般的詭異聲音，徹夜未停，宛如戰死的蒙古兵和慘死的牧民的鎮魂歌。

尼瑪仁欽繼續著回憶：「我們蒙古軍的最高司令烏蘭夫在我們上陣前下令，一定要將戰死的蒙古士兵的遺骨帶回去。他也不願向西藏派遣騎兵，但無法抵抗毛澤東，無奈地只能服從。在西藏戰死的二百多名戰友，都被葬在位於呼和浩特市北端的大青山烈士公墓」。

「野馬群」

晚春某日上午，騎兵第十四團抵達扎雅曲河。騎兵們沿著河岸向平原駛去，此時東面出現了西藏人的馬隊。最初他們以為是海市蜃樓。蒙古人稱海市蜃樓為「野馬群」。在西藏高原上，時常發生無法分辨「野馬群」和真實的馬群的情況，常使人們的精神高度緊張。

地平線上出現了黑色的馬群。牠們飛揚著沙塵朝我們疾馳而來。達瓦班長做出手勢讓大家停了下來。不久，我們聽到了馬蹄富有節奏的轟鳴聲，甚至連大地都被震動起來。我們知道這不是「野馬群」。我們是只有三十人的小班，而對方卻是四百人的大部隊。實際上，有可能幾天前他們就跟蹤上了我們班。發現我們人數少，決定發動襲擊。

然而，藏人牧民的這一計畫卻是行不通的。對方是與生俱來、歐亞首屈一指的戰士，並且裝備了日本式近代化武器，是精悍的殺人集團（照片五十）。機槍手尼瑪仁欽利用地形，裝好彈藥。其他騎兵立即分成兩隊，形成左右側翼型包圍圈，拔出日本刀，等待時機。

尼瑪仁欽總結經驗似的說：「機關槍的頭兩發肯定打不中，而從第三發開始一定會擊中目標」。

遭到機關槍的掃射，藏人馬隊停止前進，陣形被打亂了。此時，紋絲不亂的騎兵分隊組成方陣衝入敵陣。拔刀出鞘的尖聲和馬鐙踢踏馬腹的鈍聲交織在一起，白刃在陽光下閃爍。中午過後，戰鬥結束了。這是一場悲壯的戰鬥。但是，蒙古人卻沒有陶醉在悲壯感之中。

「對方不是正規兵，是牧民」。

接二連三有人提出抗議，卻在達瓦班長投來的目光下沉默了。達瓦班長在日本刀的觸感下心裡也

照片五十 蒙古騎兵的馬背射擊。引自《內蒙古戰士》一九六四年一月號。

應該明白對方是什麼人。

尼瑪仁欽繼續道：「我們沒有一個犧牲者。只是，支那人張玉龍因為過於害怕，竟在馬上失禁。那傢伙不怎麼會射擊，連日本刀也握不住」。張玉龍在蒙古人看來已經不是士兵了。「玉龍」這個名字也許在哭泣吧。

第二天，遭遇並剿滅了殘餘敵人。戰鬥過後，他們渡過扎雅曲河。此時，戰友哈拉的大腿周圍出現了紅色的漩渦。尼瑪仁欽明白他受了傷，卻沒有作聲。他想在渡過河後再做包紮處理。可是，此時旁邊的艾布禪不小心喊了起來：「喂，你在出血」。看見自己鮮血的哈拉，受到打擊倒在了河中。

克什米爾製造的馬鞍

一九六〇年四月發動的「三號地區戰役」以後，騎兵第十四團進入「藍色山脈」可可西里，繼續追剿「叛匪」殘黨。

尼瑪仁欽仍沉浸在回憶當中。

一天，我們班正在追捕一名男子。他也是個非常勇敢的好漢。竟然打死了我們兩名戰友。下午，他躲進了一個廢棄的寺廟。他的子彈已經用盡，趁此時機我一個人進去抓住了他。馬背上馱著兩位戰友的遺體，帶著這個俘虜，我在傍晚時分回到大部隊會合。但是，支那人步兵卻用石頭砸死了那個藏人。我們即使犧牲了兩名戰友，也沒有虐待俘虜。不斷降者，是我們祖先成吉思汗定下的法律。軍營裡也漸漸開始明白，果然支那人對少數民族是另眼相待的。

事實不勝枚舉，尼瑪仁欽也只舉上述幾個事實為例說明：「支那兵雖不擅長作戰，但極其嗜好殺人」。

一九六〇年七月下旬。遠征通天河上游的騎兵第十三團第五連的無線電發生了故障。騎兵情報員送來這個消息後，尼瑪仁欽所在班共三十人，帶著新的無線電出發支援。在送完無線電的歸途中，經過了一個藏人的村子。是位於唐古拉山中的一個半農半牧的村子。行軍途中沒有了食物，一路都是打野驢為食，他們想弄一些糧食。

尼瑪仁欽繼續告訴我：「我會講一些簡單的藏語，進入了某個民家，讓他們拿一點食物給我們。於是，一個少女默默地給了我們一籃子雞蛋。黑暗的房子裡，少女的眼中閃著冷光，仇恨的視線似乎穿透了我的身體。提著那筐雞蛋走出民家的瞬間遭到了村民的槍擊，我的 saral 愛馬被當場打死。」

「體型健壯帥氣的蒙古戰馬，到達西藏後接連死亡。由於罹患上高山症而無法行走，我們全員換乘了西藏馬」。

saral 意為「灰色」。蒙古人以馬的毛色稱呼馬。尼瑪仁欽的 saral 是在名為扎西爾的地方，從一個藏人貴族那裡得到的。

「saral的馬鞍是銀製的，是喀什米爾製作的豪華馬鞍，韁繩大都是藏人女子用犛牛皮編織，馬鞍墊上有金絲的刺繡」。

和所有蒙古人一樣，尼瑪仁欽在聊到駿馬和馬具時滔滔不絕。西藏有很多從印度和巴基斯坦來的穆斯林工匠，由他們手工製作的馬鞍在中央歐亞的遊牧民中成為名牌。

「我在二號地區戰役結束後，於一九六〇年秋前往西藏東部的昌都地區，參加了四號地區戰役。那時候，在四川北部康區打過老虎，但是沒殺過馬。如果戰馬在戰鬥中受了傷，大家會親手結束馬的性命，以減少痛苦，但我做不到」。尼瑪仁欽的話語中透露出他對戰馬無限的愛惜之情。

崑崙的殺氣

他繼續著回憶：「七月三十日，我們到達扎如格納，宿營野地。那是位於崑崙山脈南麓的高地草原。遠處，崑崙山峰的稜線閃著銀色光輝。我感到了殺氣。日本刀的刀柄也彷彿更加冰涼了」。

「次日上午，我們騎馬向西北行進時，發現了生過火的痕跡。數了數，發現有四十三個這樣的痕跡，表明至少有四百人」。

由生火的痕跡輕易地暴露了自己人數的這個集團，的確像是長期生活在平靜的佛教哲學世界中的藏人。我小時候也曾去騎馬打獵，一旦馬想停下來排泄時，就用鞭子敲打馬鐙通知同伴。

後來的馬因為連鎖反應也會排泄，一定使其在前面的馬排泄的地方進行排泄。騎手們也都集中到一起解決排泄問題。生火以後，一定要將痕跡用沙土埋起來。透過這種做法，使後來者無法判斷人數。當然，我的少年時期並不是戰爭年代。即使如此，大家都忠實地遵守著這些傳統習俗。藏人卻沒有這樣做。

尼瑪仁欽的部隊雖然繼續追擊，但戰馬無法如意地快速奔跑。因為那裡有大片的叢生草。「叢生草是植物變成半球狀的塊體。這種植物在濕原地帶形成密密麻麻的島狀結構。濕原地帶的形成原因，是由於永久凍土層的阻礙，雨水無法滲透下去所致」[1]。

歷盡艱辛終於越過了兩座險峻的山脈，他們看見遠處的丘陵上盤旋著數隻烏鴉。烏鴉下面好像有什麼東西。騎兵們走近，包圍了他們。時間是下午三點。他們下了馬準備好機關槍，潛伏了起來。草原上布滿了幾乎完全乾枯的火絨草。

這是個棘手的對手。

被追擊的隊伍似乎也出於無奈放棄了逃跑，靜靜地等待著追兵的到來。班長海翔和副班長德力格爾，機關槍手白金山和艾依布群、白音納等人相繼被擊中身亡。等尼瑪仁欽回過神時，發現一個班八名戰士只剩下負傷的四人和他自己了。他藏在岩石後面用機關槍射擊，但右手的大拇指中彈飛了出去。血流不停，不可思議的是毫不疼痛。等到下午五點左右，負傷的四名戰友也相繼犧牲，只剩尼瑪仁欽一個人在崑崙的深山中。夕陽仍然高懸，西北山脈的雪散發著金色的光輝，敵人攻到了十幾米開外處，正在向他一步步逼近。

「藏人好像也發現了對方只剩下一個人，不斷地發起進攻。但是，我藏在了好地方，把伸出頭的傢伙一個一個打倒了」。尼瑪仁欽講述時的表情並沒有炫耀戰功的跡象。他把戰友們的槍全集中到藏身之處，繼續抵抗。他們和騎兵第二班商量好，如果下午兩點還沒有回去，二班就來支援。過了約定時間已經三個小時了，但他只能懷揣希望繼續等下去。

傍晚六點，他終於聽到了戰友的馬蹄聲。不僅是第二班，而是整個十四團前來增援。

「藏人手中有『美國三〇』這一最新型武器，他們的槍法也不錯。我們班犧牲了八個人。但是，如果用刀的話，士兵對牧民，蒙古騎兵和西藏牧民在揮刀的速度上就完全不同了，對方根本不足為敵」。尼瑪仁欽冷靜地回憶道。

在此次戰鬥中，依然是藏人失敗，犧牲了四百多人。在見到戰友的瞬間，尼瑪仁欽雙腳發抖倒了下去。八月十九日，尼瑪仁欽被送進了格爾木的陸軍後方醫院。

闊步行走在北京的「日本兵」

住院後的尼瑪仁欽也許是因為不肯輸血，患上了嚴重的心臟病，無法再繼續戰鬥。一九六〇年十月下旬，他和戰友呼和寶魯奉命返回內蒙古自治區。他們從西寧市乘坐卡車來到蘭州市，然後換乘火車到了北京，打算經過首都回到駐紮在內蒙古自治區東部赤峰市的騎兵第十四團。兩人中途在北京下車，闊步於王府井鬧街。

「這兒有兩個像是日本兵的軍人」。

接到報警的北京軍區憲兵們慌忙趕來，把這兩個蒙古人帶走了。穿著騎兵軍靴，挎著日本刀，光天化日之下堂堂地走在中國人街道上的尼瑪仁欽與呼和寶魯二人，被軍用吉普車帶到了北京軍區招待所。

「蒙古騎兵打扮跟日本兵一樣」。

「蒙古兵和日本兵一樣」。

這是直到一九六六年文化大革命爆發前的中國的普遍觀點。因此，莽撞的尼瑪仁欽和呼和寶魯挎著日本刀，闊步於鬧市而遭到報警也並非不可思議。

夜裡，國務院副總理兼國防部副部長羅瑞卿大將邀他們二位蒙古人進餐。羅瑞卿是「偉大領袖」毛澤東的親信。

「我很想聽聽西藏的消息」。

對羅瑞卿大將的願望，兩位歸隊士兵毫無保留地說出了一切。中國的政府要員，並不是出於多麼喜愛從草原來到首都北京的「日本兵」而宴請他們。問題在於「日本兵」是從何而降的。

「我們殺了很多藏人。」

倘若蒙古人這樣講述真相，那麼中國政府極力隱瞞的「世界屋脊的戰爭」就會被外部知曉。雖說當時中國與西方世界處於幾乎斷交的狀態，但在北京還是有很多外媒記者。為了不至於把事情弄大，羅瑞卿大將這樣的高官親自出馬招待他們，之後將他們小心地送回了騎兵第十四團駐地。

一九六二年二月，尼瑪仁欽遭除隊。其實他可以去錫林郭勒盟當公安警察，但他選擇了回故鄉鄂爾多斯當牧民。

被寄予厚望的「成吉思汗子孫」

「為什麼沒當幹部呢？」我向尼瑪仁欽詢問道。

「當時表彰我立了二等戰功。遭除隊後，我去取勳章，負責人不在，我被告知勳章之後會寄送到家裡。然而，勳章一直沒有送來。中國人從四十年前就不斷地告訴我『要相信政府和中國共產黨』，但是我已經放棄了。什麼勳章，不要也罷。這個沒有了大拇指的右手就是勳章。」尼瑪仁欽苦笑著說。

尼瑪仁欽闡述了對中國政府的觀點：「現在中國政府的做法，簡直就和明朝朱元璋的統治方法完全一樣」。

朱元璋滅亡了蒙古人的元朝，建立了中國人的明朝。當時，萬里長城以南的蒙古人部隊也被動員到了對同伴的殺戮之中。尼瑪仁欽明確地體認到，將蒙古騎兵兩個團派遣到西藏，也是中國人的謀略。

我們前往西藏的途中，在蘭州市召開了動員大會。中國的高官對我們說：「中國軍隊的步兵已經犧牲了一萬人，我們期待著善戰的蒙古人騎兵，期待著成吉思汗的子孫」。其實，他們在西藏也大肆宣揚「成吉思汗的騎兵來了」。發起叛亂的藏人部隊中有很多來自青海省的蒙古人。藏人和青海的蒙古人完全不害怕中國人部隊，卻不敢蒙古騎兵。在心理上藏人從最初就被打敗了。他們說：「只要沒有蒙古軍隊，我們絕對不會失敗」。

中國人也察覺到了這點，利用了我們蒙古人。即使現在，蒙古人前去青海朝拜時，會遭到藏人厭惡。這是中國人撒下的怨恨種子。

上述都是尼瑪仁欽的見解。

三千名犧牲者

蒙古人共有三千二百人遠征西藏。其中二百人戰死在當地。

尼瑪仁欽對我強調：「我們騎兵都認為陣亡者有三千名，不！比三千還要多」。

此「三千」裡包括了戰馬。從故鄉蒙古帶走的戰

照片五十一 習志野八幡公園的「軍馬忠魂塔」。西藏高原卻沒有這樣的紀念碑。

馬最後只剩下兩匹，其餘全部化作了西藏的泥土。

騎兵將戰馬視作伙伴和戰友。有戰馬才會有騎士（照片五十一）。這些戰馬其實有著日本戰馬的血統，是日本戰馬和內蒙古東部的呼倫貝爾草原、錫林郭勒草原上的駿馬之間交配得到的優質品種。

尼瑪仁欽個子高大，聲音也洪亮。細長的眼中閃著睿智的光芒。我想像著，他即使出生在十三世紀也一定會是個英雄。他看起來像個典型的遊牧民戰士，實際上他用飽含思想的語言向我訴說了鎮壓西藏的經歷。我拜訪尼瑪仁欽時，恰逢中國政府在大肆宣揚剛開通的「青藏鐵路」。官方媒體的報導中展示著令人懷念的風景。

「現在已經不是靠馬，而是靠火車侵略的時代了。」尼瑪仁欽分析道。他希望能在有生之年去西藏朝拜一次，如果可能的話，想和當年的人們細細敘說往事。那場戰爭究竟是什麼，尼瑪仁欽繼續思考著。

註解：

1 松原正毅前述《青藏紀行》，頁八九。

（三）跨馬英雄無歸路

想著風沙呼嘯過大漠
想著黃河岸啊陰山旁
英雄騎馬壯　騎馬榮歸故鄉

——席慕蓉〈出塞曲〉《契丹的玫瑰》

照片五十二　騎兵第十四團政委那穆斯賚扎布。圖片提供：吉普呼蘭。

有一位蒙古人保持距離冷靜地參加了「平叛」。他就是曾任騎兵第十四團政治委員的那穆斯賚扎布（照片五十二）。「保持距離」的含義是，在中國政府發動的大規模「平定叛亂」的侵略戰爭結束後，進入了青海省。他只參加了追剿「殘匪」，並未參加大型戰爭。他的經歷對於再現「平叛」的結束過程是不可缺少的。

那穆斯賚扎布從一九七八年到一九八三年

期間，擔任位於鄂爾多斯的伊克昭盟軍分區政治委員。我在上高中時，曾時常從遠處仰望這位總是穿著熨得沒有一絲褶皺的軍服、脊背挺直的老將。

「挎日本洋刀的鬼子」。

高中時代的同學指著那穆斯賚扎布說道。這個同學是軍分區中國人幹部的兒子。不難想像，他們在家裡的對話會是什麼情景。

二〇一二年冬季的某天，那穆斯賚扎布在呼和浩特市內的某人民解放軍退役將領的幹休所內，對多名蒙古人青年講述了自己的過去。

作為被肅清幹部的繼任前往西藏

一九二五年十二月五日出生的那穆斯賚扎布，在二十歲時親眼見證了日本人從蒙古草原的撤退。他在日本戰敗前的一九四四年畢業於王爺廟的育成學院。故鄉在王爺廟以南二十多公里處葛根廟的附近。由於家境貧窮，他進入全住宿制的育成學院，依靠財團法人蒙民厚生會的獎學金支撐學業。自國民小學時期起就學習日語，接受了與日本人一樣的近代日本教養。

日本軍隊撤離王爺廟後，東蒙古人民自治政府成立，那穆斯賚扎布加入了內防廳管轄的內防隊，成為了嚮往已久的軍人。正當蒙古人在創建自己的政府時，中國共產黨介入，掌握了所有的權力。那穆斯賚扎布與很多年輕人一樣，在東北軍政大學接受了再教育，該學校位於接近蘇聯國境的北安。再教育指的是系統地學習共產主義思想。雖然很討厭中國人，但是他接受的再教育灌輸給他「能夠實現自己所憧憬的共產主義思想的，只有中國共產黨」的觀點，他只有選擇相信中國共產黨。在軍政大學學習了兩年後，他在母校執教一年，於一九五〇年十月被任命為內蒙古軍區政治部幹部科副科長。一九六〇年十二月，接任騎兵第十四團阿奇爾的政治委員一職，奔赴青海省玉樹。此時「二號地區戰役」已經結束，對「殘匪」的圍剿也已進行了一個階段。

前任阿奇爾政治委員是在前線遭肅清的人物。

「政府的平叛作戰想一步登天」。阿奇爾政委批判了中國政府的做法，於是被指控為「軍內右派」，被解職回到內蒙古。

「一步登天」指的是「快速平定西藏叛匪，使西藏進入天堂般的共產主義」的政策。事實上，他們一旦發現藏人，便立即槍殺，瞬間完成了「殲滅全部敵人，平定西藏」的任務。在蒙古人看來，中國政府正試圖創造一個「沒有藏人的西藏」。阿奇爾政治委員對充滿無休止殺戮的殘忍作戰方針感到不滿。蒙古人將領正在想方設法地抵抗對藏人的大屠殺[1]。

農民的舞會和山賊的盛宴

那穆斯賚扎布到達西寧市時已是十二月二十八日。青海省軍區司令孫光召開盛大的舞會迎接元旦的到來。中國共產黨的軍人大都是文盲農民，很多人甚至不會寫自己的名字，是一些不會在文件上簽字、毫無教養之徒。但是他們卻很喜歡源於西方的社交舞。即使連音樂的拍子都不會踩，但他們依然懷抱美女，粗暴地行使著作為統治者的權勢。孫光就是這種中國共產黨軍人的典型代表。

即使目不識丁，連名字都要別人代筆，毫無教養的中國人，也認為少數民族是「野蠻人」、「原始人」和「落伍者」。孫光司令將擁有深刻的藏傳佛教哲學思想，並且精通藏語和梵語的僧侶視作「牲畜不如」，毫不手軟地把他們處死。

「孫光司令是極左分子」。人民解放軍內部對他嗜好殺戮的行為也很反感，但沒有批判指責他。原本，中國人就沒有將「叛亂匪賊」視作人類。

「既然是偽滿洲國時代的知識分子，還挎過日本洋刀，那麼舞跳得也一定不錯吧」。孫光司令把戴著白手套的蒙古人將領當作傻瓜，強迫那穆斯賚扎布參加舞會。孫光敞開軍服鈕子，咧嘴一笑露出了從未清潔過的黃色牙齒。

「穿著軍靴無法跳舞」。那穆斯賚扎布委婉地回絕了。

這一場面猶如在山賊的盛宴中招待貴族軍人那樣，充斥著不協調。無論何時都不失優雅風範的蒙古人將領，和喜愛粗野的中國人軍隊幹部之間這種強烈的相互厭惡，成為日後大肅清的原因之一。

苦戰

一九六一年一月上旬，經過四天三夜的跋涉，他們終於抵達了玉樹。騎兵第十三團駐紮在玉樹的結古寺，第十四團則駐紮在稱多縣。時常有整個連或班出發追擊「殘匪」。

一九六〇年八月一日，騎兵第十四團一個班的八名士兵被藏人殺害。得到消息的吉爾嘎朗團長勃然大怒，屠殺了藏人俘虜，並且攻陷寺廟，殺害了僧侶們。青海省軍區的孫光司令稱讚了吉爾嘎朗的行為。雖然我也很理解愛護部下的吉爾嘎朗團長的心情，但還是覺得做得太過分了。

「一個班的八名士兵被殺害」這件事在上文提到過。就是鄂爾多斯出身的尼瑪仁欽參加的那場激烈戰鬥。那是蒙古騎兵犧牲人數最多的一次戰鬥，那穆斯賚扎布當然也知道事件的重要性。在人民解放軍的組織內，政治委員擔任著統一軍隊思想，避免對軍事作戰帶來負面影響，防止軍規混亂的工作。那穆斯賚扎布雖未明說，但是前任阿奇爾政委因為無法控制吉爾嘎朗等人的行動，恐怕也是阿奇爾被撤職的原因之一。順便提一下，吉爾嘎朗是興安軍官學校的第十二期生。

「藏人是如何看待蒙古騎兵的到來和參戰的呢？」有人向那穆斯賚扎布詢問。

藏人雖然對中國人部隊表示輕蔑，卻歎息無法戰勝蒙古軍。俘虜們也說從成吉思汗時代以來就一直輸給蒙古人，因此，我們也有意圖地宣傳「蒙古騎兵是成吉思汗的軍隊」，給他們施加心理上的壓力。

藏人牧民都由各自部族的百户長或千户長統治。而這些百户長和千户長中也有蒙古人的後裔。據説是十三世紀被任命為百户長或千户長的蒙古人的子孫。

實際上對方也非常勇敢。藏人能夠緊緊貼在馬背上疾馳，而且他們的韁繩比較短。蒙古人可以站立在馬上，或斜跨在馬上，可以做任何動作，完全是人馬合一的狀態（照片五十三）。在馬技方面蒙古人要優秀很多，因此進行肉搏戰時藏人就不敵蒙古人了。即使如此，蒙古軍隊在各地還是陷入了苦戰。

雖然沒有參加過大規模的戰爭，但是那穆斯賚扎布的觀點是建立在現場的知識基礎上，應該是正確的。

告別沒有男人的西藏

一九六一年十月末的某一天。晚秋的黎明時分已很冷，強風似乎要折斷日本刀般地呼嘯著。

蒙古騎兵們列隊站在稱多縣政府所在地一所軍營內，那穆斯賚扎布在隊列前拔刀發出了出發命令。這次是歸鄉，騎兵們向西寧市行軍。士兵們因為期盼早日回到蒙古草原而表情略顯嚴肅。他們剛走出軍營外，發現有一群悲慘的人們站在那裡。是西藏的女人和孩子（照片五十四）。經過戰爭後，男人在安多已是稀少的存在。

「請你們不要走」，西藏婦女們在哭泣。她們一邊哭訴著，蒙古騎兵一旦離開，她們就會被中國人殺害，一邊緊緊握著韁繩不鬆手。因為婦女們也參加了對人民解放軍中國人陸軍部隊的作戰，她們害怕遭中國人報復。我們也非常清楚，在平叛中西藏男人幾乎被斬盡殺絕這一事實。而即便如此，我直至今日仍無法忘記在離開時被女人和孩子包圍時的淒慘情景。簡直就是破布襤褸的山堆，是人世上不應存在的光景。

在馬背上流淚的人漸漸增加。軍心明顯在動搖。突然，下起了冰雹。烈風和冰雹砸在軍旗上發出的響聲，彷彿撕裂著我們的心臟。

照片五十三　人馬一體的蒙古騎兵。蒙古文字意為「草原雄鷹」。

照片五十四　將戰馬讓給西藏女性，背著孩子渡河的蒙古騎兵。引自《戰鬥在高原》。

「我們到底都做了些什麼？」

每個騎兵的心中無疑極其難過，真是極具諷刺而又悲慘的結局。在藏人看來，蒙古騎兵也不過是中國政府和中國人為達到其政治目的而派遣到西藏發動侵略戰爭的尖兵。他們只是中國人為了實現侵略和占領他人國家的欲望而利用的工具而已。遭侵略、被屠殺的藏人失去了大半男性。而在最後，蒙古騎兵則又變成了保護西藏婦女和孩子們免遭報復的存在，這又是何等的悲哀！

最後的戰馬

將女人和孩子交給當地政府後，十一月七日，在西寧市，他們終於也要和戰馬告別了（照片五十五）。是和在戰爭中調集來的西藏當地戰馬的告別。無論是哪裡的馬，都是和他們在海拔五千米的唐古拉山脈和崑崙山脈上，在高地草原上一同生死與共的同伴。有戰馬，才有騎兵。戰馬、日本刀和蒙古士兵。保持著中世紀以來的古老傳統，並以日本嶄新的近代化再次武裝了自己的歐亞最強騎兵，其最後的戰役在西藏高原落下了帷幕。

從蒙古隨身帶來的戰馬震撼崑崙的嘶鳴，瞬間即逝。蒙古戰馬因無法適應高原地帶，化作了西藏的泥土。僅剩的兩匹戰馬也嚴重衰弱。遠征的後半時期，誰都不騎那兩匹戰馬，牠們是「負傷的有功者」，接受精心的照料。騎兵們堅信，一定能夠將戰友的遺骨和兩匹戰馬帶回去。

然而，兩匹戰馬中的一匹倒在了西寧市附近，牠也永遠留在了那裡。另一匹被運上卡車向東而去，和戰士們一起從蘭州換乘了火車。牠已經瘦得皮包骨，無法站立，在戰士們眼中無疑已是蒙古戰馬的遺物紀念品。列車緩緩北上，經過寧夏回族自治區，駛入了內蒙古境內。

「聞到蒙古草原秋草芳香的瞬間，躺臥沉睡中的那匹戰馬便立即睜開眼睛，仰著頭試圖站起來」。

「蒙古的風從車窗吹進來的那一刻，戰馬踢踏著前蹄，想看看外面的風景」。

這是所有參加過西藏遠征的騎兵們異口同聲訴說的奇蹟般的故事。二〇〇八年十一月二十九日，我從第四章中提到的滿洲國少女、《內蒙古日報》的記者靈玉（即斯熱歌）的敘述中，也曾聽過這兩匹戰馬的故事。關於馬的故事，從十三世紀開始就在蒙古人之間流傳，連綿不絕[2]。發生在二十世紀後半的蒙古人與西藏人之間的戰爭，也誕生了很多關於戰馬的故事。馬的故事構成了歷史的一部分。

騎兵第十四團的政委那穆斯賚扎布從西藏回

照片五十五　一九六一年十一月七日在青海省召開歡送會，騎兵第十四團連以上幹部參加。圖片提供：吉普呼蘭。

來後，在一九六四年十月，晉升為騎兵第五師政治委員。曾一同戰鬥的吉爾嘎朗團長擔任了副師長。一年後，中國軍隊的主要敵人不再是藏人，而變成了蘇聯和蒙古人民共和國。中蘇對立日趨激烈，對蒙古人的信任也急速下降。北京當局判斷，如果蘇蒙聯軍像一九四五年八月那樣南下長驅而入，過去曾尋求民族統一的「挎日本洋刀的將領」必定還會再次「背叛中國」。不久，很多蒙古人將領因「民族主義思想過於強烈」而遭到撤職除隊，取代他們的是從北京軍區派來的中國人。他們幾乎都是連騎馬都不會的中國人。

蒙古人和中國人的對立

蒙古人騎兵部隊在西藏時一直和中國人發生衝突。其最大原因是，蒙古人對喜歡屠殺的中國人步兵部隊的抵抗和中國人對少數民族的蔑視。

一九五九年一月，內蒙古軍區派遣最高司令烏蘭夫的妹夫孔飛副司令前往青海省，對當地進行視察。

「西藏人和中國人之間的怨恨由來已久。參加平叛的中國人採取了極左行為」。回到內蒙古的孔飛副司令闡述了青海視察的感想。「極左」指的是大屠殺，是中國人特有的隱藏事物本質的說法。推行「極左政策」的是上文提到的青海省軍區孫光司令。他們在當地大肆屠殺，擄掠家畜[3]。

一九六〇年十二月，有一位軍官慰問了長期離開故鄉的騎兵。他就是內蒙古軍區副參謀長塔拉。他視察了玉樹駐紮地，和騎兵偵察隊一同行軍至崑崙山麓，然後返回了青海省西寧市。青海省軍區司令孫光為他舉行了盛大的舞會。比起舞會，塔拉副參謀長更為關心的是將自己所見聞的「必須解決的問題」傳達給孫光司令。孫光司令對這些重大問題卻漠不關心。率直的塔拉副參謀長提議：「平叛部隊也必須遵守對少數民族的政策」。殊不知，對於這些「民主的少數民族政策」，孫光司令從一開始就毫無興趣。

西寧市近郊有藏傳佛教名剎塔爾寺。塔爾寺作為蒙古人的朝覲參拜地長久以來享有盛譽。塔拉副參謀長或許是忘記了自己作為人民解放軍高級將領的身分，提出了參觀塔爾寺的要求，而連這樣微小的願望竟然也招來了孫光司令的不信任和懷疑。在沒有信仰的中國人看來，蒙古人的行為實在不可思議。因為，塔爾寺的僧侶也參加了「叛亂」，其中還有三百名左右的蒙古人。事實上，中國人也清楚，蒙古人和西藏文明之間有著無法切斷的聯繫。

「內蒙古自治區有多少人口？」

青海省軍區的高官向塔拉詢問道。

「一千二百萬人，其中蒙古人一百萬。」

塔拉副參謀長回答道。

「只有一百萬人還建什麼自治區？」

中國人嘲笑道。

塔拉副參謀長感到憤慨，「駐紮在青海省這樣極為複雜的多民族地區的人民解放軍軍級幹部所說的話，使我感到愕然。正因為中國人對民族問題有著如此低級的看法，才導致了關係惡化」4。

在中國人看來，一千二百萬人口的內蒙古自治區內，蒙古人只有一百萬，所以也不必實施有名無實的「自治」，應該直接變為中國人的省政府。中國人無視青海的安多、康巴有史以來一直是藏人領土這一事實，以入侵而來的中國人數量不斷增加為藉口，設立了「青海省」。藏人只要稍有不滿，就會遭遇滅絕種族的屠殺。蒙古騎兵就是在經歷著這樣的政治衝突的同時，在「世界屋脊」上輾轉作戰。在戰鬥中，對中國人的政策感到不滿的蒙古人也曾試圖做出抵抗。因為抵抗，最終也成為了大屠殺的對象。對蒙古人大屠殺的到來，已只是時間的問題。

從西藏歸來的騎兵第五師，將本部仍舊設在位於自治區中央地區的集寧市。一九六六年五月，中國爆發文化大革命，騎兵首當其衝被解除武裝。失去了自己的軍隊的蒙古人在各地遭到大屠殺。兩年後的一九六八年五月九日，中國政府以「擁有五千名士兵，五千匹戰馬，造成的只有浪費，根本不適用於現代戰爭」為由，解散了騎兵第五師5。此時，多數蒙古人將領已經化為了草原的泥土。就這樣，發祥於蒙古高原、名震歐亞的蒙古騎兵，永遠地消失在了歷史長河中。

註解：

1 塔拉《平凡的人生》，頁三〇五、三三〇，二〇〇一年，內蒙古人民出版社。
2 楊海英《草原、馬和蒙古人》，日本放送出版協會，二〇〇一年。
3 阿木蘭編前述《孔飛——百年誕辰紀念文集》，頁一二三—一二六。
4 塔拉前述書，頁三〇二—二九。
5 楊海英《蒙古人種族滅絕大屠殺相關基礎資料六——被害者報告書二》，頁一一七—一一八。

第九章

意氣風發青海湖

當人們看到與身穿鬆鬆垮垮不合體的衣服、無精打彩的中國軍隊相比，威風凜凜，腰間挎著日本刀的蒙古騎兵時，他們傳論著：「這不是日本軍隊嗎？」「日本軍隊來了。」

青海省的蒙古人

統帥十萬精兵，征服亞洲
奮鬥！遠征軍戰士！
十萬威武蒙古軍！英勇奮戰不止！
——〈成吉思汗遠征歌〉

（一）迎接民族自決的軍隊

「我有生以來第一次看到那樣帥氣的蒙古軍。那是我人生最感動的一天」。住在青海省西寧市內潢水公園附近的噶丹（二〇〇六年當時七十六歲）（照片五十六）對我如此感歎道。同時，他將拐杖當作日本刀握在手中，在狹窄的屋子裡向我演示了騎士的軍步。

跨上駿馬的「日本軍」

一九五八年七月上旬的一天。噶丹在甘肅省蘭州市火車站參加了歡迎儀式，歡迎從內蒙古自治區來的蒙古騎兵。二〇〇六年八月三十一日，噶丹聽到我訪談蒙古騎兵的來意的瞬間，無法抑制興奮地向我描述了當時的情景：

一個團大概有一千人，其中的二百七十人參加了蘭州市火車站的閱兵式。戰馬也是和士兵們一起運來的，士兵們穿著質量非常好且合身的軍服。他們的馬褲下面是擦得發亮的及膝軍靴，腰上佩戴著日本刀，威風凜凜地排成三列，拔出日本刀，走過車站前。每個連隊的戰馬的毛色也不一樣，分為黑馬連隊和赤馬連隊。一千匹戰馬，僅僅在兩個士兵的指揮下就能排列整齊。青海省和甘肅省的蒙古人都是有生以來第一次見到「大洋馬」。參加歡迎儀式的蘭州市的中國人議論著：「怎麼看都覺得他們不像人民解放軍，難道不是日本軍隊嗎？」其實，當時也有傳言說是「日本軍隊來了」。

照片五十六　噶丹。

「大洋馬」指的是西洋品種的馬。這種馬個子高大，腰腿如羚羊般修長。近代日本從美國和澳大利亞引進這個品種並加以改良，作為戰馬投入到了滿洲。後來這種戰馬又和內蒙古東部的呼倫貝爾草原上的駿馬相結合，得到進一步優化。如此宛若天馬般的駿馬，當時還未出現在內蒙古自治區西部和青海省、甘肅省等地的蒙古人草原上，所以成為了眾人驚歎的對象。歐亞大陸的遊牧民根據其所騎馬匹的優劣來判斷騎手的身分和才能。參加了蘭州車站前閱兵式的蒙古騎兵，極大地滿足了青海和甘肅的蒙古人的榮譽感，使他們感到無比的驕傲。

感到新鮮的不僅僅是蒙古人。蘭州的中國人幾乎每天都見到中國軍隊。他們「熱烈歡迎」並「熱情歡送」著從朝鮮戰場回來後，又向西行進侵略西藏的士兵們。這種「歡迎」和「歡送」儀式是官方強制性的做法。這些中國軍隊都穿著鬆鬆垮垮的軍服，一眼就能看出是個無精打彩、懶惰的部隊。中國西部的蘭州人當然沒有見過真正的日本軍隊。他們是根據從電影和報紙上得來的印象，將用蒙古語發號施令，並佩戴著日本刀的騎兵當成了「日本軍隊」。或許是因為他們不僅在外形上，而且全身都瀰漫著武士道精神的緣故吧。

在雙重壓力下喘息的青海蒙古

噶丹的「人生中最大的感動」是有理由的。他出身青海省西部的蒙古人地區宗和碩（北右翼）旗。自一六四二年蒙古的顧實汗統治整個西藏後，青海省的蒙古人和西藏人就一直和平共處。然而，後來從滿洲的森林地帶興起的狩獵民族建立了清朝，並持續不斷地向西藏高原發起攻擊。從雍正元（一七二三）年到第二年，清朝派遣年羹堯將軍前去征服西藏。年羹堯在各處大肆屠殺，蒙古人從二十萬減少至九萬人，並成為了清朝的奴隸[1]。清朝徹底貫徹「分而治之」的政策，將僅剩的九萬蒙古人劃分成了二十九個旗。每個旗大約由六百戶組成，超過一千戶的旗只有五個。「屬於脆弱組織的、軟弱無能的人們」成為了青海蒙古人的代名詞。

滿洲人也使用了中國人拿手的政策：「以夷制夷」。清朝藉黃河南岸的西藏人各部族向黃河以北的蒙古人施壓。與蒙古不同，尚未經歷大屠殺的西藏，在人口上得以相對地增加，與蒙古人相比，地位發生了逆轉。蒙古人很快陷入貧窮，不得不承受來自清朝和西藏人的雙重壓力。

清朝自十九世紀末開始逐漸衰弱。取而代之的是信仰伊斯蘭教的回民的崛起。回民不斷地向清朝發動起義，最終其勢力發展到占領了青海東部的農耕地區和城市。當一九一二年清朝滅亡、中華民國成立時，控制新建立的青海省行政職權的既不是藏人，也不是蒙古人，而是回民。回民的領導人還煽動西藏人，對蒙古人進行壓迫。

青海蒙古的貴族只有一個人
貴族的侍從也只有一個人
侍從的財產只有一隻狗

這個諺語表現了自清朝末期到二十世紀前半葉的青海省蒙古人的清貧狀態，蒙古人家喻戶曉婦孺皆知。生長在如此貧困和多重壓迫下的噶丹，在蘭州火車站看到歐亞首屈一指的騎兵軍團時的感動，也就可想而知了。這不只是他一個人的感動，青海的所有蒙古人全都充滿了感激之情。不僅如此，當時內蒙古自治區的蒙古人也為擁有自己民族的軍隊而感到驕傲，他們相信那是民族自治權的保障，因為蒙古騎兵曾經是蒙古民族自決的象徵。對西藏人而言，蒙古騎兵只不過是中國的傭兵，但對青海的蒙古人（照片五十七）而言，內蒙古的騎兵是能夠實現民族自決的真正的解放軍。

噶丹出生於三代行醫的家庭，從迎來蒙古騎兵的一九五八年春季開始，他在蘭州市內的西北民族學院學習。學生因為每天都要被動員去迎接西行的人民解放軍而感到厭煩。但是，有一天當聽到蒙古騎兵要來時，學生們都沸騰了。正如其名字那樣，西北民族學院位於中國的西北部，是集合了各個少數民族學生的教育機構。雖然每個少數民族都絕不喜歡中國人，但他們既沒有勢力也沒有勇氣透過武裝自己發起反抗中國的運動。唯一擁有軍隊的是蒙古人。蒙古人的騎兵團行軍而來的消息，大大的鼓舞了各個少數民族。

噶丹在蘭州車站見到強壯的蒙古騎兵時確信：「蒙古人擁有世界最強的騎兵軍團，將來我也可以挺起背來做人」。這是青海的蒙古人在經歷了長達二百年的處於弱勢的辛酸歷史後得出的深切感想。

剿匪去！

中華人民共和國成立後，青海的蒙古人組成了海西蒙古族・藏族・哈薩克族自治州。海西意為位於青海湖西。青海湖雖是內陸湖，但在「世界屋脊」西藏高原上卻是名副其實的大海。哈薩克人在一九三〇年代初期從新疆移居來到這裡。這些哈薩克人的一部分，後來翻越喜馬拉雅山脈，進入印度和巴基斯坦境內，最後到達了地中海沿岸的土耳其共和國[2]。這一跨越歐亞

照片五十七 青海省的蒙古人。

大陸的移動，是為了躲避戰亂。

噶丹回顧了中國共產黨進入青海高原後的歷史。在噶丹進入西北民族學院之前，他的故鄉就已經遭到了中國人主導的大肅清的肆虐。「僧侶和有錢人被認為是封建社會的剝削階級」而遭逮捕。蒙古人稱藏傳佛教為「黃教」，將未出家的人稱作「黑人」，於是中國共產黨認定「僧侶和有錢人」是「黃色和黑色的剝削階級的代表」。

「以宗和碩旗的旗長為首，中華民國時代的官員和僧侶幾乎不剩一人全部被逮捕。並且，絕大多數的人都有去無回。大多數被處死，其餘的不是自殺就是病死」。

「加入人民解放軍隊伍！」

「前去剿匪！」

從一九五八年的春天開始，中國共產黨政府這樣號召人們。「剿匪」意為討伐匪賊。

海西州政府在各地展開動員大會呼籲：「青海蒙古人的宿敵玉樹的藏人發起了叛亂，我們要和人民解放軍一起去鎮壓」。

噶丹的伯父巴瓦帶著一個班四十人從宗和碩旗出征。都蘭縣和烏蘭縣分別派出了一個連的蒙古人騎兵。都蘭縣的連長是綱布，烏蘭縣的蒙古兵則由李心齊和尼瑪二人率領。李心齊是出身內蒙古自治區鄂爾多斯的蒙古人。

噶丹繼續著回憶：「據伯父巴瓦講，一旦遇到藏人，中國軍隊總是命令蒙古騎兵最先出動。蒙古騎兵一直被派遣到海拔最高、最寒冷的山岳地帶」。巴瓦是當地有名的獵人，是個神槍手。一天，巴瓦的班逮捕了四十多名藏人，把他們帶回了軍營。就在蒙古騎兵走進軍用帳篷，熬奶茶時，中國軍隊將那些俘虜排成一排，用機關槍掃射了他們。

「繳械者不殺！」

聽到槍聲的巴瓦如獵豹般從帳篷裡衝出來抗議道，但是中國人並沒有聽懂蒙古語。其實，對作為弱小存在的青海蒙古班長的聲音，他們根本不屑一顧。不僅如此，中國軍隊還故意傳播充滿惡意的謠言：「殺害俘虜的是青海的蒙古人」。中國政府和中國人對弱小的青海蒙古人也竭力使用惡意的謀略，煽動其與藏人對立。

「我以自己的名譽發誓，殺死那四十幾個人的不是青海蒙古人」。

事後，噶丹的伯父巴瓦每次遇到藏人時，必會這樣謝罪澄清。歐亞的遊牧民為名譽而生。

照片五十八　尼瑪。他是一位非常威嚴的人物。

藏人對巴瓦也採取了寬容的態度。

掌控蒙古人的目的和方法

青海省的蒙古人都將他們自己與起義的藏人之間的戰鬥稱為「剿匪」。噶丹對我說「從烏蘭縣去剿匪的蒙古騎兵都由李心齊和尼瑪二人率領」。我在見噶丹的前一天，也就是二〇〇六年八月二十九日，在烏蘭縣見到了尼瑪（二〇〇六年時七十歲）（照片五十八）。我是經尼瑪的介紹來見噶丹的。

尼瑪出生於烏蘭縣一個富裕的遊牧民家庭。他的父親是清朝時代的官吏，家裡約有八百隻綿羊和山羊、七頭駱駝、十匹馬和四十頭牛。擁有五種家畜是非常理想的遊牧民生活，但尼瑪家擁有的家畜的數量在歐亞世界絕對算不上是有錢人。只是中國共產黨認為，在青海蒙古人之間，這樣的家畜數量算得上是「剝削階級」了。從一九五一年開始到來的中國人，迅速掌握了海西州政府的權力，逮捕了如尼瑪的父親這樣的「有錢人和僧侶」，並召開批判大會。被監禁七年的尼瑪的父親，在一九五八年春天召開的「政治大會」上，被中國人施以絞刑殺害。

尼瑪證言道：「和父親一同被逮捕的四十幾名蒙古人中，有三十人在一九五八年被政府殺害」。尼瑪還知道在一九六六年發動的文化大革命中，內蒙古自治區有數萬蒙古人遭到屠殺的歷史。

尼瑪指出：「青海的蒙古人從一九五八年開始，內蒙古自治區的蒙古人從一九六六年開始，分別遭到中國政府的大屠殺」。

不僅是藏人反對中國政府的壓迫政策，整個西北的所有民族都提出了抗議。只是，中國政府將藏人視為主要敵人，他們在蒙古人社會展開肅清活動的同時，最大限度地利用了蒙古人的軍事才能。這是同時消耗藏人和蒙古人雙方力量的策略。

「喀爾喀蒙古」軍和中國軍的區別

父親被當作「反動的剝削階級」而遭殺害後，其兒子必須「表明政治態度」。為了明確自己支持中國政府政策的立場，二十歲的尼瑪率先對中國人表達了參加剿匪的意願。如果不這樣做，就極有可能像父親那樣被處以絞刑。

青海的蒙古青年被命令給內蒙古的騎兵團和從新疆維吾爾自治區南下的人民解放軍帶路。尼瑪指出：「我負責帶路的從內蒙古自治區來的騎兵部隊，在果洛地區和藏人發生了戰鬥。蒙古騎兵當時宣傳說他們是從『喀爾喀蒙古來的』。藏人在遇到中國軍隊時會抵抗到底，但一遇到蒙古軍隊，則多選擇投降。中國軍隊絕不會放過任何俘虜而全部殺掉，蒙古軍隊則相反，把重點放在不殺害而只是讓對方投降上。兩者有著天壤之別。」

喀爾喀是蒙古高原，也是當時蒙古人民共和國的代名詞。它原本是蒙古的一個強大部族的名稱，隨著歷史的變化又成為了地名。

青海的西藏人也知道「喀爾喀蒙古」這個名聲的威力。在歷史上，蒙古高原的喀爾喀部曾數次侵略青海，和當地藏人戰鬥，介入藏傳佛教宗派之間的爭鬥。從十三世紀的成吉思汗時代以來一直延續的王統結束後，取而代之的是滿洲人的清朝，而清朝為了在歐亞東部建立權威而進行的最後一場戰爭的舞台，實際上也是在青海。一六三五年，蒙古最後的大汗林丹汗在青海病逝。他和喀爾喀的權勢者一同支持藏傳佛教的薩迦派。達賴喇嘛屬於格魯派，也有過與薩迦派對立的歷史。喀爾喀蒙古以藏傳佛教的護教者的身分，時而動用軍事力量。這樣的歷史印刻在藏人的記憶中，或許他們感到這是某種緣分，因此才向蒙古人投降的。蒙古人和藏人有著深厚的歷史聯繫，中國人和中國政府極力地惡意利用了他們的這種特殊關係。利用成功了，也就成功地占領了西藏。

尼瑪擔任了一年帶路人之後，於一九五九年回到了烏蘭縣。經歷過波瀾壯闊的歷史後，他的言論也變得勇敢。或許他曾有一瞬間忘記了自己的父親被中國人殺害的事實。

「剝削階級中也有好人」。

「對藏人的做法太過殘酷」。

由於尼瑪對故鄉的蒙古人透露出「剿匪」的真相，而遭告密。他被撤掉政府幹部之職，成為了「勞動監視」的對象。「勞動監視」是指在中國共產黨幹部的監視下進行體力勞動，是社會主義中國特有的制度。一九九二年，尼瑪接到政府「恢復名譽」的通知。一張薄紙上寫著他三十年來的「勞動監視的罪名」是不成立的，僅此而已。

尼瑪分析中國人的做法得出結論：「無論是中華民國的中國人還是中華人民共和國的中國人，都絕不會停止大漢民族主義的思想，也不會改變中國人是最優秀的民族這樣的思維方式。所謂的共產主義和社會主義的民族間大團結之類的口號全都是謊言，從一開始就貶低了藏人和蒙古人。並且，一有機會就離間少數民族，使之互相殘殺，是中國人最擅長的把戲」。

註解：

1 崔永紅、張得祖、杜常順編《青海通史》，頁三六二—六三，一九九九年，青海人民出版社。楊海英前述《蒙古和伊斯蘭式的中國》，頁一八三。

2 松原正毅《哈薩克遊牧民的移動——一九三四—一九五三》，二〇一一年，平凡社。

戰哭多新鬼，愁吟獨老翁。
亂雲低薄暮，急雪舞迴風。
——唐代詩人杜甫〈對雪〉

（二）天上雪國的逃亡

照片五十九　諾爾布。

在布爾汗布達和巴顏喀拉兩座巨大山脈的北側，是海西蒙古族・藏族自治州。我在二〇一〇年八月二十七日深夜，抵達了位於布爾汗布達山北麓的小鎮巴倫。我在這裡見到了一位名叫諾爾布（二〇一〇年當時八十三歲）（照片五十九）的老先生，向他詢問了青海蒙古人是如何參與鎮壓藏人的起義（即「剿匪」）的經歷。

柴達木盆地的盜馬賊和中國人幹部

諾爾布告訴我：「藏人原本居住在布爾汗布達山和巴顏喀拉山南部的玉樹和果洛。在我十三歲時，也就是一九四〇年左右開始，越過山脈來到了蒙古人的故鄉柴達木盆地。他們有時會搶奪蒙古人的馬匹而去」。

柴達木在蒙古語裡意為「大平原」，是表示海西蒙古族·藏族自治州的自然環境的詞語。「柴達木盆地占據了青海省的整個西北部，面積廣闊。從西北斜跨到東南部地區，東西約八百公里，南北約三百五十公里，面積約二十萬平方公里」。這是一九八五年橫斷柴達木盆地，進入唐古拉山脈的松原正毅的記載[1]。柴達木盆地原是蒙古人的牧場，後來藏人也開始出入於此。

趁著夜霧，盜走其他部族的馬群，是歐亞大陸遊牧民有史以來不斷上演的一幕戲劇。馬是財富和名譽的象徵。捕獲馬群和戰場上的勝仗有著同樣重要的意義。生龍活虎有血有肉的盜馬賊故事，構成了中亞的英雄史詩《江格爾》和《格斯爾》（藏語名《格薩爾》）的內容。藏人和蒙古人，也是為了名譽而重複著太古時代以來的英雄的爭鬥。今朝馬被盜，明日再奪回來。只是這樣不斷重複著。

中國人出現後，事情就不一樣了。因為他們將階級鬥爭的概念帶入了蒙古人和藏人的社會。青海的蒙古人，經常去玉樹的結古寺和西藏的首都拉薩進行朝拜（照片六十）。蒙古人的僧侶也都精通藏語。蒙古人認為，藏語是用來討論哲學和思想的語言，對其充滿敬意。但是，中華人民共和國的幹部卻把藏傳佛教的寺院稱作是「封建社會的根據地」。僧侶也被指控為「封建社會的黃色剝削階級」。蒙古人社會的富裕階層則被分類為「黑色的剝削階級」。

蒙古人諾爾布的父親是巴倫旗政府的祕書，因此，他們一家人被外來的中國人批判為「黑色的剝削階級」。實施這種政策的結果就是，西藏被認為「是由更為落後的封建農奴制和黃色剝削階級統治的社會」，而蒙古則被認為是比西藏「稍有進步的封建制社會」。將兩者區分開來，使他們互為對立。當然，無論是蒙古人還是藏人，在中國人面前都被蔑視為「落後的人們」。

手掌中的地理

因為藏人也來到蒙古人的草原居住，在一九五四年建立的州名便冠上了「蒙古族、藏族和哈薩克族」三民族的名字。然而，實權卻一直掌握在新來的中國人手中。巴倫旗以旗王（札薩克）為首的八名權勢者遭逮捕，其中三人死在監獄裡，剩下的五人在一九六一年被釋放。

諾爾布指出：「防叛。也就是說為了防止蒙古人與藏人一起發動叛亂，事先將權勢者逮捕」。

當時，年輕的諾爾布在州政府的檢察院工作。

「藏人從一九五八年開始叛亂，青海的蒙古人從第二年的九月就被動員去剿匪」。

州政府組成了一千八百人的一個團，其中諾爾布所在的巴倫縣有二十七人參加。他們全員佩戴「七九式自動手槍」，跨上自帶的馬匹，出征了。

諾爾布對自己被動員去參加戰爭的理由為，「以玉樹的

照片六十　西藏的經幡 དར་ལྕོག（dar lcog）。

結古寺為首，蒙古人經常去拉薩朝拜。他們對青海至拉薩的路線瞭如指掌。中國政府很想利用我們的地理知識」。

蒙古人經常在海拔五千米高的山岳地帶狩獵，也知道無邊無際的唐古拉山脈和崑崙山脈中的祕密路線。熟知道路，才能追擊敵人。中國人對青海蒙古人宣傳道：「先進的中國人對落後的藏人發動的是正義的解放戰爭，戰爭結束後幸福的時代一定會到來」。對此「正義的戰爭」，青海的蒙古人也沒有提出異議。

厭倦戰爭的騎兵和周恩來的讚美

從故鄉巴倫旗出發，先進入了格爾木。從格爾木向南穿越與崑崙山相接的布爾汗布達山，越過阿拉庫諾爾（「斑斕的湖」之意）和查干錫力（「白色山嶺」之意），來到黃河源頭。從黃河源流地向東進入瑪多，襲擊了藏人牧民。然後，從果洛向西追擊「叛匪」直到曲瑪萊。最初諾爾布被命令給中國軍隊帶路，後來，在一九五九年春，他們和從內蒙古自治區來的蒙古人騎兵會合在一起。

諾爾布回憶著親眼所見的歷史。

玉樹的結古寺戰鬥最為慘烈。其戰術是，中國軍隊首先派出轟炸機，把三座寺廟炸個粉碎。僧侶們守著寺院頑強抵抗。轟炸結束後，中國人步兵用機關槍向包圍圈內的人掃射，最後騎兵再衝殺進去。

中國軍隊首先將被俘的西藏人分成男人、女人和孩子。然後一個不剩地處決所有男俘虜，再將女人和孩子關進果洛的監獄。中國人說這是為了「防止再叛」，也就是為了防止再次發生叛亂而採取的行動。

戰鬥依然每天都在發生。我們青海的蒙古人，帶著蒙古騎兵前往最寒冷、最危險的高山地帶。蒙古騎兵最初將逮捕的藏人俘虜交給中國軍的大部隊，但都被處決了，於是也有小班偷偷地放走俘虜。有時，也會對叛匪的逃脫佯裝不知。

某天，一個青海蒙古人發現了拚命逃亡的騎馬「叛匪」集團，便報告了蒙古騎兵。於是，騎兵班長摸著日本刀的刀柄，說道「我現在因為雪盲症什麼也看不見」，只是撫摸著馬鬃，沒有出去追擊。「雪盲」指的是由於雪地反射出的強烈陽光，眼睛受刺激導致失去視力的現象。「雪盲班長」的善良，挽救了藏人的性命。

諾爾布繼續指出：「無論是玉樹的藏人還是果洛的藏人，都以勇猛著稱，但都不擅長和蒙古人作戰」。

在藏人社會中，處於領導階層的貴族，代代與蒙古人通婚。西藏的僧侶也視蒙古人為特殊的施主。西藏社會有一句諺語：「和誰戰鬥都可以，但是不要和蒙古人戰鬥」。

諾爾布充滿哲學意味地總結道：「中國人利用了我們蒙古人的長處和藏人的弱點，達到了一石二鳥的效果。而最後，蒙古人和藏人的命運都被終結，確立了中國人的統治地位」。

後來，中國人的周恩來總理為了表揚巴倫縣（旗）和都蘭縣的蒙古人的「功績」，贈與州政府一支自動手槍（照片六十一）。

扶番抑蒙和扶蒙抑番

「雖然討厭藏人盜馬賊，但是看著藏人俘虜，青海蒙古人都禁不住流下了眼淚」。

住在烏蘭縣政府所在地的允登（二〇一〇年當時八十三歲）（照片六十二）這樣說道。二〇一〇年八月二十八日，烈日當頭，毒辣的陽光照射大地，允登向我敘述了現代史的一幕。

武裝起義失敗，成為中國人的俘虜的藏人大都是女人和孩子。數以百計、千計的俘虜被帶到海西蒙古族・藏族自治州的柴達木、庫魯塞爾克、瑪哈等地的「勞動改造農場」，強制收容。這些人幾乎都是遊牧民，沒有農耕經驗的藏人因為無法忍受強制勞動而接連死去。

「一旦被關進勞動改造農場，就不可能再出來」。

到底有多少藏人在自己的故鄉被侵略者中國人關進「勞動改造農場」而成為不歸之人，至今尚無確切的統計。

據允登回憶，藏人是從一九三〇年代開始穿過巴顏喀拉山脈，來到青海蒙古人草原當馬賊的。當時的蒙古人抵抗西藏人的進入，向西寧府的中華民國政府狀告了此事。但是，政府卻沒有任何作為。

照片六十一　參加鎮壓西藏人的青海省都蘭縣的蒙古人部隊。他們被稱為「優秀連」。攝於一九五八年十二月七日。圖片提供：允登。

照片六十二 允登。

對此，允登分析道：「清朝採取扶番抑蒙，也就是優待被稱為番人的藏人，壓制蒙古人的政策。因為，蒙古人直到雍正帝的時代都不曾向清朝降服。中華民國依舊承襲了清朝的這一政策，因此蒙古人在當時並不受歡迎」。

當中華人民共和國的中國人宣稱他們會採取與清朝、中華民國不同的政策時，青海的蒙古人欣喜地擁護了新政府。中國共產黨員說「這次是扶蒙抑番」，即「優待蒙古人，壓制藏人」。烏蘭縣的南部、巴顏喀拉山的山麓有個叫熱水的地方，這裡居住著從黃河南部移居來的藏人。蒙古人認為，熱水的藏人招來玉樹和果洛的藏人，對蒙古人進行了掠奪。一九五〇年代初期的蒙古人打算利用「扶蒙抑番」的新政策將這些藏人趕回去。

允登從一九五〇年代起就擔任了烏蘭縣的武裝幹事。武裝幹事的工作是維護當地治安，並監視被護送來的西藏俘虜。

我出身貧困家庭，因此被任命為武裝幹事。當時有一千隻羊，六十多匹馬的蒙古人都被劃為剝削階級的有錢人而遭到逮捕。但是，我在一九五七年去新疆維吾爾自治區旅遊，發現那邊的蒙古人和哈薩克人都有一千隻以上的羊、幾百匹馬。我覺得中國共產黨的階級區分的定義，也是馬馬虎虎、隨隨便便的。

從未發生過叛亂

「藏人為何發起叛亂？」

我想了解青海蒙古人的看法。允登這樣回答我的問題：「只是藏人對中國政府強制實施的人民公社化感到不滿。其實根本不是什麼叛亂」。

中國政府從一九五四年左右開始，將青海省各地遊牧民的家畜沒收作為國有財產，奪走藏人和蒙古人從歷史上一直使用的固有牧場，將其劃為國有土地，讓外來的中國人住在這裡。他們逮捕了對這種做法表示不滿的僧侶和百戶長、千戶長。任命從中國內地入侵來的中國人為幹部。中國人幹部不僅不會說藏語和蒙古語，還鄙視少數民族是「生活在落後的封建社會的人」，根本瞧不起他們。

嚴格地說，並沒有發生什麼叛亂。因為無論是在藏人社會還是在蒙古人社會，都已經沒有可以領導叛亂的人物。與西藏相比，仍然受到中國政府信任的烏蘭縣也未能幸免，其過去的旗王（札薩克）也從一九五四年開始全員遭到逮捕。中華民國時代的官員和當地有威望的知識分子，也被強制集中到州政府參加政治學習，與外界隔絕。而藏人社會受到了更為嚴密的監視。即便如此，中國政府也並不安心。分明沒有任何反抗，卻謊稱發生了叛亂，派出軍隊進行鎮壓。中國政府一直在等待著藏人從青海消失。

這就是參加過被稱為剿匪的「鎮壓叛亂」的青海蒙古人的觀點。

允登還向我敘說了參與過鎮壓作戰的人的證言，以及關於俘虜勞改營的傳聞：「參加過剿匪的蒙古人說，藏人從來沒有對中國軍隊發起過哪怕一次有組織的抵抗。即使拿著槍參加戰鬥的人，也都是沒有受過絲毫訓練的遊牧民。中國軍隊也非常清楚這一點，但還是對他們斬盡殺絕。聽說男人們猶如牲口般被殺害，剩下的女人和孩子也跳河自殺了」。

中國政府使用陰謀，別有用心地將遊牧民之間圍繞牧場和家畜的紛爭上升為階級鬥爭，將雙方推到了政治的對立面。他們將民眾對社會主義政策的不滿宣傳成「叛亂」，並出動軍隊鎮壓。總之，中國政府和中國人試圖創造一個沒有藏人的「世界屋脊」。這是侵略並占領他人的土地，擴大本國「自古以來的核心利益」的中國人常用的手段。

允登說道：「我們青海蒙古人在清朝時代確實力量弱小，無法同藏人抗爭而被奪走了草原和家畜。所以，在內蒙古自治區的蒙古人騎兵到來時，大家氣勢高張，非常高興。我們蒙古民族獨有的軍隊是中國最強大的，想到這一點大家都很感動、驕傲。但是，這短暫的感動很快轉化成為中國人利用蒙古人屠殺藏人的怨恨。」

允登還指出，現在青海省的藏族人口遠遠多於蒙古人。蒙古人即使前去寺院朝拜時，也無法以蒙古人自居，他們害怕會遭遇擁有血債血償傳統的藏人的襲擊。

告別允登後，二〇一〇年九月一日，我訪問了同住在烏蘭縣的，名叫確登的蒙古老兵。他也曾參加「剿匪作戰」。我介紹自己是從日本來的內蒙古人時，他感到很驚訝。

他說道：「從你們內蒙古來的騎兵將領，在我這樣的帶路人前講話時，祕密內容就用日語，普通的事情用蒙古語，一些無關緊要的話就用漢語講」。

轉戰過各地戰場的確登，或許是考慮到自己過去的軍人身分，關於使用三國語言的「宛如日本軍人一般的蒙古軍人」，並不想多說什麼。

註解：

1 松原正毅前述《青藏紀行》，頁五八。

（三）不曾存在的「叛亂」

西藏啊，我生生世世的故鄉，
如果我是一盞酥油供燈，
請讓我在你的身邊常燃不熄；
如果你是一隻飛翔的鷹鷲，
請把我帶往光明的淨土！

——茨仁．唯色〈祈禱〉《名為西藏的詩》

由「鎮壓叛亂」而聯繫在一起的同胞們

青海省的海西蒙古族．藏族自治州的蒙古人加入人民解放軍，與起義的藏人進行了戰鬥。而另一方面，黃南藏族自治州河南蒙古族自治縣的蒙古人，卻做出了不同的選擇。這裡的蒙古人從一開始就和藏人站在了一起。二〇一〇年十二月二十四

照片六十三　沙拉布。

日，我敲響了住在西寧市北大街的沙拉布先生的家門。沙拉布（二〇一〇年當時六十五歲）（照片六十三）望著窗外飄揚的雪花，向我訴說了他和藏人一起抵抗中國政府的侵略的歷史。他長期在青海省政府的民政廳工作，熟知政府內部的情況，是一位很有見識的老人。

「青海蒙古二十九旗」中黃南有七個旗。黃南是黃河以南的簡稱。

蒙古人自十三世紀進入西藏以來，一直和藏人友好相處。直到一七二三（雍正元）年被滿洲人的清朝征服為止，蒙古人是青海名副其實的統治者。即使在清朝的統治確立以後，藏人也一直承認蒙古人的權威。藏人貴族中有一部分原本就是蒙古人，或者至少是有著代代與蒙古人通婚的血統。

沙拉布也和所有蒙古人一樣，從古老的歷史開始敘述，展開分析自己的觀點。不僅在安多，包括南部的康巴地區的藏人，直到中華民國時代也一直向蒙古人交稅。隨著和藏人的雜居時間的推移，黃南的蒙古人雖然維持著強烈的民族意識，但在語言和文化上與當地的藏人幾乎相差無幾[1]。

沙拉布指出：「一九五八年內蒙古的騎兵到來，鎮壓了我們。然而頗具諷刺意味的是，在此之前，我們與蒙古本土的蒙古人同胞從未有過任何接觸」。

經歷了數百年相互隔絕的歷史後，血肉分離的同胞竟然以互相殘殺的方式再次相見。

被強加的「叛亂」之名

藏人和蒙古人都認為，這是中國政府單方面強加於對方的概念。率先舉起「叛亂」之旗的是玉樹的藏人，北鄰的果洛的藏人很快與之響應，不久，與果洛隔黃河相望的河南蒙古人也點燃了烽火。這是一九五八年四月的事情。

我非常想了解蒙古人沙拉布的見解，便向他詢問：「以理塘為首，玉樹和果洛以及河南等地的人們發動起義的原因是什麼呢？」

「早有陰謀」。毛澤東和中國共產黨從一九五八年事發開始就一直堅持這樣的主張。政府認為藏人早有叛亂的陰謀，但事實並非如此。內蒙古自治區率先實施了「三不兩利」政策，從一九五六年開始在青海省和四川省也實行這一政策。然而，不久政府便認為這政策走向了右傾，下令開展更為激烈的社會改革。遊牧民的家畜被沒收，草原被國有化，人們無法生活。於是，遊牧民不再一味地聽從政府的定居化的命令，恢復了原來的遊牧移動生活。這種行為被政府認定為叛亂，出動軍隊進行鎮壓。所謂的政府派遣的中國人工作隊被叛亂分子殺害等藉口，也純屬自導自演。

如今，中國政府在各種文章作品中宣揚「叛亂分子殺害了政府好意派出的工作隊員，在忍無可忍的情況下，才決定為了守護和平而進行鎮壓」[2]。「三不兩利」指的是，在比中華人民共和國早兩年半成立的內蒙古自治區實施的政策。其內容是「不鬥、不分、不劃階級」，「牧工、牧主兩利」，即「不強制徵收剝削階級牧主的財產，不使用暴力打倒牧主，在牧區不劃分階級身分。確保牧主和牧民雙方的利益」。中國政府當時宣稱將這種表面溫和穩妥的政策，也推廣到青海省和新疆維吾爾自治區等地的畜牧地區，但實際上強行實施了如「狂飆運動」般激進的「民主改革」[3]。

中國政府在一九五二年派遣了郭曙華任隊長的工作隊前往河南地區。郭曙華是中國的南方人，對青海的牧區一無所知。但是，不知為何，外來的中國人總是會找到我們這裡的流氓和不務正業、遊手好閒之徒做他們的同夥。從人民解放軍蘭州軍區來的社會調查團，在最初也是以治病為名混入遊牧民之間，並且無償發放些藥物和銀錢。實際上，是在調查誰是有錢人，誰是可以利用的流氓。鎮壓叛亂結束後，那些流氓和懶鬼都當上了政府的幹部。

沙拉布非常清楚中國政府和人民解放軍的手段（照片六十四）。如前文所述，劃為四川省甘孜藏族自治州的藏人從一九五六年開始發起抵抗，對社會主義公有化政策提出異議。遭受鎮壓而失敗的康區藏人，北上來到了若爾蓋和瑪曲（黃河的藏語名）、碌曲（洮河的藏語名）等地。失敗者的控訴迅速傳到了玉樹、果洛以及河南各地，發展成了全體部族的大逃亡。

「部族的所有權貴和有聲望的官員，事先都被中國政府集中到了西寧市，遭到監禁，當地根本沒有留下任何可以領導遊牧民的人物。因此，逃亡並不是有組織的，只是隨意分散地逃往草原深處而已。中國人把這種逃亡行為認定為叛亂」。

逃離被中國人侵佔的地區的行為，被政府歪曲成「叛亂」，並以此為藉口實施了大屠殺。這才是「鎮壓叛亂，和平解放」的歷史事實。

熟知政府內部事務的沙拉布的觀點和學者的分析是一致的。實際上，中國政府在面對與四川省接壤的康巴地區以及青海省的安多地區的問題上，從一開始就希望以武力解決[4]。換言之，中國政府想把藏人和蒙古人這些原住民從他們的原有居住地掃除出去，讓中國人住進來。中國人侵略的土地便都變成

照片六十四　中國政府的宣傳作品「西藏農奴奮起反抗封建的剝削階級」。如今，這些作品被重新詮釋，賦予新的意義，被理解為「勇敢地反抗中國的壓制」。引自 *Wrath of the Serfs*，一九七六年。

了「中國自古以來的固有領土」。

沙拉布最後總結道：「中國在每次的王朝更迭時都會發生大屠殺。雍正皇帝時代，年羹堯屠殺了數萬蒙古人即為一例。但是，一九五八年發生的大屠殺的性質與之不同。其後遺症遺留至今，並以西藏獨立運動的形式一直在持續著。被壓迫的藏人不願與殺人犯中國人一起生活。民族問題的本質在於政治壓迫」。

窗外的西寧市一片銀色，這是二〇一〇年入春以來的第一場雪。

註解：

1 新吉勒圖《民族所訴說的語法——中國青海省蒙古族的日常．紛爭．教育》，二〇〇三年，風響社。

2 李江琳前述《當鐵鳥在天空飛翔》，頁一七九—八〇。

3 官方製作出版的《玉樹藏族自治州概況》和《果洛藏族自治州概況》也承認在實施三不兩利政策時，同時施行了暴力激進的「極左政策」。前述《玉樹藏族自治州概況》編寫組，頁六〇—四；前述《果洛藏族自治州概況》編寫組，頁一〇九—一一。關於四川甘孜地區的「三不兩利」政策的實施情況，中共甘孜州黨史研究室《甘孜藏族自治州民主改革史》中有記錄。關於該政策在新疆的實施情況，中共中央新疆分局研究室編《牧區工作文獻匯編》（一九五四年）中有詳細記載。

4 李江琳前述書《當鐵鳥在天空飛翔》，頁一六〇—六一。

第十章

女神的崑崙路

殺死西藏的男人以後，強迫他們的家人、妻子和孩子列隊高呼「歡迎和平解放」、「毛主席萬歲」。——遭遇如此鬧劇的蒙古人騎兵，心中的苦痛至今無法消失……

白度母

（一）女神度母菩薩

草原上的姑娘，美麗的卓瑪，
放牧在那開滿花兒的草原

——西藏民謠〈草原上的卓瑪〉曲爾甲《聖地》

政治宣傳的幻想

二〇一〇年四月十四日，青海省玉樹藏族自治州發生大地震，導致二千六百九十八人死亡，二百七十人失蹤，日本也對此進行了報導[1]。在中國政府看來，比起大地震造成的災難，發生地震的地點才是問題所在，可以大作文章。於是，中國政府在首都北京的軍事博物館舉辦了名為「玉樹不倒」的展覽會，大力宣傳人民解放軍英勇獻身於救助活動的功績。我也曾去參觀過這個展覽會，展覽上一味地大肆讚揚人民解放軍的所謂功績，但對震後當地藏人的生活卻沒有絲毫報導。或許，在中國政府和中國人的眼裡，仍舊未將藏人當作同樣的人類看待。

地震發生八個月後的十二月二十六日，我正在青海省的省會西寧市。我此行的目的是探訪一戶住在名叫玉樹新村的簡陋公寓裡的藏人家。一如其名，這座村子是震後玉樹的災民們逃難而來集中居住的地方。

中國政府雖然宣傳災後的重建工作一切順利，受災群眾已經全部入住了新居，但我乘坐前往玉樹新村的計程車司機說事實並非如此。司機是玉樹的中國人，在西寧市打工。他是一九六〇年代從河南省移民到玉樹的，當然，他並不會說藏語。

「藏人全身散發著黃油味，感覺很髒。他們像傻瓜一樣，把錢往寺廟裡送，真是個落後的民族。我根本不願意和他們來往」。中國人司機對著我滔滔不絕。

下車時，我向他索取收據，但他說「我不會寫字」。即便連自己的名字都不會寫，也瞧不起藏人，這個男人儼然中國政府的縮影。

照片六十五 欽彥。

藏人的說法

欽彥（二〇一〇年當時七十歲）（照片六十五）和達瓦策仁（二〇一〇年當時五十九歲）兩人失去了在玉樹的家和全部財產，來到西寧市投靠女兒一家。我向他們詢問了一九五八年「叛亂」的實情。如上文所述，我一直以蒙古人的證言為中心重新建構了那段歷史，但無論如何還是想聽一聽被鎮壓的一方藏人的說法。

藏人對地震有著獨特的哲學觀點：「玉樹曾兩次吸啜藏人的鮮血。分別是一九五八年和二〇一〇年。一九五八年，我們分明什麼都沒做卻遭殺害。到了最近，我們的聖山也到處遭破壞。中國人說山中有金銀、鉛和錫礦，肆意開採，惹怒了山神，發生了地震」。

玉樹大地震中，中國人的死亡人數極少。來到這裡的中國人大都是政府幹部的親戚，都住著質量好的房屋。藏人住在老舊的磚房中，強震中房屋全部倒塌。即使在自然災害面前，不同民族間的傷亡損失規模程度也不一樣。長期以來壓迫性、歧視性的霸權政策與天災結合造成了這樣的結局。

欽彥回憶震災時的情景：「中國共產黨的報導宣稱，死者有二千多人，實際的死亡人數是這個數字的數倍。由於死者數量過多，來不及一個個埋葬，政府用推土機挖了個大坑，把遺體拋了進去。人民解放軍的推土機過於粗暴，有些遺體的腸子被拉了出來。我們藏人想好好為逝者念經超度，卻遭禁止。被批判為是封建迷信。中國人是個不尊重逝者的民族。」

第二年即二〇一一年七月，我在東京都寫真美術館，看到了外國媒體記錄下來的關於玉樹震災死者遺體的慘烈處理方式的照片和報導。第三者的報導和照片證明了欽彥所言皆為事實。

天罰和加害者

房間裡瀰漫著沉重的氣氛，話題再次回到一九五八年的「討伐叛匪」。欽彥和達瓦策仁首先向我提問：「據說來到西藏的蒙古人騎兵，在回去時乘坐的飛機發生事故墜毀在甘肅省的興隆山中，機上人員全部遇難，是真的嗎？」

達瓦策仁是欽彥的夫人央瑪珍措的哥哥。在達瓦策仁七歲，央瑪珍措一歲的時候，他們的祖父、父親、伯父等親人被人民解放軍槍殺。像欽彥和達瓦策仁這樣年紀的藏人，很多人都不知道自己的父母是誰。他們的父親在戰鬥中被殺害，母親被送進勞動改造農場，再也沒能回來。西藏人之間有一個傳說，參與了造成如此悲慘結局的「蒙古人騎兵遭到了天罰」，即墜機死亡的天罰。

「蒙古人騎兵全部乘火車回到了故鄉，但在一九六六年開始的中國文化大革命中幾乎全部遭到了肅清。被殺害的蒙古人超過十萬。我們蒙古人認為這是天罰」。我糾正了墜機傳言，向他們描述了蒙古人遭遇的種族滅絕大屠殺的事實。

欽彥總結道：「說到底，蒙古人騎兵也只不過是中國人的棋子而已」。

欽彥曾是蒙古人騎兵的嚮導（照片六十六）。從

照片六十六　西藏人與蒙古騎兵在一起。引自《戰鬥在高原》。

一九五八年九月末到一九六一年秋，他與蒙古人一同度過了整整三年，記憶非常深刻。他十八歲時被人民解放軍強制徵用為民工，從少年成長為二十二歲的青年時，告別了蒙古軍隊。

欽彥回憶道：「老人們說，最初只有中國人步兵打進來占領村子，但無法完全制服藏人，所以叫來了蒙古人。蒙古騎兵到達後，首先殲滅了以曲瑪萊縣的巴干寺為據點的藏人起義軍。那座寺院也在戰火中被破壞了」。

在此次巴干寺的戰鬥中，後來成為他妻子的央瑪珍措一家只剩下兄妹倆，其餘家人全部遭到殺害。作為蒙古人的我，與蒙古騎兵的受害者這樣面對面的接觸還是第一次。央瑪珍措用西藏風味的奶茶招待了我。她的哥哥達瓦策仁也靜靜地坐著。我做筆記的手發抖著，沒有勇氣直視兄妹倆的眼睛。在他們面前，毫無疑問，我屬於加害者。

遊牧的移動就是「叛亂」

欽彥出生在距玉樹藏族自治州的政府所在地向南一百公里的囊謙縣附近，一個名叫下拉秀的村子。下拉秀屬於寺院領地，村民也是附近寺院活佛的屬民。大家過著平靜的生活。然而，一九五六年，中國政府的工作隊突然來到這裡，調查家畜的數量和人口。中國人的工作隊員向村裡的流氓和遊手好閒之徒發放錢和糧食，說服並買通了他們，讓他們加入工作隊。成為工作隊員的這些藏人向中國人事無巨細地報告了村裡的誰是「有錢的剝削階級」等詳細情況。不久，中國政府便下達了命令，將「剝削階級」的財產和所有遊牧民的草原沒收充公。

民族間的歧視也很嚴重。藏人為了信仰，前往寺院布施的行為被禁止。工作隊的中國人肆無忌憚地公開說：「藏人是落後的民族，還不如動物」。

欽彥繼續道：「任何社會多少都會有些貧富差距。但是，中國政府動員極少數的窮人，而且都是些流氓，任命他們為幹部，並向富裕的紳士行使暴力。其實，富裕的人家曾經一直關照幫助窮人」。

遊牧民認為無法遵從中國政府的政策，所以沒有聽從工作隊的遊說，帶著家畜去自己的草原上放牧。從前遊牧民都是按照部族內的百戶長和千戶長的指示整齊有序地移動，而現在領導者都以「防止叛亂」的名義被監禁在西寧市，他們只能各自分開行動。而且，即使人不動，家畜也會隨意走動。因為動物有隨季節遷徙的習性。家畜一旦隨牧草而移動，其主人就不得不追過去。中國人就是將這種兩三戶人出去放牧的行為誣陷為「叛亂」。

父親在我八歲時就去世了，我和比我大三歲的哥哥兩人，在一九五八年七月遷徙到了草原的夏營地。夏營地裡還留有去年的行李，我們便趕著犛牛群去了。這只不過是一次普通的遊牧移動，卻被歪曲成是叛亂。「我們派遣的工作隊員被叛亂分子殺害了」，這樣的藉口，實際上也是中國人的自導自演。

追擊而來的中國人只要看見藏族男人就毫不猶豫地殺掉。我的家鄉下拉秀有個大寺院，曾有兩萬人左右的僧侶，但到一九五八年末時，只剩下一千人。其他的人全部被殺害了。

藏人欽彥的證言和蒙古人所說的完全一致。

度母菩薩

九月的某天，少年欽彥被人民解放軍的中國人部隊逮捕。他被命令，想活命就得為「討伐叛匪」帶路。除了帶路，他還必須幫忙做飯。幾天後，欽彥的主人從中國人變成了蒙古人。「我感到很驚訝。威嚴的將軍到了夜裡會在帳篷裡默默誦讀〈卓瑪經〉。騎兵們也不要求吃中餐，而是和我們藏人完全一樣愛吃奶製品。作為廚師，我也就輕鬆了很多」。欽彥向我描述了他對蒙古軍的深刻印象。他稱那些將領為「將軍」。

「蒙古人和藏人所念的經是一樣的」，這時，欽彥心中已稍有緩和，情緒平靜了下來。欽彥所說的「卓瑪」是指〈度母讚歌〉。度母是一位女菩薩，原本是觀音為了感化眾生而顯現的女性化身，後來其形象定格為一位美麗的度脫拯救者。她在藏傳佛教世界中受歡迎的程度甚至超過觀音。其中，尤其是綠度母和白度母兩種女神，備受歡迎[2]。代表度母菩薩的卓瑪成為最有人氣的名字，在西藏女性之間一直很受愛戴。

藏人的信仰原汁原味地傳到了蒙古人的世界，並得到發展。蒙古人自十三世紀帝國時代起就崇拜度母菩薩。當時的首都大都（現在的北京）使用梵語、藏語、蒙古語和漢語四種語言，將稱讚度母菩薩的經典刻在木板上印刷（照片六十七）。在草原上，則將女神的像畫在石窟的寺院內，畫像周圍寫有梵語、蒙古語和藏語的讚歌[3]。在維持高僧轉世制度的蒙古，還出現了女神度母的化身。

……

如秋月般

普照世界

擁有百變容顏

鎮守在星宿中

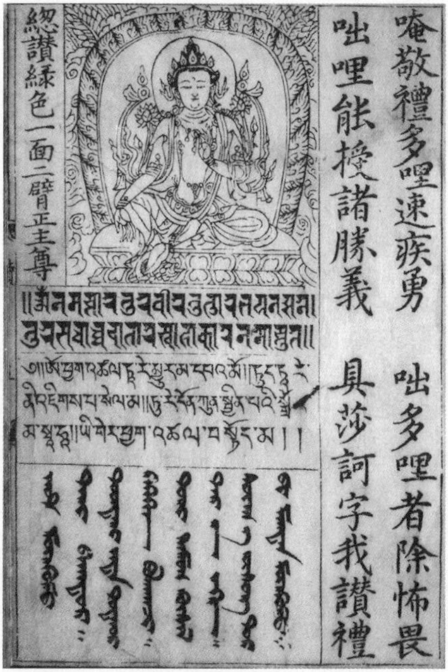

照片六十七　元末明初北京版的〈度母讚歌〉。從上至下依次為梵語、藏語、蒙古語，右側為漢語。四體合璧的文獻。引自楊海英《蒙古的阿爾寨石窟──其興亡歷史和出土文書》。

向威猛的白度母
叩拜！

蒙古民間流傳著無數這樣的〈度母讚歌〉，家喻戶曉人人皆知。其內容是讚美女神的美麗，祈禱能夠保佑自己[4]。

女神的軍隊

欽彥的話也使我感到意外。按照常理，率領蒙古騎兵的「挎日本洋刀的將領們」，此時應該早已變成了「出色的共產主義者」。他們的頭腦不是早已被灌輸了「宗教是毒害人民的麻藥」這種毛澤東思想嗎？不，早已從習志野的陸軍士官學校和王爺廟的興安軍官學校時代開始，蒙古人的將領讀了很多共產主義思想的日文書籍。在考慮信仰還是不信仰宗教的問題之前，他們透過日本式的近代化訓練，應該早已成為了徹底的合理主義者。

然而，日本式的近代軍人也要向藏傳佛教的女神祈求護佑。我從這一事實，看到了他們作為人類的精神性的一面。蒙古語的〈度母讚歌〉比起「打破比中世紀更黑暗的封建農奴制，解放百萬西藏農奴」的漢語政治口號更能打動人心，使欽彥這樣的俘虜們內心得以平靜。欽彥自然是不懂蒙古語的。即使如此，與藏語完全一樣的語調的抑揚頓挫和反覆出現的「母親度母」，不停地在他的胸中溫柔地迴盪。

「蒙古騎兵的將軍和士兵不僅在夜裡，在行軍中也會念誦卓瑪」。欽彥的記憶猶如昨日般鮮明。

阿爾斯楞和孟和這兩位蒙古騎兵一直與欽彥住在一起。阿爾斯楞是阿拉伯語中的「獅子」，孟和則是「永恆」的意思。這個名為「獅子」的男人負責背運無線話報機，但他到了夜裡也會念誦〈度母讚歌〉，在帳篷內向女神祈禱。

「中國人總是蔑視我們藏人，說『藏人很臭』，絕對不會和我們握手。對待我們像是瘟疫一樣。但是蒙古人騎兵阿爾斯楞和孟和一直與我睡在同一個帳篷裡。他們的這種善良，使我們覺得他們一定是度母菩薩派來的軍隊。既然是度母菩薩派來的軍隊，藏人輸給他們也是沒辦法的，當時我這樣安慰自己。」欽彥對我道出了他的心理變化的過程。震懾了藏人的「成吉思汗的軍隊」並不是中國人宣傳的「毛澤東的軍隊」。

「逃走的人們」

欽彥為蒙古騎兵第十三團和第十四團的十一個連大約一千二百人帶路，一路向西。欽彥明白他是在為侵略者帶路，這些侵略者為了攻打祖祖輩輩生活在這裡的他的同胞而來。出了下拉秀村，進入上拉秀，然後繼續行進到雜多。從雜多，他們改變方向朝著西北的那曲前進。第二年，也就是一九五九年春，他們到達了穆如蘇・郭勒河也就是中國人所說的通天河（即長江）的上游區域。他們在穆如蘇・郭勒河與從拉薩進攻而來的人民解放軍暫時會合（照片六十八）。

我們不分晝夜持續高強度的行軍，跨越海拔四千六百米的珠穆朗瑪山地追逐向西逃亡的人們。一部分騎兵追擊到了唐古拉山脈北側的沱沱河。當時，唐古拉山脈北側正在進行「二號地區戰役」。蒙古騎兵的兩個團從東西方向形成包圍圈。印度空軍給逃亡的人們投放了武器彈藥。

我當時和第十三團在一起，目睹了他們的戰鬥。經過一晝夜的激戰，對手四散逃跑。但逃跑的人們不久就被追上，男性幾乎都被當場砍殺。女性和孩子也有被殺害的。最後，被俘的女性和孩子被留在了唐古拉。如今，有一個名為「唐古拉人民公社」的村子，那裡的人們幾乎都是玉樹人。他們是玉樹的倖存者。

俘虜們成為不同人的戰利品，其命運就會有完全不一樣的結局。中國人的步兵總是會馬上說：「這些人妨礙行軍，收拾掉」。他們不會留下俘虜，全部殺掉。蒙古騎兵和我們藏人想法相同，對交出武器者很寬容。俘虜之中也有會講蒙古語的人，他們是和我們藏人一起逃亡的青海省蒙古人。

個子高大、優雅的紳士欽彥絕不使用「叛亂」這個詞。西藏人只是為了躲避中國人工作隊而移動，並沒有手握武器發動起義。所以欽彥將同胞們稱作「逃走的人們」。

對待俘虜的方式

一九六一年九月，欽彥告別了「有著同樣想法、價值觀」的蒙古騎兵。

「和我們一起去內蒙古吧」。

非常喜歡乳製品的「獅子」等人邀請他，但他接到命令，要為從山東省濟南軍區新來的機械化部隊帶路，所以不得不開始學習漢語。中國人士兵是絕不會講「落後的、動物不如的人們」的語言的。但蒙古騎兵的所有士兵都會努力去說藏語。欽彥的證詞和蒙古騎兵的回憶完全一致。

不久，欽彥需要將機械化部隊的「戰利品」——二十幾名俘虜從可可西里的無人地帶帶到不凍泉，一同護送俘虜的還有三個民工。不凍泉位於崑崙山的南麓，行程約一百公里。不凍泉指的是從永久凍土層噴出地面形成的冰柱[5]。這是一次通往極寒地帶的路程。

三位民工騎著馬，而俘虜們只能徒步。

「那些人是幾個家庭的倖存者，全都是女人和孩子。女人之中還有抱著幼兒的，即使如此也沒讓她們騎馬。中國人嚴格命令，不許同情叛亂分子。

照片六十八　一九六一年五月一日，蒙古軍在通天河。圖片提供：吉普呼蘭。

蒙古騎兵則完全相反，對女性俘虜很溫和，還會抱著孩子們行軍」。欽彥回憶著蒙古騎兵和中國軍隊的區別。

內蒙古軍區政治部編集、後來被禁止發行的《戰鬥在高原》中，也記錄著類似的一些小插曲，表現了騎兵與西藏婦女兒童的友好關係6（照片六十九）。顯然，這樣的佳話，跟中國政府所要達到的意圖，即「為解放比中世紀的歐洲更黑暗的農奴制中喘息的人們而戰鬥」是相抵觸的。

「我從一九六四年開始嚴重失眠。到了夜裡，腦海中就會響起中國人的『殺』的喊打聲。我跟中國軍隊共同度過了好幾年，所以那些記憶總是在噩夢中出現」。

作為征服者的中國人

鎮壓「叛亂」後，中國政府必然會動員在大屠殺中倖存下來的婦女和兒童，強迫她們舉行歡迎儀式，還要他們高呼「熱烈歡迎」、「歡迎人民解放軍」和「毛主席萬歲」等口號（照片七十）。

在殺死藏族男人後，讓其家人列隊「歡迎和平解放」。這是雙重的侮辱。在那個殺戮橫行的時代，不僅僅是藏人，甚至連藏獒都幾近滅絕。因為狗也在抵抗。但是，如今我們的狗被當作稀有品種，賣到數億元的價格。而藏人依然承受著壓迫。

在一九五八年至一九七六年期間遭破壞的寺廟，也迎來了大量的中國人遊客。中國政府強

照片六十九 蒙古騎兵親切地對待西藏人。引自《戰鬥在高原》。
照片七十　被政府強迫慶祝「農奴解放」的西藏人。這樣的表演如今仍在繼續。

迫藏人在廢墟前唱歌跳舞。中國人看著這些，懷著「多麼淳樸的人們啊」的感想回去。中國人一直希望自己很受歡迎，在少數民族面前炫耀自己是征服者。

Tibetan Mastiff 在漢語中被稱作「藏獒」，牠們成了暴發戶炫耀一夜暴富的象徵之一。這些暴富的中國人多數也認為藏人是「生活在中世紀的落後的少數民族」。他們在蹂躪被征服民族的同時，玩弄著他們的文化財產。欽彥的人生也和其他藏人一樣，在被中國侵略者占領後發生了巨大的變化。

欽彥的夫人是藏傳佛教嘎瑪派的虔誠信徒，家裡的佛龕裡面供奉著第十七世嘎瑪派法王的照片。在共產黨一黨獨裁的統治下，為了擺脫信仰自由無法得到保證的狀況，年輕的法王於一九九九年十二月流亡印度避難[7]。他越過喜馬拉雅山脈，前往達賴喇嘛的所在地，修行至今。在藏傳佛教世界，他是僅次於達賴喇嘛，有望成為新領袖的人物。

欽彥最後指出：「自一九五〇年代與中國接觸後，我們藏人的信仰被完全否定。不僅失去了祖國，連心靈的歸屬也被奪走。嘎瑪派法王的流亡就是一個例子」。

在青海省也同樣，如果持有達賴喇嘛法王和嘎瑪派年輕法王的照片，就有可能遭到逮捕監禁。我拜訪的所有寺院，裡面一定會有一個中國警察。這就是一九五八年「從比歐洲中世紀更黑暗的制度得到解放，生活在幸福的社會主義大家庭中的藏人」在半個世紀後所處的現狀。

註解：

1 《讀賣新聞》朝刊，二〇一一年四月十五日。
2 田中公明《唐卡的世界——藏傳佛教美術入門》，頁八二、一〇〇，二〇〇一年，山川出版社。
3 楊海英《蒙古的阿爾寨石窟——其興亡歷史和出土文書》，頁八七—一〇六，二〇〇八年，風響社。
4 Yang Haiying , Manuscripts from Private Collections in Ordus, Mongolia(1). OMS(e.V.), 2000, pp117-126.
5 松原正毅前述《青藏紀行》，頁一一〇。
6 前述《戰鬥在高原》，頁七〇—八〇、二〇八—一二、二二八—三三，三四七—五三。
7 林照真《清淨流亡》，二〇〇二年，圓神出版社。

（二）理想王國香格里拉的創痕

光芒璀璨，交相輝映，肝腦共塗地
鯤鵬展翅，雄圖大志，熱血同澎湃
日出之國，三千年正義之火焰
照亮世界每一角落，燃燒蒙古男兒鬥志
……
喜馬拉雅嶺峰，浮現劫火光影
高舉降魔之劍，戰馬該當何勇

——興安軍官學校校歌〈法王進軍曲〉

分而治之

「現在，在我們青海的蒙古，民族的氣運和機遇跌落到了谷底。或許是因為做了壞事吧。在鎮壓藏人的起義時，我們充當了先鋒」。

二〇一〇年十二月二十五日，向我這樣懺悔的是一名叫杜古爾扎的人民解放軍退役將領（照片七十一）。他出生於一九五〇年，八歲時母親領著他，在格爾木市的街上，遠遠地眺望從內蒙古來的騎兵軍團。

杜古爾扎對我說道：「蒙古騎兵的戰馬體格高大，很帥氣。青海當地的馬，與之相比，看起來像馬駒。但是，不到半年，聽說那些軍馬接連死去，當時還是孩子的我感到很不可思議」。

他直到退役為止一直在人民解放軍的測量大隊工作，所以對青海和西藏的地理瞭如指掌。杜古爾扎為了測量而四處奔走，在其所到之處都有「鎮壓叛亂」留下的創痕。

海西蒙古族・藏族自治州的南部是玉樹藏族自治州。而在玉樹藏族自治州的南部，與西藏自治區鄰接的地方，還有一片屬於海西蒙古族・藏族自治州的地區（參照地圖五）。我向杜古爾扎詢問了這種奇怪的行政區劃的由來。

照片七十一 青海省的蒙古人杜古爾扎。

以下是杜古爾扎的說明。

和西藏自治區接壤的那片海西蒙古族・藏族自治州的所屬地，其軍事用語為「小唐古拉地區」，而玉樹藏族自治州則是「大唐古拉地區」。在人民解放軍看來，被稱作「大唐古拉地區」的玉樹藏族自治州是一九五八年發起「叛亂」的巢穴，直到現在仍被認為是不穩定地區，受著嚴厲的監視。「小唐古拉地區」是一九六〇年春展開「二號地區戰役」的地方。從格爾木市穿過唐古拉山口，通往西藏自治區的道路就在這裡。無疑，唐古拉山口和崑崙山口是戰略要塞。將軍事作戰上如此重要的地點，看似莫名其妙地劃到海西蒙古族‧藏族自治州的名下，實際上這裡由人民解放軍直接管理。這是建立在對藏人的實戰預想前提下的行政劃分。

作為殖民地的地名

如上述的軍事開拓，從一九五一年就開始了。以蘭州為根據地的人民解放軍西北第一野戰軍首先向海西蒙古人地區派遣了「和平工作隊」。人民解放軍的「和平工作隊」向這裡的蒙古人發放了大量的茶和砂糖、麵粉等遊牧民喜愛的物品，為他們治病，以此獲取信任。實際上，他們悄悄地對前來領取物品的蒙古人的人口和階級做了調查和記錄。

杜古爾扎繼續回顧當時的情景：「母親對我說過無數遍，說得耳朵都要起繭了。她說，人民解放軍在一九五八年突然變了。一夜之間，他們將當地蒙古人中的權貴和富人都抓了起來。誰住在哪裡，他們一清二楚。母親感歎，太輕易相信他人，而且是從外地來的中國人，蒙古人過於淳樸」。

當時的中國，在國內，正在開展掃除一切對社會主義制度不滿的知識分子的「反右派鬥爭」，與此同時，在全國範圍內推行激進的人民公社化政策。在國際上，以史達林的死亡為契機，中蘇對立變得更加激烈；由於印度與西藏接壤，中國與印度也處於對立狀態。中國陷入了

地圖五　海西蒙古族・藏族自治州地區殖民地化的地名。

四面楚歌的孤立形勢。在國內外形勢如此緊張的情況下，青海省的各民族地區也瀰漫著極為不安的氣氛。

為了在與蘇聯、與印度的對立中佔得優勢，強化對西藏的統治，中國政府和人民解放軍開始鋪設通往拉薩的軍用道路。但是，道路沿線的站名卻擅自使用漢語名，持續了幾百年的蒙古語、藏語和土耳其語地名完全被抹殺了。

杜古爾扎指著地圖：「請看，青海和西藏的地名中代號特別多。格爾木市和唐古拉山麓之間的地名，從一道班開始共有一〇八道班（地圖五）。道班指的是道路補修班。青海省的所有道班都被註上了號碼，固有地名則消失了。例如，到唐古拉山麓的途中有一座 Jigasutai-yin kötöl（『有魚的山脊線』之意）被改為『橡皮山』。Mökör（『深山』之意）被改為野馬灘。möngke kötöl（『永遠的山脊線』之意）被改為崑崙山口，海拔六千一百七十八米的 dorjibaran（『金剛峰』之意）被改為玉珠峰。橡皮山來源於指揮道路修築工程的中國人慕生忠的故鄉，陝西省的某座山名。在其他民族的地區，強行使用自己故鄉的地名正是征服者的做法。」

杜古爾扎作為人民解放軍測量大隊的將領，對地名的變遷和山峰的海拔瞭如指掌。祖國的地理學資訊被他人改寫的行為，訴說著被征服被奴役的現實。被竄改的地名何止於格爾木和唐古拉之間的區域。我在五年間到訪過 Jigasutai-yin kötöl（海拔三千八百一十七米，橡皮山）（照片七十二），以及被編碼的青海大地的各處。被編碼的地名裡沒有任何文化色彩。蒙古語和藏語的地名裡包含著他們的文化。然而，這種文明卻正在被中國人消滅。

香格里拉的冤魂

「據說，直到一九六五年左右，可可西里平原等地仍能看到叛亂分子的身影」[1]。一九八五年，通過青海進入西藏首都拉薩的松原正毅記錄下了當地人的傳言。

杜古爾扎對此也有作證。一九五八年大屠殺的痕跡，至今仍然遺留在西藏青海的大地上。一九七一年夏，二十一歲的杜古爾扎帶領一個小分隊進入位於格爾木市以西的那稜郭勒河（「細河」之意），和烏蘭郭勒河（「紅河」之意。現在名為紅水河）流域展開測量工作。紅水河發源於崑崙山，中途與那稜郭勒河會合後流入柴達木盆地蒸發消失。

他們的分隊到達那稜郭勒河的上游，正準備進入東邊的烏蘭郭勒河流域草原時，當地的嚮導和戰友仁欽卻無論如何也不再前進了。

作為分隊長的我，無奈地只得留下嚮導和仁欽兩人，帶著其他戰士向草原深處走去。「這些傢伙真奇怪，又不會出現什麼魔鬼」，我一邊想著，越過了一座山丘。眼前出現了一個巨大的圓形谷底。那是一片與世隔絕的、如世外桃源般的香巴拉草原。

我們為了調查谷內的地質和水質進入了山谷。卻發現到處散落著大量的白骨。因為恐懼，有好幾個年輕的士兵想逃跑。仔細一看，不僅有大人的頭蓋骨，也有小孩子的。小孩子的頭蓋骨容易枯朽，所以沒有幾個完整的。這些頭蓋骨上有彈痕。還有家畜的骸骨。這些骨頭集中在幾處。還有一些黑色

照片七十二　蒙古人的吉噶蘇台音庫圖勒（Jigasutai-yin kötöl）被改為殖民地的名稱「橡皮山」。

的犛牛皮毛製成的氈房的殘骸。用手一觸摸瞬間便全都化成了粉末，隨風而去。草原上開滿了火絨草，雄鷹在天空盤旋著。我分不清自己究竟身在地獄，還是在天堂。

杜古爾扎在回憶中使用了香巴拉這個詞。香巴拉是西藏的佛教傳說中的隱世，是蒙古人和西藏人所信仰的極樂淨土世界。西藏的「隱祕聖地」的傳說在英國小說家詹姆斯．希爾頓（James Hilton）的小說《消失的地平線》（*Lost Horizon*）中變成了世界的桃源鄉香格里拉[2]。

從山谷出來後我明白了，那個谷底並不是桃源鄉，而是曾經上演了地獄般一幕的地方。一九五九年秋，約一百戶西藏人遊牧民，共五百多人為了躲避中國人，來到這「香巴拉」避難。他們是追隨百戶長進行避難的。他們試圖從這裡沿著崑崙山向西前進，跨越五千二百米高的祁曼塔格山，進入新疆維吾爾自治區南部。難民在這個隱蔽的谷底度過了寥寥幾天寧靜的生活，就被人民解放軍的步兵部隊包圍。

「人畜兩不留」。

他們遭到了人和家畜都不留活口的徹底屠殺。即使如此，還是有幾個運氣極強的人活了下來。那就是嚮導和仁欽。嚮導在一九五九年只有十三歲，仁欽當時二十六歲。嚮導和仁欽都出身玉樹。後來，嚮導作為孤兒留在了格爾木，而仁欽則成為了人民解放軍的士兵。他們二人共同經歷了地獄般的歷史，卻被下達了嚴格的封口令。因為分隊長杜古爾扎也是蒙古人，而且隊伍裡沒有中國人士兵，所以兩名倖存者在崑崙的星空下對杜古爾扎訴說了那段沉重、恐怖的歷史。

杜古爾扎的測量分隊發現的是「叛亂遺跡」。杜古爾扎說，這樣的遺跡遍布青海草原的各地。

不僅是遺跡。他還曾遇到過「叛匪」。一九九四年的某天，杜古爾扎的測量大隊和中國國家測量局在可可西里深處，發現了一個不會說話的男人。中國人以為發現了「野人」或者是「雪人」而興奮不已，但蒙古人和藏人馬上明白了是怎麼回事。那是一九五八年「鎮壓叛亂中的倖存者」。杜古爾扎指出，倖存者不只是一兩個人。

在中國，至今，「一九五八年的平叛歷史」是不能談論的禁忌。「欲要亡其國，必先滅其史」。中國人自古以來的統治方法，現在仍被運用在對西藏的壓迫中。

毛澤東令人恐懼的、對消滅「剝削階級」的執著

當我們從近現代史的潮流中重新審視這場席捲了蒙古人、藏人和日本人的悲劇時，會得到什麼樣的啟示呢？

在下一章中，對此也會有所涉及。一直有一部分觀點認為，一九五〇年代，人民解放軍進入西藏高原的時期，正是大躍進和人民公社化，以及中共黨內權力鬥爭激化等建國後比較混亂的時期。日本的「進步的」知識分子也迷信地認為，「雖然曾經有過負面影響，但是社會主義中國比作為資本主義、且曾經侵略他國的日本要優秀得多，文革以後中國共產黨也在反省並不

斷改善……」直到今日，拘泥於這種無稽之談的學究仍不少於「瀕危物種」。

我站在蒙古高原的視角，提倡堅決否定這種毫無根據的無稽之談，必須用嶄新的視野重新考量近現代歷史和文明的擴展。為此，在此章的最後，對近來圍繞日本和中國的國際形勢稍作展望[3]。

在文化大革命時期曾身為紅衛兵的中國國家主席習近平，於二〇一四年三月二十八日訪問德國，並在柏林做了演講。他提起中日戰爭時期舊日本軍占領南京的事件，並指出「三十多萬人遭屠殺」。進而列舉了毫無根據的數字，指責「日本帝國主義的侵略戰爭導致了中國三千五百萬人以上的傷亡」，強烈批判了「不反省歷史的日本」。不愧是「以造反起家，試圖改變世界秩序的紅衛兵」出身，其論調明顯是單方面的，但措辭極為尖刻。在我看來，有兩點值得注意，演講的地點選在德國以及提出不知真假的具體數字的「馬克思式實證方法」。面對這兩點，日本的論壇仍未找到有效的應戰方法。

應該如何理解如今採取強硬路線的中國外交政策中的對日批判呢？我認為，習近平政權以歷史認識論為武器進一步激烈抨擊日本，這一外交政策的根本原因在於，構成他們人生觀的「文化大革命正統史觀」和「生活中的中華人民共和國悲劇史」。

並且面對來自中國的強烈批判，日本的漢學家因為「害怕失去作為研究領域的中國」，而不敢發言。回溯過去，上一代的「老牌漢學家」，至今仍然被他們的過去，即「深刻反省對中國的侵略行為」，毫無原則地稱讚社會主義的、中國文化大革命的過去所束縛。

受到這些「老牌漢學家」教育成長起來的日本左翼媒體、知識分子和政治家，面對中國領導人日益激烈的指責批判，顯得束手無策也是理所當然了。

在此，將話題暫時離開蒙古和西藏，我想對「生活中的中華人民共和國悲劇史」做一整理。首先，從中國共產黨的成立來分析其性質。

創建中國共產黨的是「中國人民的偉大領袖」毛澤東。毛澤東在一九二七年發表了《湖南農民運動考察報告》一文，確定了建黨不久後的共產革命的基本方針。

毛澤東呼籲道：「不許地主說話，把地主的威風掃光。這等於將地主打翻在地，再踏上一隻腳……土豪劣紳的小姐少奶奶的牙床上，也可以踏上去滾一滾……質言之，每個農村都必須造成一個短時期的恐怖現象」[4]。

對中華民國政府的挑戰就是以這種「從農村開始，農村包圍城市」的形式開展的。

有著流氓無產階級性質的毛澤東等人，此後在中國南部設立了「革命根據地」，以抵抗民國政府。中國政府和一部分日本知識分子謳歌「革命根據地」為「理想的蘇維埃」，事實上這裡是山賊強盜的割據地。從一九八〇年代開始調查割據地實況的、中國官方的《解放軍報》記者陳歆耕，於二〇〇五年在香港的時代國際出版社出版了《赤色悲劇》。作者以當事者的證言再現了共產黨紅軍內部激烈的權力鬥爭。

當事者控訴：「一九三〇年十二月七日，紅軍對內部反布爾什維克派（ＡＢ團）進行逮捕並處死了很多人。用點燃的線香燒烤女性的陰部，用刀剜掉乳房」。

關於犧牲的人數有眾多說法，但陳歆耕記者認為，紅軍的一個軍團數萬人被消滅是不可置疑的事實。陳歆耕還指出，「中國人經常強調他人、強調帝國主義的殘忍，但對自身的殘暴沒有足夠的反省」。

毛澤東率領的中國共產黨，把殲滅階級，即對「剝削階級」的集體大屠殺作為理念。據毛澤東的調查，「中國農村的百分之九十五是被剝削階級，剩下的百分之五是擁有土地的剝削階級地主」。共產黨就這樣一步步地對那百分之五的人們進行了物理的、身體的消滅。中華人民共和國建國之初約有四億人口，其百分之五是怎樣的規模，想必讀者們也很容易想像。中國有骨氣的作家廖亦武一直堅持對被鎮壓的「地主」們做了調查，並在二〇〇八年完成了《最後的地主》，由香港勞改基金會出版。一旦被政府定性為「地主階級」，那麼，土地等所有財產被沒收、遭處刑，其子孫們再也無法出人頭地。中國政府一直維持著這樣徹底鎮壓的體制。這就是明確記載父母職業等階級身分的「戶籍檔案」制度。

作繭自縛的日本支那革命觀

不知近代的日本知識分子是否清楚這一現實，即他們幾乎毫無例外地憧憬「支那革命」。他們既然憧憬「支那革命」，那麼就應該像中國記者那樣進入「革命根據地」進行實地調查，將當地人活生生的聲音反映在自己的著作和教科書裡。

現代中國對數值極其嚴格。無論做什麼事，都有一個共同特點，那就是先設定一個數值任務，然後去完成它。建國初期的政府實施了「鎮壓反革命分子運動」，簡稱為「鎮反運動」。中央政府下達了殺害「大概百分之五」為目標的命令。各地的地方政府自然忠實地完成了「任務」，這一事實被詳細記錄在中國共產黨黨史出版社，在二〇〇六年出版的白希的著作《開國大鎮反》中。這是中國政府公認的研究成果，但不知何故，這些事實卻沒有成為日本知識分子的「常識」。

無論是毛澤東還是中國共產黨員，幾乎全都出自農民家庭。他們與歷代那些夢想「在地主家柔軟的牙床上滾一滾」的、支那王朝的叛亂軍沒什麼區別。共產主義等等也不過是政治口號而已。所以，從一九五七年開始，毛澤東率領的中國共產黨便發動了「反右派鬥爭」。此處的「右派」指的是「知識分子」。

當時，東歐的社會主義各國（匈牙利、波蘭、東德等），對蘇聯式的全體主義體制提出質疑，開始抵抗蘇聯。毛澤東對自己在中國創造的全體主義體制也感覺到了動搖的危機，他感知到國內知識分子的不滿，決心掃除他們。

於是，一百八十萬人的知識分子被劃定為「反革命右派」而遭到了肅清[5]。當時，受到高等教育的「大知識分子」中的多數，已經在一九四九年隨國民黨去了台灣，留在大陸的是對沒文化的農民抱有同情，且只有初等教育水平的「小知識分子」。即使如此，中國共產黨也不能容忍他們的存在和批評。

知識分子是近代化的原動力，是能夠理性思考的團體。即使對帝國主義的侵略，他們也能從中國政府的無能、國民的殘忍性，以及落後性等方面進行全方位思考。作家魯迅就是其一。從反知識分子的理論可以看出中國共產黨的反近代化的特徵。對於這樣一個反時代潮流而行的體制，日本的知識分子和教科書編著者理應直接地予以評論而不是躲避。因為，日本一直站在亞洲近代化的前沿。

在發動反右派鬥爭的同時，中國政府強行推進人民公社化。在農村，所有人都必須作為人民公社的社員，在田裡勞作，吃飯也必須在「公共食堂」。個人不得擁有任何財產。結果，勤勞者和懶惰者的所得沒有差別，打擊了人們的生產積極性，產量無法提高。即使如此，政府還是向農民徵收大批糧食，不斷「支援非洲同胞」，導致農村出現大量餓死者，田地荒廢。

如今，官方媒體新華社的記者楊繼繩，根據政府的公文進行研究，得出了大約有三千六百萬人餓死的結論。

「三千六百萬人相當於日本國民的四分之一。如果在日本出現這麼多餓死者，會是什麼樣？」「習近平主張在日中戰爭中犧牲了三千五百萬人，而中國政府需要負責的犧牲者有三千六百萬人。」[6]

毛澤東呼籲「將地主打翻在地，再踏上一隻腳」。實際上，經過了一九六〇年前後的大躍進，革命青年在一九六六年到一九七六年間的文化大革命中踐行了這一呼籲。不僅如此，甚至出現了「吃掉人民的敵人」的食人運動。其中最有名的是發生在廣西壯族自治區的「食人運動」。

「求求你，先殺了我再吃」。

被劃定為「反革命分子」的人這樣哀求「革命幹部」[7]。究竟有多少人被當作「革命的敵人」而成為共產主義的食人風俗的犧牲品，對此直到現在尚無正確的統計。調查「革命的食人運動」，並出版了《食人宴席——被抹殺的中國現代史》（『食人宴席——抹殺された中国現代史』，光文社）的充滿正義感的作家鄭義，也不得不亡命美國。

此外，關於文化大革命的受害者的整體狀況，至今尚不明確。根據一九八一年六月召開的中國共產黨第十一屆中央委員會第六次全體會議發布的數據，「傷亡人數達一千萬以上，直接或間接的受害者達一億人」。這就是「二十世紀十大歷史事件之一的文化大革命」的實況。當然，這一天文數字的犧牲者不是「西歐列強或日本帝國主義」造成的，而是「中國人同胞自己造成的現代史的結果」。有良知的中國人認為，「中國一直反覆經歷著類似日本戰敗後的國共內戰的同胞之間的爭鬥」[8]。但是，中國政府卻對於「大躍進」和「文化大革命」，從未做出讓國民信服的說明。

與其妄自尊大和自虐，不如提出基於新事實的理論

至此，我整理了「用具體數字說明的中華人民共和國史」。並且指出了，雖然學界公認這段歷史，但日本的教育中卻沒有提到。那麼，日本應該如何理解並對待這段歷史呢？

中國強調日本的侵略，卻完全隱瞞對自己國民和周邊民族進行鎮壓的歷史，以歪曲事實的

形式，繼續著歷史修正主義。

原本，在一黨獨裁的中國，只能允許「唯一正確的中國共產黨歷史觀」的存在。一方面，處於自由世界的日本，存在著多樣豐富的歷史解釋，擁有成熟的論壇。在中國無法出現多樣歷史觀的情況下，日中之間富有建設性的歷史討論是不可能成立的，日本方面無論如何真誠地與中國政治家和歷史學家進行議論，也只是沒有結果的爭論。日、美、德、法等國在圍繞過去的戰爭時，可以進行冷靜而富有建設性的議論。只有當中國人能擁有成熟的歷史認識，日中之間的歷史對話的渠道才可能變得豐富一些。

毛澤東也曾直言不諱：「如果沒有日本的侵略，共產黨也就不能奪取政權」，認識到了日中在現代史中的相互作用和相互關聯。

作為歷史教育，應該讓日本人明白，日本對中國的侵略促成了共產黨政權的誕生。共產黨定下數值目標，殺害了各種各樣的「人民的敵人」的事實，與日本的過去並非毫無關係。並且也應該將這一史實傳達給中國人。只有形成這樣有生氣的歷史認識，日本人和中國人才可能共存。

歷史以思想的形式，與世界連動。毛澤東將自己的國家定義為「只有中國才是世界革命的中心」。其結果，中國為了「將毛澤東式的革命思想輸出到全世界」，向周邊世界擴張。以「解放」為名，不僅對「國境」相接壤的西藏、維吾爾和南蒙古進行侵略，而且對日本等國的內政也橫加干涉。紅衛兵禮讚為「革命聖書」的《毛澤東語錄》曾被翻譯成二十四種文字，共計印刷五十多億冊，充斥世界各地[9]。法國的一九六八年的五月革命等表明，毛澤東的暴力革命思想給民主國家也帶來了很大影響。受這一思想直接影響的柬埔寨，發生了由波爾布特派造成的大屠殺。在美洲南部，共產主義運動與毒品祕製集團相勾結，仍殘留至今。

日本也曾有部分青年憧憬毛澤東思想，高呼「造反有理・帝大解體」，其中甚至有團體在一九七二年二月潛伏在「淺間山莊」，夢想實踐「農村包圍城市」的道路。這些曾經發生的事情離今天並不久遠。

對於諸如上述發生的「與自己相關」的事情，在日本還沒有實現與鄰國中國聯繫起來進行思考的歷史教育。當然，也必須把發生在柬埔寨和日本的「被反射的歷史」告訴其發源地的中國。因為他們對此也負有很大責任。

霸權主義中國的戰略

習近平的部下外交部長王毅的老師，畢業於「北京日本語研修中心」，也是我的前輩。這一中心是日中國交正常化以後建立的，俗稱「大平（正芳）學校」。他們所持的日本觀，正是我在學校所聽到的。

習近平當局的歷史觀和外國觀的思想淵源，來自上述的「被歪曲的中國現代史」。可以說，正是「被歪曲的中國現代史」，決定了這些紅衛兵的外交政策。

習近平領導的中國，拒絕與如今的自民黨安倍晉三政權直接對話，而與「在野黨和民間日中友好人士」積極交流。對於紅衛兵為何會採取與過去相似的外交政策，我根據自身的經驗，提出以下見解。

現在，我手頭有一本厚厚的《讀報手冊》。這本書整理了中國共產黨中央委員會在一九六九年文化大革命期間制定的《世界情勢指導方針》。無論是習近平還是王毅都是熟讀了這本《世界形勢指導方針》的一代人。這本對他們的世界觀和外交政策影響巨大的書籍中有如下文字，在此加以引用[10]。

光焰無際的毛澤東思想指引著日本人民在革命的航程上勝利前進。近年來，特別是一九六七年以來，日本人民廣泛開展了學習毛主席著作的群眾運動……廣大人民深深體會到「只有毛澤東思想，才能救日本」……在毛澤東思想指引下，日本人民反美愛國鬥爭深入發展。他們在一九六七年和一九六八年上半年，圍繞粉碎《日美安保條約》，反對美軍基地，支援越南人民抗美鬥爭，保衛日中友好，反對美國核子航空母艦停泊佐世保港等政治課題，開展了一次又一次聲勢浩大的全國性的群眾鬥爭。一九六七年千葉縣三里塚農民為了保衛自己土地不被占作軍事基地，打敗了二千名前去強占的反動軍警。一九六八年六月，東京一萬多名學生和鎮壓學生的一千五百名反動警察展開激烈的搏鬥，打退了警察的進攻。許多鬥爭中，群眾高舉毛主席畫像，「毛澤東思想萬歲」的紅旗，毛主席的語錄牌，向敵人進攻。

這本《世界形勢指導方針》出版時的中國和現在一樣，處於被國際社會孤立的狀態。為了增加「國際友人」，中共黨中央下達指示：「要團結民間的親中國派而不是反動的領導人」。深受毛澤東思想感化的習近平和王毅，重新回歸文化大革命時期的外交政策的原因就在於此。習近平當局將如今的安倍晉三政權當作「反動勢力」，而對民主黨和「日中友好人士」笑臉相迎的理由，與他們過去深受《毛澤東語錄》影響的事實不無關係。

中國的歷史修正主義才是問題所在

那麼，被紅衛兵看好的民間「日中友好人士」需要做什麼呢？換言之，「日中友好人士」應該以什麼姿勢面對中國呢？

關於如何看待中國，日本的思想界分為兩種。在社會主義已經衰退，只剩下少數幾個社會主義國家的現在，「日中友好人士」仍然認為馬克思列寧主義是善的思想，實踐了馬克思列寧主義思想的各國也是「人類的桃源鄉」。這些「日中友好人士」無法從思想上完全擺脫這一幻想。

曾經在社會主義國家生活過的我，不得不說「日中友好人士」完全錯了。實施了大屠殺的舊蘇聯和餓死三千六百萬自己國民的中國，絕不是值得無條件讚美的體制。中國和蘇聯的社會主義者還犯下了無數其他的「違反人道的罪行」。

進入了二十一世紀的現在，文革的混亂業已終結，中國經濟達到了值得自豪的世界第二，但其對自己國民的言論限制和對周邊民族，例如蒙古人、維吾爾人和藏人的殘酷鎮壓至今仍在持續。如半世紀前的殘酷肅清和物理性的破壞或許減少了，但也不過是五十步笑百步罷了。進入二〇一四年，藏人的自焚者已經達到了一百多人。作為虔誠的佛教徒，他們對於壓迫者沒有以暴力相待，而是始終以自焚表示抗議。

我生長於蒙古，因為不是中國人，所以自然無法贊同中國人紅衛兵的歷史觀。如前文已述，我的故鄉是南蒙古，擁有與蒙古國完全相同的文明，與蒙古國是一個文明共同體。一九一一年，蒙古的北半部，俗稱的「外蒙古」獲得了獨立，但「內蒙古」被中國軍閥占領。此後，蒙古人利用積極進入大陸的日本，希望能夠實現從中國獨立而進行了英勇的奮鬥。日本人也自然為了本國利益，在對蘇與對中的戰略中利用了蒙古人。即便如此，正如美國的「行走的歷史學家」歐文·拉鐵摩爾所指出的：「蒙古人民族主義者和日本的大亞洲主義者是相思相愛的」。日本戰敗後，南蒙古的蒙古人希望與蒙古人民共和國實現民族統一，但由於大國之間擅自簽訂的《雅爾達協定》，被中國占領至今。雅爾達會議的密談中，沒有一個蒙古人出席。關於蒙古人是如何度過這段歷史的，在本書的第一部中已經做了論述。

中國將「民族統一」作為美好理念運用在台灣、香港和澳門的統一問題上，卻將蒙古人同胞的民族統一批評為「分裂活動」。蒙古人過去曾利用日本試圖實現從中國獨立，中國為了清算這段民族自決的歷史，屠殺了數萬蒙古人。關於蒙古人遭到大屠殺的事件，拙作《沒有墓碑的草原——內蒙古文化大革命·大屠殺實錄》（二〇〇九年，岩波書店）中有詳細記錄，望垂閱。

關於對蒙古人的種族滅絕大屠殺，一位蒙古人記者闡述了如下觀點。

中國人主張日本在南京殺害了三十萬人。即使是事實，那也僅佔了當時四億人口的百分之零點七五，中國所受的打擊並非多大。與之相比，弱小的蒙古民族在文化大革命中所付出的代價委實過於慘重，至今仍無法恢復。

這位記者認為，蒙古人在種族滅絕屠殺中的犧牲者多達三十萬人，他發表了自己的調查結果[11]。

中國政府要求日本道歉。事實上，日本已多次道歉，並透過政府開發援助等形式，進行了事實上的大額「賠償」。但是，中國政府從未對蒙古人、維吾爾人、西藏人表示過任何的道歉和賠償。

如今，中國強調，自己的革命是「從西歐列強獲得獨立的正義的歷史」，但是對於希望從中國的壓迫中獲得獨立的蒙古人、維吾爾人和西藏人的鬥爭，卻從歷史修正主義的視角加以批判，並進行殘酷鎮壓。

自國內部存在著多種歷史實情，卻單方面對日本施加強烈的批判，表明其本身實際上就在執行「雙重標準」，並從意識形態的角度任意歪曲歷史事實。

曾經的紅衛兵如今擺出一副「儒學家」的姿態，宣稱「以史為鑒」和「己所不欲勿施於人」。

但若想實現國內各民族的平等和團結，首先應該對蒙古人清算文化大革命時代的歷史，應該對維吾爾人的「恐怖活動」和西藏人的自焚抗議拿出真摯的回應態度。在現代史中，沒有國內外的區別，所有事實都是互相聯繫的。

總之，對於「一九五〇年代人民解放軍進入西藏高原的時期，正是大躍進和人民公社化以及中共黨內權利鬥爭激化等建國後混亂的時期；雖然曾經有過負面影響，但是社會主義中國比作為資本主義且曾經侵略他國的日本要優秀得多，文革以後中國共產黨也在反省並不斷改善……」等迷信觀點，必須予以強烈的反駁。

註解：

1 松原正毅前述《青藏紀行》，頁二四—二五。
2 石濱裕美子前述《西藏概況五十章》，頁二四三—四七。石濱裕美子著《使世界為之傾倒的西藏》，頁六四—八九，二〇一〇年，三和書籍。
3 以下文章出自我在岩波書店《世界》（二〇一四年七月號）上發表的〈同樣無視歷史的日本和中國〉一文。遵照本書的宗旨，對文章做了稍許修改。
4 毛澤東《湖南農民運動考察報告》，頁六—七，一九五一年，人民出版社。
5 丁抒《陽謀——反右派運動始末》，二〇〇六年，香港開放雜誌社。
6 楊繼繩《墓碑——中國六〇年代大飢荒記實》，二〇〇八年，香港天地出版社。
7 鄭義《紅色紀念碑》，一九九三年，華視文化公司。
8 陳東林、苗棣、李丹慧編《文化大革命事典》，一九九六年，中國書店。
9 馬繼森《外交部文革記實》，二〇〇三年，中文大學出版社。
10 中國共產黨中央委員會編《讀報手冊》，頁四〇二—〇三，一九六九年。
11 Shirabjamsu, 2002，《被置於鐵犁下的內蒙古草原》。

第十一章

悲戀玄界灘

高海崑於一九四六年被處死。他過去的戀人英子，於一九九四年秋，再訪了內蒙古。實現了和陸軍興安軍官學校的一期生，以及高海崑的弟弟等舊友們闊別半個世紀後的再會，然而……

豎立在對馬島西海岸的元寇來襲石碑

（一）天罰降臨草原

嚴冬漫漫興安嶺，冰雪融化之時，思我故鄉河山。

——瀨知章《糸島新聞》

遠去的將軍

我們把目光再次轉向戰爭結束後的南蒙古，即滿洲國。

滿洲國軍第九軍管區設在通遼。其司令是甘珠爾扎布中將，他是日俄戰爭時期為日本軍開路、即組成馬隊的巴布扎布將軍的次子。他的弟弟正珠爾扎布少將是第十軍管區的少將參謀長，後來他在呼倫貝爾草原的錫尼河發起反叛事件，殺死了三十八名日本軍。甘珠爾扎布和正珠爾扎布兄弟倆都出自日本的陸軍士官學校。

下面，來看看甘珠爾扎布與日本人的別離。

據官方記錄《滿洲國軍》的記載，「通遼的街道在詭異的寂靜中迎來了十一日」[1]。

一九四五年八月九日早晨，從廣播裡得知蘇聯將參戰的消息後，立刻將駐紮在蒙古人民共和國境附近巴林草原上的軍隊召集到通遼，進入守備狀態。不久，消息傳來，興安軍官學校的學生將槍口指向了教官。通遼有興安特務機關的分支機關，因此能夠迅速進行祕密情報的交換。蘇聯的機械化部隊進入通遼，就必須經過遼河。於是，大塚高四中校參謀率領軍隊，在蒙古軍隊的掩護下，炸毀了通遼鐵橋。

這樣，拖延了蘇軍的進攻時間。日本軍隊和滿洲國的蒙古軍隊向博王府出發，十五日，在一個藏傳佛教寺廟（喇嘛廟）裡度過了一夜。

十六日拂曉，在東方的熹微中有兩道身影朝著喇嘛廟東北的丘陵疾馳而去。他們飛奔著。那是甘珠爾扎布司令和包副官二人。蒙古人消息很靈通。司令聽到日本戰敗的消息後，帶著包副官在草原上疾馳，漸漸遠去，身影不久便成為兩個黑點，很快就消失了。留下了蒙古部隊和日本人[2]。

此時，除了「消息靈通的甘珠爾扎布」以外，誰也不知道日本戰敗的事情。已故巴布扎布將軍的長子農乃扎布結束了在東京的生活，已長期生活在蒙古人民共和國。滿洲國的日本人當事者後來猜測，弟弟甘珠爾扎布或許是受到了哥哥農乃扎布的「思想工作的感化」。日本人當事者認為甘珠爾扎布「未能像弟弟正珠爾扎布那樣發起叛亂，下令殺害日系軍官。他對日本人遵守了仁義，自己靜靜地離開了」[3]。

再會的誓言和對日本時代的清算

以複雜的心情目送甘珠爾扎布離去的日系軍官，決定解散蒙古軍隊。戎能五郎少校作為全體日系軍官的代表，站在沙丘上，流著眼淚致告別辭[4]。

「我們自建國以來一直為蒙古民族的復興努力至今，而這努力卻已毫無意義，日本戰敗，我們日本人不得不與諸位蒙古人離別。但是，只要時機一到，我相信我們會再次來到蒙古，與諸位再會」。

戎能少校將愛馬交給了值班的蒙古士兵，說道：「承蒙諸多關照。望保重」。

「老師，我送您」。蒙古士兵不忍離別。

告別了蒙古軍隊的日系軍人在草原上遇到了通遼醫院的一支小隊。護士長是來自愛媛縣的德永文子小姐。

日本時代落下了帷幕。

日本的痕跡被中國式的共產主義風暴一洗而淨。十七年後的一九六六年，文化大革命爆發了，距一九六一年十一月蒙古騎兵從西藏遠征歸來，已經過去了約四年。此時的內蒙古自治區內生活著大約一百四十萬蒙古人。侵略者中國人則已膨脹到了蒙古人的十倍。中國人在建國十七年以後，開始清算蒙古人的近現代史。罪名有兩項：過去曾「與日本帝國主義勾結」；日本戰敗後不熱愛中國，而企圖與蒙古人民共和國合併。這兩項是「歷史上的污點」。另有一個原因是，當時正值中蘇對立時代，中國人判斷，如果「蘇聯社會帝國主義和蒙古修正主義國家聯合軍」攻打中國，內蒙古自治區的蒙古人或許會倒向敵陣。

為了預想的「蘇聯軍隊的進攻」而做防備的中國人，比起一九四五年八月的日本人聰明很多。他們決定事先肅清蒙古人。於是他們在內蒙古自治區發動了長達十年的種族滅絕大屠殺。屠殺的最大目標，是滿洲國時代成長起來的「挎日本洋刀的將領」，也就是文武兼備的近代知識分子。據中國官方的記載，大約有三十四萬六千人遭逮捕，十二萬人身體殘障，二萬七千九百人遭殺害。我根據多年大量詳實的第一手資料加以實證研究發現，包括「後來的死者」，犧牲者的數量遠比上述統計多很多[5]。歐美學者分析指出，大概有十萬人遭殺害[6]。

遭肅清的騎兵部隊

中國人在完成了對於駐紮在自治區中部集寧市的騎兵第五師（照片七十三）兩個團的肅清之後，開始了對蒙古人的種族滅絕大屠殺。就是說，在解除了蒙古人獨有的軍隊的武裝以後，按計畫對其同胞實施了大屠殺。

照片七十三　遭遇肅清前的騎兵第五師的幹部。攝於一九六五年三月九日。圖片提供：吉普呼蘭。

蒙古人被指控為「民族分裂主義者政黨內蒙古人民革命黨黨員」，而遭到了大屠殺。為了得到應該遭到殺害的「內蒙古人民革命黨員名單」，中國人對內蒙古軍區政治部主任鮑蔭扎布連續進行了長達十八個小時嚴刑拷打。無法忍受嚴刑的鮑蔭扎布終於「坦白認罪」，編造出了長長的「民族分裂分子名單」[7]。鮑蔭扎布當然也是「挎日本洋刀的將領」之一。

下面列舉一些屠殺實例。

騎兵第十三團宣傳幹事額爾敦巴雅爾，於一九六八年十一月十九日，遭中國人將領逮捕監禁。額爾敦巴雅爾提出抗議：「只監禁蒙古人，違反少數民族政策」，卻反遭殘酷拷打。將蒙古人全部趕下台，控制了實權的中國人武尚志師長等人，直到十二月十二日為止一直對全體蒙古人幹部實施暴力。十二月十二日下午，中國人將額爾敦巴雅爾帶到馬棚，扒光衣服，用韁繩捆綁在馬樁上使用馬鐙和馬鞭進行毆打。次日，人們在飲馬槽內發現了被割掉耳鼻的額爾敦巴雅爾的屍體。之後，中國人甚至根本沒讓額爾敦巴雅爾的家人見他一面，就將其遺體切碎埋掉了。在其死後，額爾敦巴雅爾的家人，包括未滿四個月的嬰兒，都要接受中國人的「批鬥」。「批鬥」是指在中國人召開的政治集會上遭受暴力。殺害蒙古人將領的中國人武尚志得以晉升，而額爾敦巴雅爾直到一九七八年也未能恢復名譽[8]。

據研究指出，內蒙古軍區共有五十二名將領遭殺害，僅鮑蔭扎布所在的政治部就有十名慘遭殺害[9]。我根據第一手資料進行研究的後勤部，也有十四人遭殺害[10]。

騎兵第十四團副團長巴達榮貴，遠征西藏歸來後，任哲里木盟軍分區參謀長，在一九六九年春，中國人將鐵釘釘進其頭部，慘遭殺害。一同被殺害的軍官及其家屬達二十九人，以軍區政治委員阿古達木和副司令呼和哈達等人為首的蒙古人將領全部被殺害[11]。

興安軍官學校第十二期生，騎兵第十四團團長、曾遠征西藏的吉爾嘎朗也未能幸免於肅清之難。他從西藏回來後晉升為騎兵第五師副師長。騎兵師的將領共計二百八十六人遭肅清時，他也被指控為「民族分裂主義者政黨內蒙古人民革命黨員」。他們中的大部分人，否定自己是內蒙古人民革命黨員，只有吉爾嘎朗爽快地承認了。他還「供出」，不僅是他，騎兵師政治委員席達和副政治委員那穆斯賚扎布，參謀長虎日樂巴根也是該黨黨員，是他的「同夥」。

其實，吉爾嘎朗只是講了事實。問題是，到了一九八一年，中國政府表示「對蒙古人的大屠殺事件擴大化了」，並出爐善後平反政策後，吉爾嘎朗也絕不接受中國人的「恢復名譽」[12]。中國政府當時轉變態度，表示「內蒙古人民革命黨員反黨叛國事件是捏造的」。而吉爾嘎朗等內蒙古人民革命黨員則認為，試圖與蒙古人民共和國統一合併的歷史事實是存在的，是正義的民族自決運動，根本不需要中國人來「恢復名譽」。

然而，像吉爾嘎朗那樣的好漢很少，大部分人還是選擇了歪曲自己的人生，認為「蒙古人也參與了抗日，蒙古人的革命也是中國革命的一部分」，以此度過屈辱的餘生。

突擊審問

「挎日本洋刀的傢伙」。

被中國人這樣蔑稱的蒙古人當中，沒有一人躲過文化大革命的暴力風暴。以第二名的優秀成績畢業於日本陸軍士官學校，並和三笠宮殿下關係密切的都固爾扎布當然也在文化大革命爆發後馬上遭遇了災難。他被冠上的主要嫌疑是加入了「民族分裂主義分子的政黨內蒙古人民革命黨」和「在滿洲國時代充當了日本間諜」這兩項。為了讓都固爾扎布招供，當時的自治區最高領導人滕海清將軍親自下達了命令。

中國政府將都固爾扎布作為「自治區的重犯」逮捕監禁，長期施以酷刑。我曾得到了記錄這一事實的絕密文件，並於二〇一四年公開。中國政府的這一祕密記錄被保管在內蒙古自治區檔案館內，文件號是「三八－一二－一六八」。標題為「關於內蒙古人民革命黨問題突擊審問都固爾扎布的報告」。當時內蒙古自治區被置於從北京來的人民解放軍的軍事管制之下，文件上蓋著「軍事管制委員會」的紅色印章[13]。「突擊審問」是中國共產黨的專用語，指使用暴力強制逼供的行為。以下是「突擊審問」錄下的部分內容[14]：

在偉大的戰無不勝的毛澤東思想的指引下，終於用七天的時間，把這個歷史上曾充當過日本大特務，老內人黨黨魁都固爾扎布的新內人黨問題突破了。他初步地交代了內蒙古人民革命黨中央委員和組織狀況……

我們從一九六八年五月開始對都固爾扎布在偽滿洲國興安軍官學校時期，加入日本的間諜組織「思想對策委員會」的問題，對他進行了審問。

都固爾扎布交代：「我沒有加入。我們連的奧敦巴爾參加了」。我們問他「誰能證實你沒參加？」，他說「奧敦巴爾和王海山能證實」。後來我們就叫他念已取得的奧敦巴爾寫的證實材料：「思想對策委員會是特務組織。我參加了這個組織，在連長都固爾扎布的領導下進行活動的」。在活生生的證據面前，他只好說「連長當然是思想對策委員會的」……

為了使都固爾扎布進一步交代關於內蒙古人民革命黨活動，我們還對他和他的家屬情況進行了分析。都固爾扎布被隔離軍管一年多以來，曾幾次流露過他對他的孩子非常留戀。特別對他第二個兒子感情深。根據他兒子在工廠的表現，我們認為可以做他父親的工作。但是，怎麼做就需要細緻的安排。

根據毛主席的教導：「攻擊時機的適當，預備隊使用的不遲不早，以及各種戰鬥處置和戰鬥動作都利於我不利於敵，便是整個戰鬥中主管指揮和客觀情況統統相符合」。我們認為必須做好他兒子的工作，而且掌握在敵人態度好轉的情況下，採用這種辦法，才是有利時機。而當時正在這個火候上了，都固爾扎布的鞋子壞了。我們就讓他兒子給他掌鞋。等我們再提審都固爾扎布時，先讓敵人上場，在提審中間讓他兒子提著鞋進場，給他父親送鞋，這樣使敵人感到很自然。敵人看到他的兒子，由於一年多未見面，激動得幾乎哭出聲來。他兒子因年齡小，不能控制（才十九歲）也哭了……敵人都固爾扎布當場表示要進一步交代內蒙古人民革命黨的問題。

這就是以「偉大的中國共產黨的毛澤東思想」為武器的中國人對蒙古人發起的「突擊審問」。中國政府和中國人互相學習這樣的「優異經驗」，在所到之處對蒙古人實施了種族滅絕大屠殺。記錄下這樣「優異經驗」的不是都固爾扎布或者他的兒子，而是繼承了「中華文明」的中國人。記載中雖然多次使用了「戰鬥」和「敵人」等戰時的用語，然而，文化大革命不是戰爭時期。或許有人將其解釋為「黨內的權力鬥爭」，但這是「各民族人民共同建設人類理想的社會主義制度」的和平時期。在這樣的和平時期，蒙古人被中國人以殘忍的方式屠殺。蒙古人的草原也變成了名副其實的屠殺場[15]。

許多蒙古人將中國政府和中國人對其實施的大屠殺理解為「因果報應的天罰」。蒙古人反省，「蒙古人和西藏人本是如一家人般的關係，但蒙古騎兵卻在一九五九年為了中國共產黨而屠殺了藏人。所以遭受了天罰」[16]。然而，這一反省來得太遲了。這是被巨大的中國人的國家玩弄的弱小民族的悲哀，是參與鎮壓的蒙古人和被屠殺的藏人的悲劇。日本人絕不曾料到，日本式的近代軍事知識也會被利用在這場悲劇當中。

一九六八年五月九日，「挎日本洋刀的將領」幾乎被全體肅清後，騎兵第五師被命令解散[17]。

再訪蒙古

懷著與雌伏四十六年的英靈再會的希望，日高清少校等興安軍官學校的日系倖存者和死者的遺屬組成的訪問團，於一九九一年八月拜訪了已成為中國領土的內蒙古自治區。此時，王爺廟更名為烏蘭浩特市已經四十四年。

日高清少校無限感慨：「降落在機場的瞬間，首先映入眼簾的就是在山頂閃閃發光的白壁廟宇。這也使我感受到了蒙古民族的健在」。一行人放下行李後，立即面朝成吉思汗廟默默祈禱。腦海中浮現出參加成吉思汗廟建設的那段青春時光，不禁流下眼淚。當然，日本方面希望前往葛根廟，祭拜犧牲於草原的同胞們的英靈，但在新的統治者中國人的強烈反對下未能實現。從烏蘭浩特市出發時，公安人員來到機場，要求他們交出祭拜用的牌位，並提出拘留負責人。中國當局認為，來到當地祭拜，是日本侵略者「對仇敵的報復思想」的表現。

日高清指出：「中國的這種見解，波及到靖國神社的參拜，甚至干涉我國內政也是出於這樣的思想」[18]。

順便提一下，我的父親曾是騎兵第五師的士兵，也曾兩次拜訪過靖國神社。父親不願意把人分成敵我，而且在了解到靖國神社每年四月七日都要舉行陣亡戰馬祭祀儀式以後，被日本人的精神深深感動。蒙古人和日本人有著幾乎完全相同的價值觀，即人在死去後一律成佛，生前的所作所為都如流水一般逝去。而中國人卻有著「鞭屍文化」，將敵人的遺體從棺材裡拖出來進行鞭打。鞭屍社會和死者供養的文化，其性質自然是迴然相異的。

未能相見的「在南方的戰友」

一行人從「紅色之都」烏蘭浩特市向「藍色之都」呼和浩特市飛去。興安軍官學校的學生，一共五十人在酒店集合，熱情歡迎日高清少校一行。聚在一起的一期生（日本陸士留學五十二期）到十五期生，是「在文化大革命的暴風雨中倖存下來的人們」。而堅持反中國反共產主義思想的好漢，則仍然身陷在中國人的牢獄之中。

「他們在中國的南方」。

老友們只能這樣敷衍日本人。「在南方」，事實上是指成為了中國人的階下囚。

即使過去了四十六年的光陰，興安軍官學校（照片七十四）的學生仍能講一口流利的日語。「我們之所以能活到現在，都是因為遵守並實行了在興安軍官學校和日本陸軍士官學校所學的知識、規則和優秀思想」。學生們誠摯的話語，使日高清少校感慨萬千[19]。日高清一直牽掛著在中國生活的蒙古人學生的命運。他利用一切機會，收集從興安軍官學校畢業的蒙古人的消息。一九八五年九月，他得到消息，興安軍官學校的畢業生中有數人，在中國不幸地死去。

闊別四十六年再會的蒙古人將領唱著〈愛國行進曲〉，使得日本人老朋友非常開懷。而日本方面則高唱〈成吉思汗出征歌〉，作為回禮。

喝醉酒，合唱著擁有共同夢想時代的歌曲，但在宴會開始前，蒙古人的代表商定「相互間不要談論戰爭結束時的事情」。日高清少校對此不能接受。因為，他沒有得到關於八名日系軍官被學生隊殺害的理由的說明。

二〇一二年二月二十三日，日高清少校回顧往事時指出：「我們是亞洲主義者。隨著那股潮流達到目的的是當時的我們」[20]。

鮮血的代價

「不要談論戰爭結束時的事情」。

興安軍官學校的蒙古人畢業生為什麼會做出如此決定呢？一九四五年八月，蒙古聯盟自治政府的德王頒布命令：「殺害或為難戰敗者，有反蒙古人的美德」[21]。德王的話代表了蒙古人的精神。與這種精神相對照，興安軍官學校學生的行為很顯然地違背了美德。

容易衝動的蒙古人青年失去了冷靜，殺害了無法公開支持蒙古民族獨立的日系軍官。但是，即使殺死了日系軍官，蒙古人也未能獲得獨立。新的統治者中國人，對蒙古人實施了比日本殘酷數倍、數十倍的統治。日本雖殺害了興安北省省長凌陞等數人，而中國政府和中國人卻逮捕了三十四萬人，殺害了近十萬蒙

照片七十四　興安軍官學校的正門。歲月流逝，而民族自決的歷史依舊。引自日高清《人生感意氣》。

古人。日本人開拓團老老實實地生活在滿蒙開拓地，而多達蒙古人十數倍的中國人農民，一個接一個地不斷開墾草原，肆意破壞環境，造成了嚴重的沙漠化。在日本占領時期，興安警備軍內的蒙古軍也曾在各地奮戰，那是為了保護自己民族的女人和孩子。到了中華人民共和國時代，他們卻變成了中國人的傭兵，被派遣參與了對同樣弱小的西藏人的種族滅絕的屠殺。蒙古人以鮮血為代價，經歷了日本和中國的天壤之別。

原本，是否支持蒙古的獨立並非個別日本人軍官所能夠決定的。對於國家政策的確定和實施，在蒙古當地的他們也無可奈何。在戰場上信奉大亞洲主義思想的將領雖然對蒙古人充滿同情，卻無法違背大本營的命令。

老實說，興安軍官學校的蒙古人畢業生也一定非常苦惱，應如何面對闊別四十六年的日本人教官。向傳授給自己近代軍事技術和優秀思想的恩人對準槍口的他們，心中一定有著很深的愧疚。即使如此，頭髮花白的老兵們，還是鼓起勇氣整齊地站在昔日日系教官的面前。或許他們心中認為，在經歷了如「天罰」一般的中國人的文化大革命洗禮後，他們的罪孽已經被洗清了。

註解：

1 前述《滿洲國軍》，頁七九七—八〇二。
2 前述《滿洲國軍》，頁八〇〇—〇一。
3 前述《滿洲國軍》，頁八〇一。
4 同上。
5 楊海英《蒙古人種族滅絕大屠殺相關基礎資料六——被害者報告書二》，二〇一四年，風響社。
6 Jankowiak,William,1988 The Last Hurraah? Political Protest in Inner Mongolia. *The Australian Journal of Chinese Affairs*, 19/20: pp269-288. Sneath, David, 1994 The Impact of the Chinese Cultural Revolution in China on the Mongolians of Inner Mongolia. *Modern Asian Studies*, 28: pp409-430.
7 圖們、祝東力《康生與「內人黨」冤案》，頁一四一，一九九五年，中共中央黨校出版社。
8 白古拉夫〈關於內蒙軍區原騎兵第五師十三團宣傳幹事額爾敦巴雅爾在所謂挖新內人黨中被打死的真相〉，一九七八年十二月二十一日，私家版。
9 阿拉騰德力海《內蒙古挖肅災難實錄》，頁八七、一四六，一九九九年，私家版。
10 楊海英《蒙古人種族滅絕大屠殺相關基礎資料——被害者報告書二》，頁二九—三二，二〇一四年。
11 阿拉騰德力海前述書，頁一五二。圖們、祝東力前述書，頁二六〇。
12 圖們、祝東力前述書，頁二六二—六四。
13 楊海英前述《蒙古人種族滅絕大屠殺相關基礎資料六——被害者報告書二》，頁一六五—八三。
14 楊海英前述《蒙古人種族滅絕大屠殺相關基礎資料六——被害者報告書二》，頁一六八—六九、一七二—七八。
15 楊海英前述《沒有墓碑的草原》（上·下）、《續 沒有墓碑的草原》。
16 馬悲鳴〈天理人情說西藏和唐、元和清的關係〉http://tw.aboluowang.com/life/data/2008/0414/article_206ºº2.html。
17 楊海英前述《蒙古人種族滅絕大屠殺相關基礎資料六——被害者報告書二》，頁一一八。
18 日高清前述書，頁一二六—三〇。
19 日高清前述書，頁一三〇—三一。
20 日高清前述ＮＨＫ〈證言記錄 士兵們的戰爭〉。
21 Sechin Jagchid, 1987: 141.

（二）離別

燦爛朝霞，櫻花絢麗
淡紅酷似，眾裡尋她
今日亦徘徊，此戀到雲霄

——植田紳爾作詞 寶塚歌劇《此戀到雲霄》

興安軍官學校學生再訪日本

曾在日本陸軍士官學校留學的都固爾扎布，應陸士第五十四期生的邀請，於一九八四年十月二十日到達成田機場。這是自一九三九年十二月，從下關離開大和的土地後，闊別四十五年的再訪。他與等待他的同期生愉快地再會後，「於十一月二日拜訪了天皇之弟三笠宮府邸」。同期的田中賢一對來日的都固爾扎布有這樣的記載：「他至今都會驕傲的宣稱自己是陸士五十二期生。一直稱日本為『老師的國家』」[1]。都固爾扎布向陸士的同志透露：「我已經受夠了中國的意識形態。打算從政治脫身，將餘生傾注在成吉思汗兵法的研究上」。這是一個在中國這個牢獄中倖存下來的蒙古人的感想。

父親是興安軍官學校的國語教授，自己也曾在王爺廟的小學度過一段時光的作家藤原作彌，也在東京新宿與訪日的都固爾扎布見了面。二〇一三年五月一日夜裡，藤原作彌對我說出了與都固爾扎布再會時的印象：「他是一個體格健壯、儀表堂堂、充滿威嚴的知性的男人」。

一九四五年八月十日到十一日的混亂時期中，都固爾扎布發揮了隨機應變的能力，沒有做出讓日系軍官為難的行為。到了中華人民共和國時代，他依然小心謹慎地行事。即便如此，在文化大革命時代，如上文所述，他也遭遇了殘酷的「天罰」。

被政治毀掉的愛情

事實上，都固爾扎布在此次訪日期間，還成功地找到了一位日本女性。那就是英子。她是同學高海崑的戀人。高海崑與都固爾扎布在一九三七年到一九三九年期間，一同在習志野度過了青春歲月。回國後的高海崑在興安軍官學校擔任一段時間的教官後，轉到通遼成為了興安警備軍第九軍管區的上尉參謀長。就是在這裡，他與打字員英子相遇並相愛。

蒙古人高海崑上尉和日本人英子兩人是如何迎來戰爭的結束的呢？

他們是如何在通遼離別的呢？

他們互相留下了怎樣的最後的愛的語言呢？

中國方面對此從未公開任何情報，我對二人此後的人生益發充滿了好奇。通遼第九軍管區的戎能少校等人曾許諾與蒙古軍的再會，數十年後他們中的數人實現了當年的承諾。但是，高海崑和英子未能再次相會。因為，高海崑在一九四六年前後已被中國共產黨殺害。

高海崑的兩個弟弟，興安軍官學校學生高海川和高海清對我說：「英子在戰爭結束時已有身孕。哥哥高興不已」。高海崑的確如日高清少校所言是個「沉迷酒色的勇敢的男人」。但是，他裝作放蕩的樣子，也是為了隱藏民族主義的蒙古獨立的思想，擺脫滿洲國軍的「思想對策室」的監視。從王爺廟的興安軍官學校轉到通遼的高海崑，猶如換了一個人。這是因為他和英子的相遇。他像一個模範的職業軍人，每日到參謀部報到。從打字員英子的房間裡傳出的有節奏的鍵盤敲擊聲，讓他陶醉不已。

無法訴說愛的自治區

英子當然無法得知高海崑在一九四六年被中國共產黨處決的事情。我也不知道都固爾扎布是如何對英子描述親友的最後的結局的。前文已經敘述過，都固爾扎布對同期的田中賢一等人只是含糊地說：「高海崑死於一九四六年的混戰中」。

一九九四年秋。英子也終於降落在內蒙古自治區首府呼和浩特市的機場。以興安軍官學校的一期生王海山為首，鮑琦等二十幾人在機場等待著她。高海崑的兩個弟弟，八期生高海川和十一期生高海清也在其列。王海山是「八一一葛根廟對日武裝起義」的領導人。鮑琦曾擔任騎兵第十四團團長，我的父親曾是其衛兵。這些老兵中當然沒有高海崑。

「我總是夢見海崑」。

英子握著高海川和高海清的手嗚咽道。這是他們闊別了四十九年的再會。此時已距高海崑化為草原的塵土，過去了四十七年的光陰。

作為內蒙古自治區統治者的中國人，對英子的到訪沒有絲毫喜悅。祕密警察和公安始終跟蹤著他們，時刻監視著蒙古人和日本人的交流。只要有一個中國人在場，就必須用漢語交談。即使平常沒有日本人時，只要有中國人，蒙古人就無法使用母語。這是世界上最為殘酷的殖民地統治[2]。

哥哥和英子兩人，最疼愛三弟高海清。兩人約會時，也會讓高海清站在門口玄關處給他們放風。英子雖然想和海清兩個人單獨説會兒話，但總是找不到機會。他們一直被人緊緊盯著。最後一天，終於出現了一個絕妙的機會。當時，他們正在呼和浩特市內的民族商場購物。商場的南側有一座天橋。在天橋上，英子和弟弟高海清停留了短短幾分鐘，説了幾句話。周圍的人也都會意地將他們二人留在了天橋上。

二〇一一年八月二十二日夜，高海川對我這般訴説時，我禁不住流下了眼淚。蒙古的世界雖然廣闊，但是蒙古人在嚴厲的監視下甚至無法與自己所愛的人見面、説話，簡直比奴隸還要殘酷。即使是奴隸，也應該擁有享受愛情的最起碼的權利。

英子自那以後，曾幾次到內蒙古各地旅行。

生於「蒙古」（mouko），熱愛蒙古（mongol）

福岡縣的糸島半島。

我在二〇一四年二月十三日拜訪了英子的故鄉。波濤擊天的玄界灘對面就是糸島半島，英子出生在位於其最前面的一個村子裡。村子旁邊有一座南北走向的可也山，附近是可布里灣。可也這個名字來源於朝鮮半島的伽耶王朝。當地的知識分子認為，可布里或許也來源於渡來人的語言。可見，自古以來，這片土地就是面向大陸的、充滿開放精神的地區。

糸島半島的北部，在西浦崎聳立著蒙古山。隔著玄界灘，在遙遠的北側是志賀島。志賀島上有蒙古塚，是元寇的鎮魂之地（照片七十五）。英子就是生長在這樣一個到處遺留著「蒙古」（mouko）殘影的地方。對她而言，「蒙古」（mouko）絕不是遙遠的異樣的存在。英子從當地的福岡縣立糸島高等女子學校畢業後，胸懷著故鄉的「蒙古」（mouko）前往蒙古（mongol）草原，並在那裡與蒙古男兒相愛。

在村子裡，人們都尊敬地喚她為「英子老師」。

據英子的鄰居回憶：「她從少女時期就是一個大美人。她的一生都是端莊而美麗的。她擅長繪畫和書法，自己開了一間教室。一九九〇年代以後，蒙古人留學生會不時地來拜訪她。英子老師高興的說那些孩子來自滿洲。」

英子家附近有一片農田。炸掉通遼附近的遼河上的鐵橋，阻止了蘇聯軍隊進攻的大塚高四中校參謀，偶爾也會來幫忙農活。

我來到村裡的一個小神社，仰望著九州的藍天。

英子一定曾在這小小的神社裡，祈禱高海崑的平安吧。她也一定沒有想到，中國共產黨向她戀人的胸口連開五槍，高海崑的戰友們率領蒙古騎兵將藏人追殺至崑崙山麓的事實吧。

和二十世紀所有的蒙古人青年一樣，高海崑也一定憧憬著近代化的海洋。或許正因如此，他的名字取了「海」和代表陸地的「崑」二字。

二〇一三年十月，英子去世八週年。

註解：

1 田中賢一〈都固爾扎布君，來日〉，陸士第五十二期生會《松籟》，一九八四年。

2 楊海英前述《作為殖民地的蒙古》。

照片七十五　福岡縣志賀島元寇遺跡・蒙古塚。

結語：日本人，毋需自虐自大！

在撰寫此書期間，我一直被一種高昂的情緒所包圍，處於興奮狀態。崇文尚武，鑽研文武兩道之精華，是遊牧民自古以來的傳統。生長於蒙古的我，血液中自然流淌著這一基因。我對於蒙古興安軍官學校的學生和騎兵的行為沒有絲毫反感，沒有任何不協調的感覺。

在近代化的驚濤駭浪中，弱小的蒙古民族經歷了怎樣的磨練？這股潮流至今仍在繼續，我也不過是被捲入其中的眾生之一罷了。假如我和本書的主人公處於同樣的時代，我也一定會和他們一樣，做同樣的事情，走同樣的道路。

蒙古遭遇的五個悲劇

我在本書中敘述了多重的悲劇。

首先，日本在承諾支持蒙古獨立的同時，中途改變其政策，導致了三十八名將領被正珠爾扎布將軍處決的悲劇。在理想國家滿洲國，雖然賦予了蒙古人可以擁有軍隊的高度自治，然而由於蘇聯軍隊的進攻，未能避免潰敗的結局。

日本撤退後，蒙古人力圖實現與同胞的民族統一，但因大國之間擅自簽訂的《雅爾達協定》而遭遇阻礙未能實現。這也是整個民族的悲劇。

無奈之下，只能相信中國人標榜的「高度自治」，卻遭到欺騙和背叛，得到的只是有名無實的區域自治。

不僅如此，為了洗刷過去的「對日合作之罪惡」，盡忠中國，對有著同樣信仰的少數民族同胞藏人實施了屠殺。這是因為中國人成為南蒙古的新的統治者而造成的悲劇。

最後，是從西藏遠征歸來後，騎兵被解散，蒙古人遭到大屠殺的悲劇。這意味著對民族自決權宣告了死刑。蒙古民族迄今為止尚未從上述五重悲劇中得以解脫。

對日本式近代化的公正評價

最後，我想再次重申在這個年代撰寫本書時所堅持的論點。

我認為，日本式的近代化是亞洲，至少在東亞是最值得肯定的運動。明治維新以後的日本邁向近代化所經歷的路程，不應被全盤否定。日本的近代化，與其說是適合亞洲文明的，不如說是在亞洲文明的土壤上自然生長成熟的。

我為何會有這樣的認識呢？

與近代日本人處死了六名蒙古人政治家相比，中國政府和中國人逮捕了三十四萬蒙古人，並至少殺害了二萬七千九百人（也有殺害十萬人之說）。至少，在數字上是無法相比較的。比這些數字更重要的是，日本的近代思想和文明創造運動，與我們歐亞遊牧民的民族自決，步調一致，息息相關。蒙古族與東方的近代日本相遇相交，並且非常融洽。以美麗的日本刀為代表，作為文武兩道之精華的、文明的日本式近代化，是最適合歐亞遊牧民的。

另一種文明是俄羅斯從北部和西部帶給我們的。

俄羅斯人，把與之西鄰的歐洲文明帶給了我們草原遊牧民。在東方的日本式近代文明和以俄羅斯為媒介的西方文明的影響下，歐亞大陸的各民族迎來了覺醒。

與之相比，支那無法擺脫中華帝國的自大情緒，深陷其中，對歐亞的各民族所做的貢獻微乎其微。有史以來，遊牧民只對支那的物質文明感興趣，與其締結貿易關係，卻絕不接受支那的思想和價值觀[1]。

進入近代以後，支那的壓迫和剝削越演越烈，周邊的各民族至今仍無法逃脫中國這一牢獄，這也是確鑿的事實。尤其是蒙古和西藏的近現代史，是最好的例子。

正在努力成為近代化主人公的蒙古，受中國的玩弄擺布，失去了民族自決的機會，民族被分斷。只有小部分得到獨立，至今仍有一半被中國占領。這也是奠定了戰後國際秩序基礎的《雅爾達協定》的遺產之一。

本書中業已闡述，蘇聯作為對日出兵的條件承認了「內蒙古是中國領土」。蘇聯的繼承者俄羅斯，在二〇一四年春，從烏克蘭割取了曾一度放棄的克里米亞，事實上「合併」為本國領土，並聲稱其目的是為了將居住在烏克蘭的俄羅斯裔居民統合到俄羅斯聯邦之中。我懷著複雜的心情關注此事。我預想，這或許會導致戰後體制的新變化。

如若以「民族的統一」為坐標進行思考，很顯然，蒙古人所期望的自決尚未完成。被納入中國領土，成為「中國的少數民族之一」，如果他們感到幸福，那麼另當別論。但從這一百年的歷史來看，蒙古人自身並沒有感到絲毫的幸福。何止於此，蒙古人還被迫作為中國的傭兵，被當作造成西藏等其他民族悲劇的道具來使用，這是莫大的恥辱。只有民族自決，才能改變這種悲慘境地。在日本統治時代曾得以部分實現的自決權，在被納入中華人民共和國後遭到完全剝奪。奪回自決權至關重要。

將中華人民共和國的專制與日本統治時代的榮光相比較，應該重新合理公正地評價日本式的近代化。不僅是蒙古，台灣和韓國也可以作為旁證。

日本人經常將「戰前」和「戰後」分開思考。他們完全否定「戰前」，無條件謳歌「戰後」。然而，戰後的民主主義，也是在戰前即已存在的人文主義和近代文明的基礎上形成的。而不是戰前的「戰爭擁護者」死絕後，橫空出世誕生了新的「和平擁護者」才帶來了民主主義。在蒙古和台灣實踐的日本式近代化證明了，從戰前延續的日本文明的運動和設備應該得到極大的肯定。

雖然不是如《化身博士》中雙重人格的「傑基爾與海德」，但是每個人心中總有多重樣貌。惡的一面和善的一面，以及無法劃歸善惡的性質等等。民族和國家也是如此。像日本那樣，對於自己的行為總是懷有不滿的「自虐」感，像中國那樣對自己總是抱有「自大」感，都只是擁有一個側面而已。

照片七十六　靖國神社的陣亡戰馬慰靈碑。

靖國神社陣亡戰馬慰靈塔的啟示

我喜歡靖國神社。每當站在神社內的陣亡戰馬慰靈塔（照片七十六）前，我就會想起草原的馬群。

我無法忘記，在六歲那年冬天，我第一次跟著父親和近鄰的男人出去狩獵。出發前我們點燃馬糞燻烤，仔細除掉身上的氣味，清潔自己。謹慎使用槍枝，絕不會隨意開槍。我們騎著馬來到沙丘前，自然地分成兩個小隊，包圍獵物。不管離得多遠，只要一個信號，大家就能馬上進入臨戰狀態。我們不會貪心，絕不殺害有身孕的動物。每次狩獵時，一定會放走幾個動物。捕獲的獵物馱在馬背上，回家後大夥平分。

這樣寧靜平和的生活，因為中國人的來襲而徹底改變。他們將當地的動物斬盡殺絕。對蒙古人和西藏人這樣的弱小民族，也像對待獵物般趕盡殺絕，無數人遭虐殺。

一九五八年冬。我的故鄉鄂爾多斯的蒙古人，在阿爾布斯山開展了史上最後一次獵狼活動。長者們形成中隊，青壯年們形成兩翼，把狼群困在山中。蒙古人想按照慣例放走一部分狼，但同行的人民解放軍士兵卻根本不予理會，毫無顧忌地射殺了所有的狼。蒙古人和中國人在這件事上也形成了強烈的對立。

蒙古人開始確信：狼一旦消失，草原就會失去平衡。中國人一旦增加，世界就會失去平衡。狼雖然會襲擊牧人的家畜，但同時也是草原的清潔工。牠們捕食弱小的動物，收拾掉動物的屍體，從而對生態平衡做出貢獻。但是，中國人入侵蒙古人和西藏人的故鄉，破壞了原有的平衡與平和，使得民族間的關係變成主從，使各民族陷入了被統治被鎮壓的陷阱。本書中的一系列史實證明了這一切。

狩獵和戰爭雖然次元不同，但本質是一樣的。

最後，請允許我在這裡致謝辭。

作為本書基礎的實地調查資料的收集是在下列科研項目的支持下完成的。《蒙古族所經歷的中國文化大革命實證研究》，基礎研究C，平成十九—二十年度，項目主持人大野旭（楊海英）；《關於社會主義中國的民族種族滅絕大屠殺實證研究》，基礎研究C，平成二十二—二十四年度，項目主持人大野旭（楊海英）；《中國南北國境地區多民族的網絡構築和文化動態》，基礎研究B，海外，平成十九—二十一年度，項目主持人塚田誠之；《中國的「國境文化」的人類學研究》，基礎研究B，海外，平成二十二—二十四年度，項目主持人塚田誠之；《非洲．歐亞內陸乾旱地區文明及其現代的動態研究》，基礎研究S，平成二十一—二十五年度，項目主持人嶋田義仁；《關於一九二〇年代至一九三〇年代中國周邊民族地區的民族覺醒和教育的比較研究》，基礎研究B，平成二十四—二十六年度，項目主持人松本真澄。感謝各位。

在資料調查階段，靖國神社靖國偕行文庫和防衛研究所戰史研究室的各位職員給予了我親切的幫助。作家藤原作彌、牧南恭子、劉燕子，台灣國立政治大學的張中復，東洋文化研究會的細川吳港，偕行社的大東信裕，公益財團法人全國自衛隊父兄會的胡麻本剛，福岡縣鄉友聯盟原特別顧問日高清，退役自衛隊將領田中賢一，居住仙台的陸軍士官學校第五十二期生板橋勝，福岡的特定非營利法人「夢・大亞洲」的石井英俊，集廣舍的川端幸夫等友人向我提供了寶貴的資料，並協助取材。尤其要感謝吉普呼蘭提供了珍貴的騎兵照片和資料。我在青海省和甘肅省、內蒙古自治區做田野調查時，得到了很多人的無私幫助，但由於各種原因無法列舉他們的名字，頗感無奈。深切期待能夠堂堂正正地列舉他們名字的時代早一刻到來。

在本書中頻繁登場的原陸軍興安軍官學校教官日高清先生，於二〇一四年七月二十六日去世。書中引用了先生的許多重要資料，但是非常遺憾，未能將此書交給他。文藝春秋國際局出版部的仙頭壽顯莫大的鼓勵和幫助，使此書得以早日出版，深表謝意！

註解：

1 楊海英《蒙古草原的文人們——手抄本中的民族誌》，頁二五三—五六，二〇〇五年，平凡社。

譯者記

活躍在國際蒙古學界第一線的學者中，俄尼斯・朝格圖（楊海英）當屬佼佼者。其研究成果，長期以來在日本、南蒙古、蒙古國、台灣、美國、英國、韓國以及香港等國家和地區引起了巨大反響。對於蒙古人而言，他發出了他們一直不敢發出的聲音，道出了他們至今不敢講的歷史和現實的真相。因此，所有蒙古人對於俄尼斯・朝格圖懷著感激和欽佩之情。我也是他們當中的一員。

對於作者的更多評價自會有讀者來進行。作為譯者，只想談一點翻譯感受。這本關於蒙古騎兵的著作是嚴密的人類學專著而非虛構的作品。作者本身是人類學者，其所有著作包括《沒有墓碑的草原》（三卷本，日本岩波書店，二〇〇九—二〇一一）都是以精密的田野調查所獲得的豐富詳實的當事人證言，和相關歷史文獻為依據而寫成的，是科學嚴謹的學術著作。基於此，翻譯時我首先堅持了忠實於原著的基本原則，避免了華麗浮誇的詞彙，以保持作品的原貌和科學性。譯者不敢主張這本書是「全新的漢語版本」，而只是原著的譯本。

在翻譯過程中，譯者再次深深地體會到了南蒙古的悲慘現狀。如果用一句話來概括南蒙古的現狀，就是「南蒙古處於崩潰中，蒙古人已經絕望」。正如王力雄先生所指出的，在南蒙古，蒙古人的歷史和文化「萬劫不復」。蒙古人遭受著專制統治和民族壓迫的雙重壓制，每個蒙古人感受到的只有痛苦、絕望和無力。而漢人，且不要說漢人的一般民眾，即使民主派人士，一旦涉及少數民族問題，絕對不會承認民族壓迫的存在，他們無一例外地站在大漢民族主義的立場上，否認漢人對蒙古人、藏人、維吾爾人的民族壓迫。

流入少數民族地區的漢人，都是在內地無法生存的盲流，是渣滓中的渣滓。這些大字不識一個，目不識丁的粗魯的漢人，雖然對於當局和社會上層有各種不滿和憤懣，但是在對待少數民族的問題上，他們毫不猶豫、毫無保留地充當專制政權的幫兇，敵視少數民族。他們毫無理由地仇視和痛恨少數民族，爭先恐後地充當壓迫和毀滅少數民族的先鋒。是南蒙古、西藏、新疆這些地區的少數民族，在漢人流民掙扎於飢餓嚴寒的死亡線上時接受容納了他們；是少數民族及其水土使那些盲流得以存續生命。今天，他們何止是維持生命，都過著比原住民少數民族富裕的生活。而漢人卻恩將仇報。漢人流民的這一表現可謂自詡擁有五千年文明的漢人文化的精髓和稟性。捫心自問，你們的良知到底去哪裡了？

今天的南蒙古只有三百多萬蒙古人，漢人卻有三千多萬。蒙古人無一不感受到漢人的壓迫，十倍以上的人口會隨時碾碎我們。不，內地有十三億以上的人口，他們會隨時碾碎我們。侵略者漢人以施恩者自居，認為是他們在施捨著蒙古人，在他們的「幫助」、「啟發」和「指導」下，蒙古人才吃得上飯穿得上衣，否則連生存都無法保障。典型的大漢族主義觀點。

大漢族主義還表現在，比如，漢人似乎已經習慣這樣的提法，即「蒙漢」。蒙古人堅決反對這樣的提法。蒙古人和漢人，根本不是一個維度的、完全相異的兩個民族，不要牽強地捏在一起。還有，漢人好像喜歡什麼都簡化，將南蒙古簡稱為內蒙，於是內蒙古師大就成為「內蒙師大」，內蒙古大學就被稱為「內蒙大學」。我們聽著會全身毛骨悚然。我們也反對偷換概念，蒙古是一個民族，反對將「族群」套用在蒙古民族這裡。譯者完全贊同楊海英教授的主張，即：藏人和南蒙古的蒙古人、維吾爾人，不是中國人；原本是不同於漢人（即中國人）的民族，我們只是被迫成為中國籍的被殖民者。那種認為「中國人不等於漢人，中國人當中包括藏人、南蒙古的蒙古人、維吾爾人」的說法是在巧妙地偷換概念，是漢人殖民侵略者的內心表白。

在南蒙古有一個很不可思議令人費解的現象，漢人將戶口上的民族竄改為蒙古族，據說是因為可以生二胎。但是，這些竄改了自己民族而成為假蒙古的漢人卻是最為鄙視、仇視、壓制蒙古人的先鋒。竄改自己的民族而「成為」少數民族，卻蔑視少數民族，沒有比這更為卑鄙的行徑了。蒙古人遭受的歧視和壓抑，充斥在所有領域，包括對於歷史的「學術探討」，有很多歷史是不能觸及的禁區。

蒙古騎兵的西藏遠征就一直是個禁忌，絕對不能談論的。而俄尼斯．朝格圖終於打破這一禁區，揭開了謎團，將歷史真相呈獻給讀者。

蒙古騎兵的命運令蒙古人深思。在扮演了侵略和鎮壓藏人的角色之後，自身遭遇了漢人的大屠殺。《蒙古騎兵在西藏揮舞日本刀》將此理解為是上天對蒙古人的懲罰，是弱小民族一再遭受強大民族的蹂躪和愚弄之後的悲憫結局。

譯者認為這本書的最大創新有兩點。首先，以蒙古騎兵的事實，證明了中國共產黨動用大規模軍隊侵略西藏並殘酷地鎮壓了敢於反抗的藏人，殺害了無數無辜的藏人。其次，蒙古騎兵參與了侵略西藏的戰爭，蒙古人對於藏人犯下了罪行。譯者作為蒙古人，充滿了負罪感，有與作者一樣的對藏人的負罪感。也充滿了悲哀，是對自己民族命運的悲哀。我們將何去何從？我們還有未來和希望嗎？

那麼，我們蒙古人應該做什麼？我們能夠做什麼？俄尼斯．朝格圖教授的《蒙古騎兵在西藏揮舞日本刀》給出了答案。我們必須反思歷史，反思近代所走過的路程；反省我們所缺少的是什麼，清醒地認識歷史，才能夠正確地面對未來；我們需要覺醒，中國共產黨在國共內戰和西藏戰爭中利用了蒙古人騎兵部隊之後，悍然解散了部隊。南蒙古的蒙古人武裝完全被解除。但是，我們不能就這樣坐等滅亡。希望在於奮起抗爭。我們堅信，只要奮鬥，就會改變現狀。

翻譯此書的理由，除了其現實社會意義和學術價值以外，還有一個重要的因素：作者的高昂鬥志、熱血蒙古人的向上精神、對於自己民族的摯愛和使命感。譯者在翻譯過程中，與作者同樣，曾多少次淚流不止。因為，只有殖民地的蒙古人才能體會這種痛苦。而同時相信，俄尼斯．朝格圖鼓舞著所有蒙古人。

徵得作者的同意，譯者對於書中引用的部分詩歌進行了更換。此外，第五至七章援引的李江琳的研究成果，翻譯時亦做了進一步的確認。

對於蒙古人，漢語是外語，而且是屬於較難掌握的外語。在翻譯此書的過程中，感受到了自身漢語能力的局限。但有一點是明確的，即沒有歪曲或損害原書。倘若這本漢譯版能夠引起讀者的些許思考，算是譯者不負作者也不負真正熱愛蒙古民族的廣大讀者的期待，權且作為一個蒙古人的微小盡職。

参考文獻及資料

日文文獻

アルブタン・ダゴラ「オボー祭祀とゴールデン・ポニー伝承」楊海英編二〇一四『中央ユーラシアにおける牧畜文明と社会主義』、名古屋大学文学研究科比較人文学研究室
石濱裕美子二〇〇四『チベットを知るための50章』明石書店
——二〇一〇『世界を魅了するチベット』三和書籍
烏蘭塔娜二〇〇八「ボグド・ハーン政権成立時の東部内モンゴル人の動向——バボージャヴを例として」『東北アジア研究』一二
植田紳爾作・演出一九九二『この恋は雲の涯まで』宝塚音楽出版
岡田英弘二〇一三『岡田英弘著作集Ⅰ 歴史とは何か』藤原書店
——二〇一四『岡田英弘著作集Ⅳ シナ（チャイナ）とは何か』藤原書店
小笠原信夫二〇一〇『日本刀』文藝春秋
小熊英二一九九五『単一民族神話の起源——〈日本人〉の自画像』新曜社
『興安軍官学校派遣軍官候補者教育基準表』防衛研究所戦史研究室所蔵（満洲・満蒙・五三）
興安街命日会二〇一四『葛根廟事件の証言——草原の惨劇・平和への祈り』新風書房
財団法人・善隣協会編一九三八『蒙古大観』
佐久間良三 平井卯輔編一九七〇『日本騎兵史』（上・下）原書房
時事通信社編一九五六『血ぬられた日曜日——東欧の動乱』時事通信社
席慕蓉二〇〇九『契丹のバラ』思潮社
善隣協会調査部編一九三八『蒙古大観』改造社
佐藤誠「映像で見る〜習志野の変遷——『坂の上の雲』秋山好古と薬園台のかかわり」『八千代市立郷土博物館平成二十二年度講演会資料』
シンジルト二〇〇三『民族の語りの文法——中国青海省モンゴル族の日常・紛争・教育』風響社
杉山正明一九九七『遊牧民から見た世界史』日本経済新聞社
武市銀次郎一九九九『富国強馬』講談社
田中克彦二〇〇九『ノモンハン戦争』岩波書店
田中公明二〇〇一『タンカの世界——チベット仏教美術入門』山川出版社
田中賢一二〇一〇「戦没馬慰霊祭行事にちなみ、軍馬と私」『偕行』四
——一九八四「都固爾札布君、来日」陸士第五十二期生会『松籟』
——一九八〇「満洲国留学生の思い出と独古爾札布君」陸軍士官学校 陸軍航空士官学校編『防人の譜——追捕』
ダライ・ラマ二〇〇一『ダライ・ラマ自伝』、文芸春秋
ツェリン・オーセル著／ツェリン・ドルジェ写真（藤野彰・劉燕子訳）『殺劫—チベットの文化大革命』集広舎
ツェリン・オーセル／王力雄（劉燕子訳）二〇一二『チベットの秘密』集広舎

鄭義一九九三『食人宴席――抹殺された中国現代史』光文社
『日系者用・蒙古軍将兵訓育資料』防衛研究所戦史研究室蔵（満洲・満蒙・七二）。
ノルブ編著一九八七『中国とたたかったチベット人』（ペマ・ギャルポ／三浦順子共訳）日中出版
バトバヤル・二〇〇二『モンゴル現代史』（芦村京・田中克彦訳）明石書店
藤原作弥一九九五『満洲、少国民戦記』社会思想社
日高清二〇〇三『人生意気に感ず――激動時代の生涯を回想』私家版
呼斯勒二〇〇一「満洲国少将郭文通について――自治主義者・ソ連軍諜報員としての生涯」『日本モンゴル学会紀要』第三一号
ベネディクト・アンダーソン二〇一二『三つの旗のもとに――アナーキズムと反植民地的想像力』（山本信人訳）ＮＴＴ出版
ボルジギン・フスレ二〇一一『中国共産党・国民党の対内モンゴル政策・一九四五―四九年』風響社
『プーシキン全集』一、一九七二年、河出書房新社
『プーシキン全集』二、一九七三年、河出書房新社
牧南恭子二〇〇四『五千日の軍隊――満洲国軍の軍官たち』創林社
松枝茂夫編一九八六『中国名詩選』（中・下）岩波書店
松原正毅一九八八『青蔵紀行――揚子江源流域をゆく』中央公論社
――二〇一一『カザフ遊牧民の移動：アルタイ山脈からトルコへ一九三四―一九五三』平凡社
マイケル・ダナム二〇〇六『中国はいかにチベットを侵略したか』講談社
満洲国軍刊行委員会編一九七〇年『満洲国軍』、蘭星会
宮脇淳子二〇〇二『モンゴルの歴史』刀水書房
『蒙古軍人の歌』詠み人知らず（防衛研究所戦史研究室蔵・満洲・蒙古、No.108）
山崎正男編一九六九『陸軍士官学校』偕行社
楊海英二〇〇一『草原と馬とモンゴル人』日本放送出版協会
――二〇〇五『モンゴル草原の文人たち――手写本が語る民族誌』平凡社
――二〇〇八『モンゴルのアルジャイ石窟―その興亡の歴史と出土文書』風響社
――二〇〇九『墓標なき草原――内モンゴルにおける文化大革命・虐殺の記録』（上下）岩波書店
――二〇一一『続　墓標なき草原―内モンゴルにおける文化大革命・虐殺の記録』岩波書店
――二〇一三『中国とモンゴルのはざまで―ウラーンフーの実らなかった民族自決の夢』、岩波書店
――二〇一三「従天幕到宮殿―成吉思汗廟及成吉思汗陵的殖民化作用」国立政治大学『民族学界』三一期
――二〇一三『植民地としてのモンゴル』勉誠出版
――二〇一三『中国とモンゴルのはざまで――ウラーンフーの実らなかった民族自決の夢』岩波書店
――二〇一四『モンゴル人ジェノサイドに関する基礎資料6――被害者報告書2』風響社
――二〇一四『モンゴルとイスラーム的中国』文藝春秋
――二〇一四「ウイグル人のレジスタンスは何を発信しているのか」『世界』（851号）岩波書店

——二〇一四「共に歴史に背を向ける日本と中国」岩波書店『世界』（七月号）
『讀賣新聞』（朝刊）、二〇一一年四月一五日。
——二〇一四「満洲国の〈赤い靴を穿いた少女〉」楊海英編『中央ユーラシアにおける牧畜文明の変遷と社会主義』名古屋大学文学研究科比較人文研究室
リ・ナランゴア二〇一三「モンゴル人が描いた東アジア共同体」松浦正孝編『アジア主義は何を語るのか』ミネルヴァ書房
陸軍騎兵学校将校集会所編纂発行『騎兵月報』、一九三七年、三月（九八）号、九月（一〇四）号、一一月（一〇六）号
陸軍騎兵学校将校集会所編纂発行『騎兵月報』、一九三八年、一月（一〇八）号
陸軍士官学校将校集会所編纂発行『陸軍士官学校記事』、一九三九年三月（一一）号、一一月（一九）号
陸軍士官学校・陸軍航空士官学校編一九七九『防人の譜』、第五十二期生発行
陸軍士官学校・陸軍航空士官学校編一九八〇『防人の譜—追補』、第五十二期生発行
陸士第五十二期生会『任官五十周年記念—防人の足跡』、一九八九年
ヴァルタ・ハイシッヒ一九四二「興安蒙古における教育・衛生宣伝」『蒙古』第八巻第九号

中文文獻

阿拉騰德力海，一九九九《內蒙古挖肅災難實錄》，私家版。
阿拉木薩、布日諾，二〇〇八《情繫鐵騎》（上·下），內蒙古大學出版社。
阿木蘭編，二〇一二《孔飛——百年誕辰紀念文集》，內蒙古人民出版社。
巴音圖、孟憲平編，二〇〇四《鐵騎征戰記》，內蒙古自治區新聞出版局。
巴音圖、孟憲平編，二〇〇〇《內蒙古騎兵第一師》，軍事出版社。
巴音圖、胡格編，二〇〇二《八一一葛根廟武裝起義》，內蒙古人民出版社。
巴義爾，二〇〇七《永遠的騎兵》，民族出版社。
包景華，二〇〇五〈苦樂相隨的求學路〉，索布多主編《興安女高》，內蒙古人民出版社。
白希，二〇〇六《開國大鎮反》，中共黨史出版社。
白古拉夫，一九七八〈關於內蒙軍區原騎兵第五師十三團宣傳幹事額爾敦巴雅爾在所謂挖新內人黨中被打死的真相〉，私家版。
陳歆耕，二〇〇五《赤色悲劇》，香港時代國際出版社。
陳東林、苗棣、李丹慧編，一九九六《文化大革命事典》，中國書店。
崔永紅、張得祖、杜常順編，一九九九《青海通史》，青海人民出版社。
德山，二〇一二《歲月留醇》，中國作家出版社。
丁抒，二〇〇六《陽謀——反右派鬥爭始末》，香港開放雜誌社。

丁盛，二〇〇八《落難英雄——丁盛將軍回憶錄》，香港星克爾出版公司。
額爾敦倉，一九六五〈戰鬥在召喚〉，內蒙古軍區政治部《戰鬥在高原》。
范明，二〇〇九《西藏內部之爭》，香港明鏡出版社。
宮慶和，二〇〇一〈憶正珠爾扎布（二）〉，《海拉爾文史資料》第八輯。
郭茲文，一九五九《西藏大事記一九四九—一九五九》，民族出版社。
《果洛藏族自治州概況》編寫組，二〇〇九《果洛藏族自治州概況》，民族出版社。
黃正，二〇一一《軍人永勝》，香港新世紀出版社。
虎日樂巴根，一九六五〈查當松多渡口伏擊戰〉，內蒙古軍區政治部《戰鬥在高原》。
《解放西藏史》編委會，二〇〇八《解放西藏史》，中共黨史出版社。
江達三，〈七十四歲老飛行人員的博客——西藏平叛〉，http://blog.sina.com.cn/s/blog_4bf5830401000ajh.html。
科左中旗民政局，二〇一三《戰士的本色》，科左中旗民政局（蒙漢合璧本）
內蒙古軍區政治部編，一九六五《戰鬥在高原》，內蒙古軍區。
馬悲鳴，〈天理人情說西藏和唐，元和清的關係〉，http://tw.aboluowang.com/life/data/2008/0414/article_20692.html。
毛澤東，一九五一（一九二七）《湖南農民運動考察報告》，人民出版社。
茂敖海，二〇〇三《夢幻人生——回憶錄》，香港天馬出版社。
馬繼森，二〇〇三《外交部文革記實》，中文大學出版社。
勵春鵬、徐占江、阿必德、閻為民、那申，一九八八《諾門罕戰爭》，吉林文史出版社。
木倫，二〇〇一《我這大半輩子》，私家版。
李江琳，二〇一〇《一九五九拉薩！——達賴喇嘛如何出走》，聯經出版事業公司。
——二〇一二《當鐵鳥在天空飛翔——一九五六—一九六二青藏高原上的秘密戰爭》，聯經出版事業公司。
李維漢，一九七九〈中國各少數民族和民族關係〉，《民族團結》第三期。
——一九七九〈中國民主革命中的民族問題〉，《民族團結》第四期。
林照真，二〇〇二《清淨流亡》，圓神出版社。
劉忱編，一九九九《中國人民解放軍內蒙古騎兵第二師》，中共哲里木盟黨史辦公室。
廖亦武，二〇〇八《最後的地主》，香港勞改基金會。
老李，〈回憶玉樹平叛鬥爭〉。
房揚達，〈擊楫中流 第五章 青藏平叛〉，http://blog.sina.com.cn/s/blog_4b50a1d30100gahr.html。
彭治耀，〈一個老兵的平叛日記〉。
錢林豹，一九八九《解放戰爭時期內蒙古騎兵》，內蒙古大學出版社。
曲爾甲，《聖地》（首張個人專輯唱片，公開年不明），愛琴海文化有限公司。
人民日報出版社編，一九五九《關於青藏問題文選》（第一輯），人民日報出版社。
斯熱歌，二〇〇五〈靈玉「女兒國」〉，索布多主編《興安女高》，內蒙古人民出版社。

索布多，二〇〇五〈回顧與興安女子國民高等學校建校與發展的歷程〉，索布多主編《興安女高》，內蒙古人民出版社。
蘇日和木〈保日寺肉搏戰〉，內蒙古軍區政治部一九六五《戰鬥在高原》。
鐵血社區，〈老爸的記憶——秘密入朝作戰，玉樹平叛剿匪，中印自衛反擊戰〉，http:/bbs.tiexue.net/post2_7029761_1.html。
塔拉，二〇〇一《平凡的人生——塔拉革命回憶錄》，內蒙古人民出版社。
圖克斯白乙爾、鄭竹青，二〇〇一《科爾沁鐵騎》，解放軍出版社。
圖們昌，一九六五〈挺進路西〉，內蒙古軍區政治部《戰鬥在高原》。
圖們、祝東力，一九九五《康生與「內人黨」冤案》，中共中央黨校出版社。
烏嫩齊、奇澤華，一九九四《騎兵五師》，內蒙古人民出版社。
烏嫩齊編，一九九七《蒙古神騎兵》，民族出版社。
——編 一九九七《中國人民解放戰爭時期內蒙古騎兵史》，遼寧民族出版社。
武殿林，二〇〇四《察哈爾史跡》，內蒙古文化出版社。
吳法憲，二〇〇六《吳法憲回憶錄》（上），香港北星出版社。
西藏自治區黨史辦公室編，一九九八《周恩來與西藏》，中國藏學出版社。
新華社政治記者，一九五九〈評所謂達賴喇嘛的聲明〉，《民族團結》一九五九年五月號。
新華社電，一九五九〈解放軍已迅速平定拉薩叛亂〉，《民族團結》一九五九年四月號。
伊河、烏雲、納日松整理，二〇〇七《如煙往事——都古爾扎布回憶錄》，內蒙古大學出版社。
《玉樹藏族自治州概況》編寫組，二〇〇八《玉樹藏族自治州概況》，民族出版社。
楊繼繩，二〇〇八《墓碑——中國六十年代大飢荒紀實》，香港天地出版公司。
章魯，一九五九《任何反動勢力都阻擋不了西藏人民的新生》，《紅旗》一九五九年第九期。
鄭義，一九九三《紅色紀念碑》，華視文化公司。
正珠爾扎布，一九八五〈偽內蒙自治軍始末〉，《內蒙古文史資料》第十九輯。
——〈我的半生回憶〉，《呼倫貝爾文史資料》第三輯。
《中國人民解放軍內蒙古騎兵二師十一團》，一九九九，通遼。
中國人民政治協商會議.內蒙古自治區烏蘭察布委員會文史資料委員會編，二〇〇二《鐵騎春秋——憶中國人民解放軍內蒙古騎兵第四師》。
中國人民政治協商會議赤峰市委員會文史資料委員會編，一九八九《和子章與蒙騎四師》。
中共甘孜州委黨史研究室，二〇〇〇《甘孜藏族自治州民主改革史》，四川民族出版社。
中共中央新疆分局研究室編，一九五四《牧區工作文獻匯編》，新疆印刷廠。
中國共產黨中央委員會編，一九六九年《讀報手冊》。

英文文獻

Jankowiak, William, The Last Hurraah? Political Protest in Inner Mongolia. *The Australian Journal of Chinese Affairs,* 19/20:pp269-288, 1988.

Owen Lattimore, *The Mongols of Manchuria,* London Geoge Allen & Unwin Ltd, 1969.

Sechin Jagchid, Inner Mongolia under Japanese Occupation, 1935-1945, *Zentralasiatische Studien,* 20, 1987.

Sneath, David, The Impact of the Chinese Cultural Revolution in China on the Mongolians of Inner Mongolia. *Modern Asian Studies,* 28:pp409-430, 1994.

Shirabjamsu, 2002, *Anjus-un douraki Öbür Mongghol.* A Private edition.

Tsering Shakya, *The Dragon in the Land of Snows, A History of Modern Tibet Sincee 1947,* Penguin Compass, 1999.

Tibet Information Network, *A Poisoned Arrow, The Secret Report of the 10th Panchen Lama,* London, 1997.

Yang Haiying, Manuscripts from Private Collections in Ordus, Mongolia (1), Köln, Germany, OMS(e. V.), 2000.

Wrath of the Serfs - A Group of Life- Size Clay Sculptures, Foreign Languages Press, Peking, 1976.

Mark 129

蒙古騎兵在西藏揮舞日本刀　蒙藏民族的時代悲劇
チベットに舞う日本刀 モンゴル騎兵の現代史

TIBET NI MAU NIHONTO Mongol kihei no gendai-shi by YANG Haiying

作者：楊海英
譯者：吉普呼蘭
推薦序：唯色
封面設計：許慈力
責任編輯：冼懿穎
校對：呂佳真

法律顧問：董安丹律師、顧慕堯律師
出版者：大塊文化出版股份有限公司
地址：台北市 105022 南京東路四段 25 號 11 樓
www.locuspublishing.com
TEL：(02)8712-3898　FAX：(02)8712-3897
讀者服務專線：0800-006689
郵撥帳號：18955675　戶名：大塊文化出版股份有限公司
email：locus@locuspublishing.com

總經銷：大和書報圖書股份有限公司
地址：新北市新莊區五工五路 2 號
TEL：(02)8990-2588　FAX：(02)2290-1658

初版一刷：2017 年 4 月
初版三刷：2021 年 1 月
定價：新台幣 400 元
ISBN：978-986-213-786-4

國家圖書館出版品預行編目 (CIP) 資料

蒙古騎兵在西藏揮舞日本刀 : 蒙藏民族的時代悲劇 / 楊海英著 ; 吉普呼蘭譯 . -- 初版 . -- 臺北市 : 大塊文化 , 2017.04
440　面 ; 14.8*20　公分 . --（Mark ; 129）
譯自 : チベットに舞う日本刀 : モンゴル騎兵の現代史
ISBN 978-986-213-786-4（平裝）

1. 蒙古史　　2. 現代史

625.7　　106003304

LOCUS

LOCUS

LOCUS

LOCUS